藏密遊歷

楊志鵬 著

藏密遊歷 目錄

第一部 遍淨莊嚴……5
第一章 終南山行……7
第二章 菩提道行……18
第三章 密融法界……39
第四章 飛升疑雲……48
第五章 金剛之心……69
第六章 大瑜伽士……79
第七章 守護生命……90
第八章 大山如是……106
第九章 圓滿無上……120
第二部 德行四海……133
第十章 無聲天幕……135
第十一章 無生天母——六世達賴喇嘛倉央嘉措情詩之謎……151
第十二章 益喜寧寶堪布譯《倉央嘉措詩歌選》……186

第三部　知行普修……197
第十三章　金剛上師……199
第十四章　十萬長頭……206
第十五章　夢裏六趣……212
第十六章　夏河朝拜……216
第十七章　師兄師弟……223
第十八章　貢唐活佛……230
第十九章　尋訪神通……235
第二十章　九華鐘聲……243
第四部　隨彼一切……249
第二十一章　母子連心……251
第二十二章　遙望父親……260
第二十三章　家族記憶……294
第二十四章　鎮江古剎……317
第二十五章　淨見德行……336
後記……342

第一部　遍淨莊嚴

慈城羅珠堪布說：

「人類沒有任何理由拒絕或壓抑能使自己得到自由的方法與潛能，
除非這個世界上的人都心甘情願作別人或物欲的工具。
才旺仁曾堪布以自身的修證打開了通向自由境界的大門，
作為後來者，是沿著他的足跡向上，
或是繼續待在自我蒙蔽的暗室中隨順度日，
決定在你，最終的結局也取決於你現在的選擇與努力的方向。」

索甲仁波切說：

「在那個震撼有力的時刻，
師徒的心融合在一起，學生就確切地經驗到或瞥見本覺。
就在那個當下，上師介紹了心性，學生也認證了本覺。
當上師把他的本覺的智慧的加持導向學生本覺的心時，
上師就把心性的本來面目直接顯現給學生。」

第一章　終南山行

中國的南北分界線，從地理意義上講，實則不是以長江來劃分的，而是以秦嶺爲界的。秦巴大山，崛起於中原地帶，如同大地的脊梁，不但從氣候的分別上將秦嶺南北變成兩個不同的區域，而且孕育了太深厚的中國文化。而位於秦嶺北麓的終南山，則是中國文化中一朵盛開的奇異的花，引來無數追求大智的人與大山爲伴，點燃起生命的火花。

兩千多年前的中國大聖人老子，則在函谷關留下傳世的五千言《道德經》後，遁身終南山，從此不知所蹤，而宗教修行者，堅信他在終南山成仙而去。正因此，老子被後世尊奉爲道教始祖。而中國近代的佛教高僧虛雲大和尚，在終南山閉關修行成爲他一生成就的一個重要組成部分。因此，長久以來，我對終南山有一種不可遏制的神往。而讀了美國人寫的《空谷幽蘭》後，這種神往就更強烈了。《空谷幽蘭》中描述了許多至今仍在在終南山裏修行的高僧大德，作者聲稱，許多人相信，終南山有幾百歲甚至活得更久的長生不老的仙人。這也就更激發了我的嚮往之情。

二〇〇八年五月，我受朋友之托，在古城西安爲臺灣畫家李善單先生舉辦油畫展。李先生的油畫創作恰恰是以佛教爲題材的，而他本人也是一名修行人。所以就有了契機，我答應了臺灣長流美術館的盛情，爲李先生舉辦這次畫展。六月廿一日，李善單油畫展在陝西博物館開展，參加大展開幕式的記者中，有華商報的女記者江雪，她因報導公安機關製作的「夫妻看黃碟事件」和「延安槍下留人案」，被央視評爲「二〇〇三年中國記者風雲人物」之一（共八人）。我們是多年的朋友，在採訪李善單先生的空間，我們聊了起來，我說想去終南山探訪隱居者，她一聽，十分高興地告訴我，她和她的愛人正好認識終南山裏一位住山修行的僧人，是寧瑪派的堪布，我一聽，真是大機緣，我正好是皈依寧瑪派上師的佛教徒。於是，我們當即說好，展覽期間，趁我在西安的空檔，江雪陪我去終南山參訪師父。

一個上好的晴天，我與雕刻藝術家楊作敬一起，隨江雪和她先生李多吉以及她們四歲的女兒畫兒，走進了終南山。

六月的終南山，完全不是山下西安的火熱，陣陣涼風吹過，山下的煩躁一掃而光。我們在山下太乙鎮的市場上，買了些蔬菜和糧食，讓朋友的車把我們送到山下的村子裏，那個村子，位於翠華山的東側，叫西岔村。因來去西安有一段距離，至少車程需要一個多小時，還不算城裏的堵車。這樣，只有讓司機在山下等，我們開始爬山。

開始我望著要帶到山上供養師父們的糧食和蔬菜發愁，多吉則笑著喊幾聲，立即從路邊的人家裏出來母子倆人，講好了價錢，她們就背起了糧食和蔬菜向山裏走，我們徒步跟在後面。多吉告訴我，這是村子裏的人，因爲經常有西安或外地的居士來山裏送供養，大都是城裏的，不善爬山，帶的東西，就都找村子裏的人送。不過，年輕的多吉還是背了一包糧食負重走著。

多吉研究生畢業，是陝西省社科院裏研究宗教學的學者，他不僅研究理論，也是一個親修的實踐者，他想擺脫純理論的局限，用實修去了悟宗教的究竟。我們一路走著，一路聊著，所以進山的道路也就不覺得難行。

實際上，進終南山的路，千百年來已被無數的人踩出了一條自然的山道。順溝而上，兩邊濃綠的樹木和山間奔騰的溪流，給這座歷史文化名山增添了無盡的景致，偶爾山林中飛起的小鳥，像一條線疾速地從眼前飛過，間或還伴著叫聲，劃過空中，就有了一種奇妙的回響。

正如中國古代許多道路一樣，隨水而行。山路是一直隨著山谷的溪水走的，大約步行半個小時後，便見一崖頭落下壯觀的瀑布，從幾米的平處突然間飛流直下，跌入崖下，山谷裏立刻有了巨大的聲響，像是給這寧靜的大山彈奏起雄壯的交響樂，使這座秀麗的山一剎那具有了男性的力量；山谷同時也就如喧鬧的大河，懸在了行人的頭頂，若不是一個拐彎的地勢，我們確如到了懸河的下面。

多吉和江雪是常來的，所以，他們並不驚奇，只快速地奔到了瀑布的崖頭，站在那兒招呼我上去。我就快步地趕了去，站在崖頭向下望，看不見水流，只聽到瀑布的吼聲，而身後卻是清澈見底的平緩的溪水，慢慢地鋪開了扇面。不及十米的寬度，卻在綠色植被覆蓋的山間，顯出了透明，而午間的太陽，將溪水的波紋變作了七彩的光芒，溪面便如灑滿了金粉或銀幣，有無數的碎片閃爍著，合著一路的歡唱奔跑著。

我們緊趕慢趕，時已十一點了，在一個溪流的拐彎處，山路由此分成一個叉道，一條仍沿山谷向上，一條則朝向了另一個山谷，而向上的山路也由南坡通過一個小潭，跳到了北坡。就在折向北坡的地方，一條小路的拐彎處，隱隱約約有一幢不顯眼的房屋。因周圍儘是樹木，在就近南坡的山路上，只看見樹木掩映下露出的茅棚屋簷。即使明眼的人看了，也誤以爲是看山護林的房子，並不會聯想到那是一個出家師父修行的茅棚。到了眼前，才見全貌，門樓不大，也簡陋，土牆的上方蓋了幾頁瓦，一扇很舊的木門，門上有了歲月的印記——雨水打過的痕跡，而且完全的變色了，木質成了炭黑色，但門上寫著幾個字，十分地醒目：「正在精修，謝絕來訪」。門裏有一塊不大的地，裏面的白菜長得很旺，還有其他的菜，顯出農家的景象。因多吉是提前打了電話的，這時一喊，師父來開門了。

進門，走不遠，有一道小門，門口有一幅對聯：「入此門不許七顛八倒，到這裏沒管五蘊六通」。裏面一個不大的院子，一排坐北朝南的房子，雖然簡陋，卻收拾得十分乾淨。江雪給師父作了介紹，師父很熱情地給我們拿出了早燒好的開水。我們就坐下來喝水。過一會兒再看，中間的一間是佛堂，供了地藏王菩薩。佛堂裏鋪了地磚，放了幾雙手套，有信徒來，就在佛堂裏叩長頭。平日裏師父也是在這裏叩長頭的。叩長頭，是藏傳佛教，特別是寧瑪派大圓滿修法的前行，每一個實修者都是很看重的。我進去叩了三個頭，出來坐在院子裏。

忙著的師父，放下手中的事過來陪我。我就向師父求教。因當時看了關於活佛轉世的書，也因以前辦過雜誌，接觸到這樣的文學作品，但從沒有認真地向一位僧人求教過。只是當年在請教上師吳新華老師時，他告訴我，不管是那一位活佛轉世，但只要今世是人身，就得修行，所以藏傳佛教的大活佛轉世，都是尋訪靈童後在專門的寺廟裏培養的，從文化課到佛教經典修持，全面成長。但對於活佛轉世的真正的含意，我是不解的。而面前的益喜寧寶堪布，漢語講得讓我吃驚，他不但咬字清楚，而且幾乎是標準的普通話。所以我就趕忙向他請教這個熱門的話題。我說：「師父，現在關於活佛的書，出得很多，有作家記者記述的，也有活佛自己寫的，對於活佛到底什麼樣的認識才是正見？」

益喜寧寶堪布聽了，說：「活佛一詞是漢地的叫法，在藏語裏，是沒有活佛這一說法的。藏地叫喇嘛，也就是轉世靈童。一種是那些影響很大的藏傳佛教的體系，如達賴、班禪、貢唐倉等轉世活佛，這就不用說了，他們是公認的。還有一種，就是修行者到了菩薩果位，他的化身乘願再來，被高僧大德認定爲某某大成就者的轉世。這兩種轉世確是轉世而來的。還有一種，他並不是轉世的，但他的根器很好，在佛理和修持上都達到了一定的境界，爲了弘法利生，被高僧大德指定爲活佛，他就有了一個弘法利生的方便，這是一個善巧方便的法門。至於其他一些說法，我們就不要去討論了。」

我又向堪布請求了其他一些修行的問題，他都一一回答了，講得很透徹，不故弄玄虛，使我受益匪淺。當我掏出二百塊錢表示我的供養心願時，他堅持不收，他指著房子裏的陳設，說：「這麼好的條件，不缺什麼，山上比這裏艱苦的人多的是，你去供養他們去。」他兩眼看著我，眼光是那樣的真誠和純淨，這使我感動。於是我出來，叫了多吉，拿了進山時的菜，就準備再向深山裏走。寧寶堪布就儘量把留下的菜塞給我，說：「多帶些，我這裏方便。」

我和多吉背了菜，去更深的山裏，江雪和畫兒留下，在益喜寧寶師父處等我們返回。

我們越過小溪順了一條山谷向裏爬，路幾乎被樹枝和雜草遮擋著，走起來速度很慢。約莫走了半個小時左右，終於見到了一個茅棚，就兩間破敗的矮房，周圍雜草叢生，門關著。我們上前拍門，一會兒就有一個師父來開門。進小院子一瞧，比在外面看時更加簡陋，上臺階的幾根石條也是破舊的，土牆的風化已留下了許多的坑，房上的瓦也似乎要掉下來似的。我們進屋，當面就一張佛像，裏面支著兩張簡單的床，屋子裏除了有一口用石頭支起的鍋，和一個用於切菜的板，就一無所有了。

它的簡單和貧寒超出了我的想像。但兩位修行的師父卻是滿心歡喜地歡迎我們，立即去燒了一鍋水，並拿出幾個舊碗給我們倒水，我們就接受了師父的好意，坐在臺階上，喝著聊天。兩位師父都是青海來的，但他們都是漢族，是青海東部農業區的，他們到終南山已經兩年了。因爲我在青海當過十多年的兵，對東部一帶也是很熟悉的，聊起來也就多了些話題和親熱。他們年齡都不大，其中一個只有二十七歲。我問他們平日生活，他說，也有居士來送，有時挖野菜。他說，他們來這裏是閉關修行的，生活無論如何總能過去的。

我們看天色不早，還要返回，就不能再向更深的地方走了，就把菜和吃的留下，我們兩個人幾乎是同時各拿了一百元做供養，他們接了也十分地感謝，我說我們也就盡點心意。我們照了相要走時，那個年輕的師父跑進去拿出幾本經書，送給我們每人一本，說：「我們結個緣。」我們十分高興地接了告別。

回來的路上，多吉說：「人類應向這些人致以崇高的敬意，當全世界都在為物質財富的增長發狂時，這些人斷除欲望，來這裏探索生命的真諦，沒有他們，我們人類將顯得多麼的遜色。」我說，是的。我被多吉的話深深地打動了。這時，路邊有了鳥鳴，像大山的精靈，激起生命的回響。

當我們回到益喜寧寶師父處，稍坐，就匆忙告別。下山時走得快，半個小時就到山下了。去山下不遠處的農家樂裏吃了晚飯，進城就已經晚間十點鐘了。

幾天後，我回到了青島，但終南山之行的記憶卻並未淡漠，時不時想起終南山的秀美，更多地則憶起了益喜寧寶師父的嘛呢悉地茅棚。快到年底了，四川德格縣協慶寺五明佛學院的烏金曲達堪布來青島時，我又想起了益喜寧寶師父，於是我就給江雪打電話，請她轉達我的邀請，我說，青島房子裏有暖氣，條件總比終南山裏好，希望師父能在這嚴寒的冬天來青島小住。第二天，江雪就回了電話，她說，師父同意了，不過師父說，去主要是借一個清淨處翻譯法本，儘量不要有其他的事情打擾。聽了師父的話，我就未告訴其他的居士。

離春節還有七八天，益喜寧寶堪布在侍者謝具軍的陪同下，到了青島。小謝是寧夏人，原是一個自由職業者，事情做得不小，在銀川開有自己的店面，皈依佛門也多年，半年前，他突然放下一切，到了終南山師父的身邊，決心至少用三年的時間，修完大圓滿的前行。他不但人聰慧，活也做得很漂亮，有他在師父的身邊照應，我們就不再安排其他人了。

師父到青島的當日，我拉他去了青島膠洲灣海岸的金沙灘。金沙灘的十里海灘，沙子極細，呈黃色，所以人稱金沙灘。因是外海，水是極清的，一點污染都沒有。由水邊向裏走，水的深度是慢慢地增加的，直至進海一百多米處，海水才能漫過人的胸部。所以，它是青島最佳的海水浴場，當然也是山東半島最美的沙灘，據說是亞洲第一海水浴場。經過十多年的建設，金沙灘已由海水浴場、海濱公園和海邊棧道構成了一幅極美的景觀。

因爲是冬天，人少，也不能下海，我就給師父、小謝和送師父來的江雪作導遊，沿著海邊走。師父是第一次見大海，他顯得十分快樂，走下棧道時，他突然凌空一跳，像飛起似的，我剛好拿了照相機，就拍下了這難得的一瞬間。到了沙灘上，師父面對大海，跳起了金剛舞。

這之前，師父在我的印象裏，是講授佛法的導師，是令人敬仰的大德。此刻，寧寶師父所表現出的快樂、興奮和純真，使我頗感新鮮，當我在後來的聞法過程中，聽到他關於日常生活即是修行的開示，我才明瞭師父所說的佛法不離世間的含義。當然，師父所說遠比我理解的深刻得多，因爲我只是聞思，僅僅是解悟，即文字表面的理解，離覺悟尚有一定的距離，更不用說證悟了。而只有徹底證悟了佛法的高僧大德，才能了悟宇宙的實相。師父的行爲，使我再一次感受到了佛法的魅力，佛法並不是我們凡人常常理解的在聖殿廟堂，在高深密林，在遠離人間煙火的地方。

安頓好了師父，江雪即回西安。幾天後，我也去秦皇島看望年近八旬的岳父岳母了。近二十天的時間裏，爲了不干擾師父，我只在大年三十的晚上給師父打電話拜了個年。

從秦皇島回青島後，我抽出幾天時間和師父在一起。之前，我也對自己十多年的學佛經歷作了些回顧，自從上師吳老師圓寂後，我也拜過兩位上師，一來自己忙，二來是因爲語言的障礙，交流不暢，我十分地想找一位機緣具足的上師，把自己的實修過程理一理。藏傳佛教的修行法門，是十分注重師承的，巴珠仁波切在其所著《普賢上師言教》中，用了一章專門講了依止上師的重要性。選擇上師是藏密弟子要做的第一件事。巴珠仁波切說：

「如今處於五濁惡世，雖然圓滿具足眾多續部寶典中所講的一切法相的上師極爲難得。但是，對於人們所依止的上師必須具備這些功德……如云：『圓滿諸勝法相者，濁世力致故難得，三戒清淨之大地，多聞大悲潤心續，精通如海顯密儀，斷證淨慧果豐富，四攝鮮花爭奇豔，善緣弟子如蜂集。』」

巴珠仁波切還說：「上師是生生世世的皈依處，也是開示取捨道理的導師。如果不善加觀察，遇到邪知識，將毀壞信士一生的善資糧，並且將失毀已得的暇滿人生。譬如，一條毒蛇繞於樹下，某人以爲是樹影而去乘涼，結果被毒蛇害死。」巴珠仁波切說，「具有一切德相的上師，猶如大船，能救度眾生脫離輪迴，猶如商主，能無誤開示解脫遍知的聖道，猶如甘露雨，能熄滅熾熱的烈火，猶如日月，能遣除重重的天明黑暗，現出正法的光明，猶如大地，能容忍弟子的憂心勞身及一切邪行，並且廣泛容納一切見行；猶如如意樹，是利樂今生與來世的一切功德之源，猶如妙瓶，是不可思議諸乘宗派一切願意的寶庫……又慈如父母，對無邊無際的一切眾生無有親疏、愛憎、平等慈愛；悲如河流，對無邊的眾生起廣大悲心，尤其是對無依無怙的痛苦眾生更是迫切悲憫……」

上師代表諸佛菩薩將釋迦牟尼佛祖以來的傳承授予我們，所以，一旦選擇了上師，就應將上師視爲真佛——具大信心。巴珠仁波切是一位聲播遐邇、極具盛譽的偉大上師，是十九世紀最著名的學者之一，他無僞的慈悲心、廣博的學識和深邃的智慧，影響和幫助著一代又一代希求究竟安樂和圓滿智慧的人們。他的言教即是無明眾生通向彼岸的指路明燈。從這位偉大聖者的言教中，可見上師是多麼的重要。而我一直在尋找著。

我將我的想法告訴了益喜寧寶堪布，他說，你的想法很好，過去浪費了一些時間，現在抓緊就好。每天早上，師父五點就起床，誦經打坐，八時吃早餐，而後就掃地拖地，屋子裏地板和傢俱以及一切用具都擦得一塵不染，這些事，他都身體力行。我過去是很少幹掃地擦地抹桌子之類的家務事，眼見師父做，我就不好意思，也就爭著去做，幾天下來，突然間回到家，不拖地也就不習慣了，屋子裏稍亂，就要去整理。師父說：「屋子裏有五方護法神，不打掃乾淨，他們不歡喜。」

打掃完衛生後，他就和小謝開始一字一字地校對翻譯的法本，我也就加入其中，對某些字句所表達的意義不理解，就向師父求教，他總是講得十分明瞭，直至我理解爲止。開始，我自以爲許多表述我是明白的，就說了自己的理解，往往是世間的說法，與佛法背道而馳，於是我就不敢自以爲是了，從師父處得到的開示，總是一次一次地忽然開朗，受益非淺。

每天晚飯後的休息時間，師父總是和我交流。有一天，他對我說，只要皈依了佛門，上師只有一個，那就是釋迦牟尼佛，因爲任何一個上師，都是依止釋迦佛祖的。他說：「只要你有具足的信心，我會把上師傳給我的都傳給你的。」我聽得出，他是在打消我皈依的疑惑，他看透了我的心思，他實際上明確地告訴我，不必考慮皈依他，我們的共同上師就是釋迦佛。

這天，我坐在他身邊，和師父一起打坐，大約過了半個多小時，我突然聽到他氣管裏的一聲響動，明明是平常打盹時發出的呼嚕聲，我心裏想，師父怎麼打坐時睡著了呢？我的心一時輕慢了師父，心裏略有了不恭。

我收了坐，師父說：「你坐得很好。」

我還在想剛才的呼嚕聲，因爲我在幾次傳法場合看見有人睡著了打呼嚕，而傳法結束時，打呼嚕的人卻很能說出不少的佛理來。再遇傳法，他又睡著了。我就問師父，師父告訴我，這叫佛油子，一旦成了佛油子，就很難調伏了。

當下，師父就向我傳法，當我得到即身弘化大成就者才旺仁曾親傳下來的法脈時，才知道我聽到的師父的呼嚕聲，原來是師父收坐時的法門。我突然羞愧難當，我怎樣地輕慢了一位修行有道的智者。大德告訴我們，在自己眼裏，眾生都是菩薩，只有自己是凡夫。而凡夫常常自以爲是，認爲只有自己才是正確的，往往以自己的推論去判斷別人。我自以爲聰明，居然未能逃出這常見的謬誤。

過了幾天，師父說，法本的翻譯告一段落，「可以告訴有緣分的居士們來見面。」但他又叮嚀我，堅決不受供養。他說：「學佛本是來求法的，求人生解脫的。有的人生活不富裕，供養會給他帶來壓力，使許多想求佛法的人望而卻步，不敢親近佛法了，這會斷了一些人的善根，這與諸佛菩薩普度眾生的願望是相背的。」

我按師父說的做了，居士們來了，他首先強調不受供養，然後就和居士們交流，解惑，釋疑，傳法，使許多人深受感動。我慶幸自己有幸遇到了一位難得的善知識。於是，我決定皈依益喜寧寶堪布，把他作爲我的依止上師。

我向師父說了，師父答應了。於是，二〇〇九年二月十二日，我正式皈依了益喜寧寶堪布。當師父遞給我皈依證時，我又一次感動了，打開皈依證，是釋迦牟尼佛祖的像，下面是四句音譯的四皈依：「南謨古魯貝，南謨布達雅，南謨達嘛雅，南謨僧噶雅。」接著一頁是漢藏兩種文字的四皈依頌「皈依上師，皈依佛，皈依法，皈依僧」，再一頁是皈依的三句警言和居士五戒，最後一頁則是皈依者貼照片的地方和法號，以及皈依的日期。皈依證裏既無師父的照片，也無師父的簽字。這樣簡單的皈依證我是第一次見到。師父曾說：「皈依的儀式，只是一個緣起，文字的念誦也只是聞思，當你真正升起菩提心，才算真正的皈依，其他的都不能證明什麼。」這看似簡單的皈依證，印證了師父的言教。

第二章　菩提道行

師父益喜寧寶堪布在終南山靜修，我與師父遠隔千里，每當想起師父，就會忍不住飽含熱淚，腦子裏不由自主地冒出一句話：師父如父。但我覺得這四個字遠不能表達我的心境，所以我不敢動筆寫師父，我怕自己淺薄的筆墨無法表達我的敬意，更無法接近師父的智慧。也許是長久從事文字工作養成的習氣，不寫我又無法平靜，所以我還是提起了筆，其意不在表述師父的大德，因一位站在山下的凡夫，對高山只能仰止而無法描述山頂的風光，我自知力不能及，因此，我記下的只是點滴感受，告訴世人我接近一位智者的感動。

一

二〇〇九年五月，我隨師父去青海同德香赤寺朝聖，走前，我們先去位於西寧北山的藏文化研究中心，拜見一代高僧秋英多傑仁波切。在研究中心，我們遇到了偉志集團的老總向炳偉，他聽我們要去香赤寺，就提出讓我們帶幾個人。因我提前請西寧的朋友安排了車輛，師父就徵詢我的意見。但人數是提前計算好了的，一時有些說不上來。師父問我車裏能否坐下，我算了算人數，最多再能加三個。師父就對向總說，讓去的人第二天早上到我們住的賓館門前等，並約好了時間。可第二天上車時，一下子湧來七八個人，加上原先的十多個人，一輛中型的麵包車擠得滿滿的，有幾個人是加了凳子坐的。出車的司機看了為難，怕路上遇到警察，因對車輛超載，交警抓得是很嚴的。我一時有些無奈。師父一邊對朋友說，對不起，添麻煩了，一邊又對我說，他們既然來了，就帶上他們。因大家要去見年已九十歲高齡的香赤寺老堪布官秋仁青大師，這樣的機緣難得，多去一個人，多一份接近智者的福報。看著師父真情的眼神，我心生感動，朋友也連連點頭。

想不到西行的道路是如此的艱難，因多處修路，凸凹不平，又是高原的初夏，除在路經貴德時看見了綠色之外，草原一片枯萎的景象，到處似乎黃沙滾滾，加上天色陰沉，高原曾有的天高雲淡、草地牛羊的詩意蕩然無存。

然而，隨來的人中，有人是朝聖的。但也有人是純粹出於好奇蹭車旅遊的，在來回十幾個小時的車程中，吃飯或下車短暫休息時，多次找不到人，因等人而耽誤了不少時間，加之道路顛簸，有些人就產生了怨氣。師父時不時帶我們誦咒外，還對陪我們西行的朋友致歉，好像這錯誤是因他而引起的。許多時間，我覺出不好意思，但又不知道說什麼得當，也就只好不言語，默默地感受師父的慈悲。

早晨六點出發，下午兩點多，終於到了香赤寺。

香赤寺坐落在一面不算太陡的山坡上，一條小河圍繞在寺院的腳下。這時節，山坡已經見綠，山上山下，相映生趣。因寺院是國家批准的一座佛學院，平時的學生和常住的修行人有上千人。建築在山坡上整齊的展開，一排排，一間間，緊促而有序。除寺院外，其他住房條件簡陋，但反而顯得異常清淨，偶爾走動的僧人，使這座藏傳佛教風格的寺院，更顯悠遠和曠達，遠觀是一道絕佳的風景。此情此景令人感動。寺院地處一隅，遠離塵世，是一座真正的修行道場，不親臨其中是無論如何也想像不出來的。

香赤寺的住持才旺活佛接到電話，大老遠來迎接我們。因活佛在西安傳過法，來的人中有幾個與活佛很熟，大家上前一一拜見之後，活佛就把我們領進了休息室。坐定，師父給我們交代了拜見官秋仁青老堪布時應注意的細節，他說：「老堪布九十歲了，身體示疾，平時很少見人，知道我們從遠處來，特意安排了時間，我們進去後，不要說話，排好秩序，請老上師給我們傳承和開示。」

很快，我們被安排拜見老堪布。要進官秋仁青仁波切的密室了，我才發現沒有準備哈達，獻哈達是藏族一種莊重的禮儀，見到尊貴的主人或客人，一般都會獻哈達的，何況我們見的是一位高僧大德。正在我不知如何是好時，師父遞給我一條哈達，原來在離開西寧時，他已安排人準備好了。

我以爲我把師父交代的細節都記住了，可當我見到官秋仁青老堪布的瞬間，我不知道該做什麼，老堪布的使者提醒我們每一個人上前，頭觸老堪布的衣服，以接傳承。而那時我的腦子裏一片空白，當我後退時，才記起我什麼也未做。當我再一次上前時，站在前面的師父看見了，就提醒我再上前，跪在了老堪布的跟前，師父特意說：「這是從青島趕來的弟子。」在師父的提示下，我終於用頭頂觸及了老堪布的衣服，緊接著老堪布開始傳承和開示。也就這時，師父的使者謝具軍給我留了一張珍貴的照片。

事後，我對師父說，如果不是師父提醒，我什麼都忘了。師父說，那是正常的，因爲見到崇敬的人時激動所致。他說他當年見到十世班禪大師時，只記住了大師的一張臉，大師的佛堂的許多奇觀，他都無緣看見，事後被同去的道友說起時，他才覺得自已除了記住班禪大師的形象外，其他毫無印象。

因車行十多個小時，來回趕路，好在我們準備了乾糧，所以，兩頓飯都在車上吃。吃飯時，師父總交代我們，把拿的乾糧分給全車的人吃。返回貴德縣城住宿時，師父提前讓佛學院的同修師父預訂了房間，我們下車後，師父跑在前面去登記，拿了房間的鑰匙，站在賓館的大廳，一個一個發給大家，因人多，許多人又各行其是，足足用了半個小時。我放下行李出來，師父還在那兒忙，我說，師父，這樣的活應該讓弟子來做。師父說：「你們不熟，我方便。」

望著師父和藹可親的表情和謙卑的神態，我一時感動。這難道就是一位徹悟了大道的智者？我忽然聯想，弟子早起給他頂禮時，他借自己上師的話說，你天天來叩頭，是見人不見佛。他多次告訴弟子，在佛堂裏叩頭就行了。他以自己的行為告訴弟子，智慧是一步一個腳印修來的，不是求來的，更不是裝神弄鬼的把戲。

二

在貴德縣城一位中學校長的家裏，聆聽才旺活佛開示前，師父與活佛和另兩位道友在裏屋論法，我和同去的七八個弟子在外屋聊天。因師父提前說了，讓我們幾個人去師父的父母家裏住幾天。師父是貴德人，父母的家，幾年前從草原搬來離縣城不遠的黃河邊上。師父說其中幾個弟子都是第一次來這裏，應該住幾天。趁師父在裏屋的時間，我說：「師父好不容易回來一次看爸爸媽媽，我們去這麼多的人，師父每天得照顧我們，好像這樣不對。」我提議先走，讓師父在家裏安穩住幾天。大家聽了我的話，一致同意。於是，我們約了第二天離開貴德去西寧。事先，師父告訴我們已安排弟弟金巴找車來接我們，所以得立即將這意見說給師父。大家讓我去向師父說，我就到裏屋的門口，叫了一聲師父說：「我們有事，請師父出來一下。」

師父出來，坐著的幾個人都起來，圍著師父，我說：「我們想明天去西寧。」我的話還沒有說完，師父就說：「那怎麼行呢？」他說：「我知道志鵬經的事多，爲師父考慮，覺得師父回來一趟不容易，應該跟爸爸媽媽在一起，你們覺得留下就給師父添麻煩了。」師父幾乎把我們剛才說的和想的都說了出來。他說：「不要想這麼多。」

天苑聽著一下子跳起來，說：「師父，你有神通？我們剛才想的說的你怎知道的？」

師父笑著說：「我有什麼神通。」

天苑正言道：「這件事就聽師父的，大家不要爭了，明天早上咱就去師父家。」

師父還對我說，「你要寫東西，家裏有房子，你一個住那裏，寫你的，別人不去打擾。」

師父的周到使我很感動，我點了下頭，說：「聽師父的。」

第二天早上吃過早飯，師父的弟弟金巴果然帶著一輛中型的貨車來了，我們就上車，沿著黃河古道一直向北。將近一個多小時的路程終於到了師父家。

師父的家在黃河邊上的一個藏族人家的村子裏，有一個不大的院，三四間上房，兩邊有廂房，院子的中央是一個藏傳佛教白色的佛塔。院的東面，是一個不大的羊圈，裏面有羊和牛，也有散跑的雞。院子的後面，則是一個很大的梨園。貴德梨在青海省是很有名的，二十多年前我在青海當兵時，就知道它的美味。這個梨園，是一份不薄的家業。自古有天下黃河富寧夏，天下黃河貴德清的說法，黃河在貴德小盆地呈現江南水鄉的美景，水是湛藍的顏色，平緩地幾乎看不見流動。如果不是黃河岸邊突然矗立的高山，裸露出高原亞當地貌的特徵，觀者是無法想像這兒屬於青藏高原，完全可以把她當做南方的一片水域。

師父長年在終南山靜修或外出傳法，難得回家，父母見了，自然十分高興，在縣城民族中學裏上學的妹妹，也高興地跑回家，忙裏忙外，做飯打掃衛生。一家人不但爲師父回家而興奮，也爲我們這些遠道而來的客人高興，多出七八個人住在家裏，光吃飯每頓就得早早的準備，菜自己家裏產的不夠，就到縣城集市上去買，饃饃是自家蒸的。藏家人蒸饃的手藝是很高的，將麵發好後，反覆揉，然後用青油加了五香調料，做成千層的大饃。一個饃三個人夠吃一頓。

師父回家，父母高興，不僅因爲親情，更重要的是，師父從小修行，畢業於香赤寺佛學院，獲得堪布學位，是篤信佛教的藏族人尊敬的僧人。家裏出了一個修行的人，這是累世的福報，是家人的光榮。父母和弟弟妹妹不是按俗家輩分稱呼哥哥，而是都叫師父堪布，每次從老母親的口中聽到堪布兩個字時，我都會產生一種難以抑制的激動，母親的聲音飽含深情，溫柔中帶著無盡的關懷和眷戀，又表達著無限的尊敬和厚愛。同去的師兄王永建說：「師父是這個家裏的精神領袖。」

然而，使我忐忑不安的是，師父時時處處對我們關懷備至，帶著我們在村子裏走動，拜訪密咒師，朝拜村子裏的寺院，到四周的山上去遊覽。師父把在家的時間幾乎都給了我們，他擔心我們吃住不慣，事事照顧。同去的小謝、天苑、毛毛……受師父的感染，一起動手，清潔了院子，給院子中的佛塔刷了一層新的塗料。

因我與西寧的朋友約好了，提前一天準備走。離開時，師父的母親拿來一大袋子自產的，味道新鮮奇香的花椒。她老人家說，沒有什麼好東西，就帶點花椒回去吧。我實在有些不知所措。不拿吧，辜負了她老人家的心意，拿吧，這是師父父母家的東西，怎麼可以隨便收呢？師父看出了我的爲難，說：「貴德的花椒是特產，就拿一些吧。」盛情難卻，我就接了老人家給我包好的一大包。

坐上去西寧的車，腦子裏卻時時閃現著師父的身影，到師父家裏的第一天，晚間弟子們圍著師父，請師父開示。由於先一天，才旺活佛傳承的咒語，大家理解不一，說法各異，師父就親自打了電話，問明了才旺活佛的原意，再給我們開示。師父對修行的每一個細節，都會說出它的出處，稍有疑問的地方，必得落實確切後方可開示。對弟子們的求法，絕不留下半點疑惑之處。師父坐在那兒開示的神態，深深地印在我的腦海裏。

三

多日後在西安相聚，天苑告訴我，在貴德住宿那夜，我們去拜見才旺活佛，師父卻一個人上街去給才旺活佛買被子了。我一愣，猛然想起吃完晚飯後，我拉開桌子，準備寫一點文字，師父忽然從門前過，我問師父，有什麼事？師父說，你們休息，我一個人去街上轉轉。我當時以爲師父離開家鄉久了，真的想去看看久違的故鄉的街道。這時想來，當時我應該陪著師父，那是一段多麼難得的時間，再說，供養才旺活佛，那也應是弟子們的福報，何況所到之處，師父每一個細節都在照顧我們，我理應領會師父的深情。

第二天早上，我去才旺活佛的房間裏頂禮活佛，發現活佛的床上放著一床嶄新的被子，我以爲是旅館裏安排的，這時想來，才知道是師父上街選的。細細回憶，我們這些在紅塵中忙碌的俗人，已很少注意生活細節，對周邊的人和事缺乏細心留意，更缺乏對他人生活細節的體味，似乎一切都在爲所謂的生存奮鬥。豈不知，關心別人，注意細節，不僅是爲了表達對這個世界的愛，也能使自己的生活多了溫馨，多了活著的滋味。

佛家修行中生起菩提心，對大乘佛法的弟子來說是至關重要的。而清淨之心，仁愛之心，身口意全在其中。師父每件事都在身體力行。記得一年多前，當我感受到師父的功德，決定皈依師父時，我向師父傾吐了這些年修行的一些困惑和缺憾，我說，我想把過去的修行整理一下，再開始一個新的行程。師父說：「這很好。」當我表達了我的心跡和希望後，師父說：「只要你下工夫修，我會把在上師那裏學到的傳承，全部傳給你。」我當時很受感動。由於現今社會欲望的張揚，人們已很少知道求法的珍貴了，以爲請師父吃頓飯，給點供養，師父就理應把法傳給自己。豈不知，師父代表佛菩薩，來人世間救度眾生，他們的慈悲是無邊的，他們當然會毫無條件把佛陀的法脈傳遞給每一個眾生。問題在於我們有沒有這樣的悟性和福報，我們常常會把路遇的菩薩當作凡夫，因爲我們是凡夫，我們無法見到菩薩。而那些真正的求法者，是不惜一切代價的。中國禪宗二祖神光（慧可）爲了求得真傳，在大雪中斷臂，以表示其決心，終於感動達摩祖師，將衣缽傳給了他。

當時，我面對師父，無語表達我的心情，以至在舉行皈依儀式時，我竟然連一分錢的供養也沒有拿，師父讓我洗了兩個蘋果，隨喜的小謝和我各拿了一個，作爲一種表示，供養諸佛菩薩，師父說：「真正按佛陀的教誨去修，就是最大的供養，修好了，諸佛菩薩都歡喜。」

從皈依的當天，我開始再修大圓滿前加行。因爲以前我叩了十萬個長頭後，已五六年很少連續叩長頭了，所以，心存膽怯。師父並不指明，每天下午五時，他本來是可以在他的房間裏叩頭的，可他將墊子拿到客廳，一聲不響的叩長頭。我見師父叩長頭，就不好意思再偷懶，也就跟著叩起來。

一百多個長頭，師父輕鬆自如，很有節奏，伏身，向前，觸地，叩頭，起身。而我卻十分笨拙，十幾個頭過後，便大口喘氣，渾身冒汗，師父叩兩個甚至三個，我才叩一個。但因師父在身邊，我又不好意思停歇，就堅持叩七八十個頭，實在堅持不了了，再停下來休息。師父鼓勵說：「一次一百個堅持不了，可分兩次，每次五十個，慢慢增加。」叩了一段時間後，師父見我不大口喘氣了，就給予及時肯定。但我實在汗顏，師父已是得道的高僧，還每天堅持叩二百多個，而我卻因俗事和體力的原因，只能每天保持一百多個，有時還會因故而間斷。

但經過幾個月的堅持，我終於習以爲常，身體也感到輕鬆了，基本回復到了多年前叩長頭的狀態。

這是師父引導和加持的結果。

四

二〇〇九年六月，在父親去世的葬禮期間，師父經過山間小路，見樹間拴著頭牛，鼻梁被繩索磨破，許多蒼蠅來回叮著血跡，牛不停地擺頭，也無法驅走蒼蠅，師父立即上去，牽住牛頭，從口袋裏掏出餐巾紙，包住了牛鼻梁上的繩索，並驅趕了蠅蚊。隨行的弟子以爲這就行了，可師父回來找到我，說去給那頭牛療傷。師父拿了藥和我一起去那片樹林裏找，牛不見了，因天色已晚，肯定被主人牽回家了。師父問是誰家的牛，我問周圍的人，一時不明。

第二天，家裏來了許多幫忙料理父親葬禮的鄉親，一問，才知道是我大哥的小舅子家的，主人在場，叫光青。我就說：「光青，把牛牽來，請師父給牛治一下傷。」幾個人聽了笑說，不就是個牛嗎？何必那麼麻煩！他們認爲不值，出家人真是多此一舉。他們當然不明白師父的慈悲，也不知道其中的道理。光青比我小，叫我哥哥，我就笑說：「快去牽牛來，師父不僅療傷，可給牠種下善根，說不定下一世你們成了兄弟或朋友。」大家聽了哈哈大笑，光青就去把牛牽來了。師父小心地上了藥，又見昨日勒出的傷口因繩子不再磨了而結了痂，就放心了。而光青見師父會給牛治傷，就說一定會給人治病。他對師父說，他的腰疼得不是一天兩天了，請師父給他治治。

我知道師父是不提倡學佛者給人治病的，因爲以所謂的醫術表現佛法，就已偏離了佛法，如果以此表現自己的功力，甚至鬧到裝神弄鬼的地步，不但偏離了佛法的究竟，而且是在造惡業。但師父聽了光青的請求，淡淡的一笑，讓他背向自己，果真給光青治病了。

跟著師父有限的幾次外出，總能感受到師父的恩德和對世事的圓融處理。每當有人所求，他都會有求必應。

那次西部之行，住在西寧的當晚，我的二十年前的好友來賓館裏看我，他二十多歲時是一位才華橫溢的詩人，我們曾經在武漢大學裏度過許多難忘的時光。當日見面，他聽我說起師父，立即倒出了生活中的煩惱，他說他常常感到無奈，不知如何處理才好。想來，一個仕途還算得意的人，四十多歲正是幹事的黃金年齡，人們經常會說能指揮得了千軍萬馬的將軍，卻未必能處理好家務事，遭遇這樣尷尬的事，並非一個人。朋友問我能否見見師父，向高僧請教請教。

考慮到師父坐車顛簸了十多個小時，時間又晚了，我就說試試吧。當我到師父住的房間，說了朋友的請求，師父立即答應，不一會，師父就到了我的房間。朋友就說了他的苦惱，他說，他的父親去世了，只有母親跟著他們，他和母親的感情很深，他希望母親一直和他們住在一起，能使他盡一個兒子的孝道。媳婦也是一個很好的女人，工作不但出色，家庭裏也能幹勤快，也很愛他。可是婆媳處事的方法不一樣，對女兒的教育也分歧很大。這樣她們就時不時鬧矛盾，而且都找他評理，他誰也不能說，更不能得罪。母親有一天終於說，她要離開這裏去單獨住。他說他盡了最大的耐力做好人，希望兩個愛自己，自己也愛她們的女人和諧，可他辦不到，他只能兩頭勸，請兩個女人理解他的難處。他說他快堅持不下去了。

朋友所講的，實際是一個許多家庭都有可能遇到的事情，我從來沒有聽說過一個準確的答案。俗話說清官難斷家務事。

師父聽了，又問了幾個細節，就對朋友講了一個佛教的公案，說一個小和尙和老和尙打坐，老和尙對小和尙說，好好坐在這兒，一會兒對面的那座山就過來了。小和尙聽了，就一心想著對面的大山過來，以一念而止萬念。但當他下坐了，對面的山並沒有過來，他就問老和尙：「師父，對面的山怎麼沒有過來呢？」老和尙看著小和尙說：「它不過來，我們不會過去嗎？」

師父講完這段公案就看朋友。朋友本來就是一個有悟性的人，他愣了一下，終於明白過來，立時說：「我知道了，我過去，我一定過去。」

那晚，師父和朋友說了一個多小時，休息時已近夜裏十二點。

幾個月之後，朋友和我通電話，高興地說：「我聽了師父的話過去了，效果不錯，母親住下來了，媳婦表示要好好和我過下去。」

二〇〇九年八月間，我接到戰友、現任青海省旅遊局副局長韓國榮的電話，他說他有個心願，就是把周至老家的山，開發成一個旅遊區，給老家的經濟發展盡點力。因約好了幾個有投資意向的人，準備利用開會的機會一聚，一起去現場考察一下，因我從事旅遊開發，他就想請我也去一下，那座山裏，也有兩座寺廟，很想請益喜寧寶師父去一趟，一來請師父看看寺廟，更重要的是，算一個方面的代表，他小心地問：「不知道師父可行？」

我立即給師父說了，徵求師父的意見，師父毫無遲疑地說：「應該去。」他說，不僅因爲我們在西寧時受到了韓局長的照顧，更重要的是這是一件好事，有利於社會眾生的事。

事情很快按韓局長的安排進行了。去周至的先一天晚上，師父下山住在西安市裏，早晨六點多鐘，師父去火車站接了我，我們就坐韓局長派來的車奔周至。因當地政府當時用車忙沒有錯開，派來的車是一個很舊的小麵包車，坐在裏面，如同散架，一路搖晃，我覺得讓師父坐這樣的車，於心不忍。師父卻如同沒事一樣，直對來人說很好，讓司機趕路就是。

到目的地，一切聽主人的安排。

到場的政府官員和各方人士，大約有三四十人，分成兩路，一路上山看地，我則陪著師父和小謝幾個人，去溝裏的寺廟裏看。進山不遠，山口的東側，有一個幾間小房的院子，門鎖著，陪同的村裏人說，這裏住了一個修行的女僧。師父問：「能進去嗎？」那人說可以，就去拍關著的門，一會兒門開了，住寺的是一位二僧師父，她一見是位師父，十分高興，說她昨晚做了一個夢，今日有貴人來。師父進去，問她家在哪兒，修行多少年了，什麼時間到這裏來的。二僧一一作了答覆。師父去看佛堂和她做飯的地方。

房子裏很簡單，就三間小瓦房，加一間用於做飯的偏房，打掃得很乾淨，但條件很艱苦。她說爲了安全，她每天都是關著大門的，除非村子裏的人來送供養或什麼的，她很少開門。女僧年齡不大，也就三十多歲，住在這樣的地方，遠離家鄉和塵世，看得出是一個真正修行者。臨走了，師父掏出了一百塊錢供養女僧，女僧十分感動，她說，師父能來加持，就是她的福報了，不敢接受師父的錢。但師父說是結緣，她就收了，雙手合十，連連感恩師父的慈悲。

考察結束論證時，對於如今許多地方以寺廟爲由頭，發展旅遊，把道場變成景點，師父是堅決反對的。寺廟本來是學校，是育人的地方，卻被當作了賺錢的工具，是很痛心的。師父也不宜出席這樣具有實際開發經營論證的場合，但師父還是囑咐我去參加，支持韓局長的良苦用心。他則在路邊的亭子裏，坐等了我將近一個小時。

五

青島與終南山相隔一千多公里，不在師父身邊，卻常常感到師父的關懷。我每天按師父的傳承和安排，讀誦法本和叩長頭，因俗事難以放下，所以讀誦法本和叩頭集中時間，誦咒則分散時間，工作或休息的空檔或開車的路上，總之有空則誦。然而，儘管按量完成了功課，卻不敢說自己有什麼進步，常常不敢打電話給師父，因無法說出自己的精進，更無法報答師父的厚愛。只有在修行打坐中遇到問題或不明的境界時，才敢打電話打擾師父，師父卻時刻關心弟子，時時給予鼓勵和開示。當感受到他的加持力和厚愛，我總是湧起感動，心存感激。

有幾日打坐，雙腿血脈跳動，總有不適，過去也曾遇過類似情況，同修說不用管它只管坐。但我終於不忍，就給師父發了簡訊求教，師父很快就回了，我按師父的教法當即奏效，悄然入坐。

又有一日，忽見境界，十分奇特，總歸不明白是怎麼回事，就發簡訊，描述了境界的情景，師父快速回覆，解惑釋疑，但叮嚀我不可執著。

當打坐時遇到氣脈反應時，師父總能及時提醒，開示引導。師父的教誨總不離我左右，儘管我天生愚鈍，根基淺薄，卻總能得到師父的準確契機。我很難用語言來表達我的感受。一日讀博客，突見道友柳延東對師父感受的描述，頓覺明瞭，立即收藏。他說：

「上師功德微密繁勝，作為弟子的我沒有任何修證，因此不敢妄說上師的證境及諸秘密驗相，而至少如注重前行教授，讚嘆大德，於法義具力辯說，善於應機以實修竅訣引導……等等顯見功德，一時難以說盡。以下所說，是我幾年來所親見。一、敬重上師。上師對他的上師極為敬重，一些情節為我親見。所見令人動容。二、具足傳承。上師不僅在佛學院有正規的理論學習，而且曾多處求學實修，具足大圓滿完整傳承。三、擁有資質。作為弟子應知，『活佛』和『堪布』這些名分並不重要。我的上師具足堪布資質，我想這至少不是一件壞事。四、引導準確。上師無論講法還是進行實修引導，準確無誤。涉及關鍵法要，上師可以準確地告訴弟子『就是這個』，無拖泥帶水。五、隱顯相宜。上師傳法時固然中規中矩，同時在日常中也不斷以隱密方式提示弟子。六、常年實修。上師可以深入講解寧瑪傳承中的一些重要教法，但更注重實修。如果不是弟子請法特別邀請，一般處於隱居實修狀態。七、漢語流利。上師可以說流利的漢語，並且在佛法辭彙方面有準確的把握。八、親行譯事。上師對藏語譯漢有非常認真的態度，身體力行從事相關儀軌和教言的翻譯。九、慈悲可親。上師謙卑低調，具足慈悲，性情寬厚開朗，無名利所累，所以親近很容易。十、豁達安忍。上師遇諸障礙，甚至極惡攻擊，都以安忍心處之。」

延東師兄所說，我如同身受。師父不但因人施教，在你需要指導時及時契入，還在你可能因俗事或寂寞侵擾時，總會忽然而至，點化開示，指點迷津。使你如烈日曝曬時突遇甘霖，身心豁然清爽，精神倍增。

一日，我正在為做不完的事煩惱時，收到師父的一則簡訊。他說：

「人在四處漂泊，不知心在何方？忙碌從未停息，兩手始終空空，欲罷不能夢想，總是纏纏綿綿。云云六道有情，何時方能醒來？隨順欲望是苦，調整欲望即樂，若欲自利利他，請記如來教誨。」

暑期過去了，終南山的秋天來得早，正不知師父可否做好了入秋的衣物準備，我還未來得及打電話，師父簡訊來了。

「暑去天涼好個秋，遙望南山繽紛色，近聽溪流常鳴歌，時而微風遞清香，閒來嘗新禪悅食，方覺凡聖同一世。」

身處物欲橫流、燈紅酒綠的都市，讀師父的寥寥偈語，便感嘆那是一種什麼樣的境界啊，可憐弟子還沒有證悟的道行。師父當然不是在描述陶淵明式的閒適生活，而是在向弟子傳達禪意的智慧。感念師父的厚愛，我笨拙地添加和改動了師父的句子，以表達我的心境。我說：「閒來嘗新禪悅食，方覺聖凡同一世，遙望南山繽紛色，諸佛菩薩皆歡喜。唯念上師生正信，遍盡虛空總歸一。」不過我說明，我的詞句只是文字的表面表達，無非一種心跡而已，師父道歌，傳達的卻是證悟的大般若，師父說，信爲道願功德母。唯願我的理解能接近師父的道心。

六

師父常常教導我們，用一顆平常心修法，切不可追求神奇，一花一草一石一木，示現的都是佛法，對智慧的追求和開悟，是需要一步一個腳印的去走的。每當我們說起神通之類的奇異事跡時，師父總會提醒我們不可執著，每當有人問師父有神通嗎？師父都會毫不猶豫地說：「我沒有神通。」一次，當我們津津樂道地說起神通治病的奇蹟，師父卻說：「不要求那個。」隨之，他講了一段舊事，師父的上師，有一弟子，有了治病的神通後，就放棄了修法，有一天，他突然想起了師父，就去看師父，結果師父把他治病的功能去掉了。他回去一使，不靈了，沒法治病了，突然省悟，抱頭痛哭，就又去見師父，他說，他耽誤了許多的修行時間，實在不應該，感謝師父提醒了他。

師父說：「普度眾生要有能力，你沒有成道之前，沒有那樣的功德，眾生不信。」

師父說：「要度他人，必先自度。修行好了，你就可以度人了。願度誰就能度誰。」所以師父強調放下一切，抓緊修行。

同修陝西的一位好友曾對我說，他每次見到師父都有新的感受。他說他自從見到師父後，身心發生了巨大變化。過去他是一個懶散的人，生活不注意規律，起床都不願意疊被子。他認識師父幾個月後，一位搞西方哲學研究的同事，突然對他說：「你遇到了什麼好事，整天都是喜悅的，和過去完全不一樣了。」他說：「沒有呀，還是原來的我。」又過了不久，同事還是那句話，不過這次加了一句，說：「不對，肯定有什麼好事。」他被問急了，只好對同事說，他最近皈依了一位師父。同事當下納悶，什麼樣一個師父，會使一個懶散的人改變過去的生活態度。同事就和他聊起來，他就說了些師父的細節。同事說：「能不能讓我也見見。」

朋友是一個認真的人，絕不會把那些只爲好奇而無修行之心的人帶給師父，於是，他就笑著說師父最近不在，方便的時候再說。時隔不久，同事又提出，而且態度比上次更懇切，他說他研究中有些問題需破解，很想見識一下東方智慧的高人。說過三次後，朋友覺出了同事的誠心，而且他倆在單位裏雖然研究的方向不同，但平時也是能聊到一起的朋友，於是就動了引朋友去見師父的念頭，他問了師父，師父慈悲，當然同意。

一個冬季雪後的晴天，朋友帶著同事去終南山拜見師父。那天的天雖然晴了，但冬季的終南山，積雪不是輕易化的，他們踏著未化盡的積雪，用了平時一倍的時間，終於到了師父的茅棚，然而，讓他們想不到的是，師父茅棚的周圍出現了許多冰花，像一朵朵盛開的白玫瑰，組成了一組奇異的景觀。他們知道，這是修行有道的智慧顯現。他們在驚喜中走進了師父的茅棚。

朋友說，師父坐在床上開示，他們倆人坐在床前的墊子上，師父娓娓道來，釋疑了他們提出的問題。朋友說，屋外的冬天不在了，屋子裏充溢著難以言說的溫馨，他們被無盡的溫暖包圍感染，師父的話語像一股股暖流，浸入他們的心田，他們感受到了從未有過的美妙。而這時，同事站起來，他說他懇請皈依師父，師父答應了。同事立即伏身，頂禮師父。朋友說，同事一米八的大個子，撲倒叩頭，起來又撲倒，又叩頭，他的神情和虔誠也深深打動了他。他說，這是師父的攝受力，也是一位得道高僧的智慧所顯。

朋友所說，我完全可以感受得到。去年春節師父來青島時，一位修行十年的朋友去見師父，問了師父許多修行中的問題，當他說起十年修行觀修中遇到的一道難題時，師父輕輕說了一句，他立刻豁然開朗，解開了他十年的困惑，他激動萬分，立即起來，說：「師父就這一個解惑，我也應該給你叩頭。」說著就跪下叩頭。朋友四十多歲了，平日裏自視修行十年，拜過道行很深的上師，所以是很自信的。他的心悅誠服，更使我感受到了師父的功德。

我給西安的朋友打電話說：「人身難得，我們具足；佛法難聞，我們有幸；最大的福報，我們遇到一位比得人身，比聞佛法更難得的上師，今生有望，至少不會無果而終了。」

朋友說，是的！他說：「我充滿信心。」

七

終南山的夜晚，我曾和幾位師兄懇請師父講講他的經歷，他只幾句話輕輕帶過，迅速就把話題回到了如何修習佛法上。當我們說起官秋仁青老堪布的經歷時，師父輕輕地說，老堪布的傳記以後會有人寫的。我突然記起讀到過的一段文字，當弟子要爲官秋仁青大堪布寫傳記時，被大堪布拒絕了，尊者說，「我們的心應該更多地放在修行上。」

師父對弟子的愛憐，師父的慈悲可見一斑。一位徹悟了宇宙真相的智者，是不需要文字的記錄，更不需要歌功頌德。掉進文字的陷阱，可能造成所知障，成爲修行的障礙。在上師那密意完美的世界裏，唯一的就是救度在黑暗中游離的眾生。師父的希望，與官秋仁青大堪布以及一切諸佛菩薩是一樣的，那就是祈願弟子克服一切障礙，精進修行，早日證得完滿無礙的大智慧。理解了師父的良苦用心，我只有放下了一時的念頭，但爲了這篇文章的完整，我只有引用難得一見的師父的簡短自述，使讀者大概瞭解這位大德的簡單經歷，我希望因緣成熟時，能有更多的文字記錄這位大德的修行密意，以激勵更多的有緣之人，領略宇宙人生的大智慧。

師父自述：

「青海貴德是我的故鄉。我叫益喜寧寶，我的父親名為多傑，忠實厚道，母親名為東朱吉，為人慷慨。我在兄弟中排行老大，下面有七個弟妹。我原來的藏文名字是才讓東珠，因為三歲那年生了一場大病，怎麼也治不好。祖父發心念誦了十萬遍度母贊，我才得以痊癒，因此我改名卓瑪本，意即十萬度母，這也算我自小與佛法的一段因緣吧。而益喜寧寶這個名字是無比教恩者官秋仁青上師賜給我的，意即智慧藏。

「我十五歲那年，來到貴德縣河西鄉多勒蒼村紅教寺，跟隨尊敬的善知識仁青學習。仁青善知識是一個密咒士，留著滿頭長約一米的銀髮，慈顏善目，幽默風趣，平易近人。我跟他求學了寧瑪派大勝嘿嚕嘎、普巴金剛、馬頭明王、獅面佛母以及三根本等很多本尊的儀軌與功用密要。我的早期的記憶都與他有關，他就像我的父親一樣，令我終生難忘。

「三年之後，我跟隨我的老師仁青前往五臺山朝拜。那年是一九八八年，即晉美彭措法王如意寶來到五臺山的那年。其時，我看到了晉美彭措法王在上萬僧俗中散發他的愛心。每當我與僧俗弟子分享法王如意寶的法味時，他老人家給了我對佛法不可動搖的信心以及對上師無比重要的信念。從五臺山回來後，朝朝暮暮都想到某個佛學院學習。但由於父母要我幫助他們，不同意我離家太遠。這樣，我求學的願望暫時沒能實現。

「二十一歲那年，家境漸好，見此情景，我未與父母商量，與同學金巴嘉燦，一起偷跑到青海同德縣巴水鄉香赤寺。香赤寺是安多地區唯一的寧瑪派佛學院，它的開創者是被譽為最殊勝的虹化者大堪布才旺仁曾如意寶。現在的寺主是才旺仁曾如意寶當年的追隨者心子官秋仁青大堪布，已有八十三歲了。

「這樣，多年隱藏在心底的求學的願望終於實現了。我以猛烈渴慕之心依止了無比的教恩者至尊官秋仁青上師。當時，正趕上香赤寺剛剛迎請了善知識秋吉旺秀堪布。他與香赤寺也有一段特殊的因緣。他在十歲左右的時候，曾得到才旺仁曾如意寶的囑託：將來香赤寺振興時一定要抽出幾年時間到香赤寺做老師。所以，我感到與他有這樣一段師徒因緣特別榮幸。在官秋仁青和秋吉旺秀二位上師的指導下，我進入了以學習戒定慧三學論、因明、中觀等教理之門，獲得了四心滴等隆欽心要之灌頂與講解。當時，每當我看他們二位慈祥的笑容，心中就洋溢著溫暖、幸福的感覺。對我來說，他們就是佛，這種印象在心中永遠也不會動搖。如果說我有什麼見解的話，我知道是得自於我的根本上師官秋仁青與善知識秋吉旺秀二位的指導，這種恩德我永遠也回報不了。

「在人間淨土般的香赤寺，一瞬間即度過了五年。後來，我的善知識秋吉旺秀，懷著母子永別之覺受離開寺廟入山修行。他在入山前對我說：如果你想繼續學習的話，應往別處尋求指導。聽這話後，我回到闊別五年的家裏休息了一個月，便前往拉薩朝拜。這次朝拜對我影響較大，在路上走了一個月，遇到很多違緣，從此我對無常有了甚深的體悟，本來的習念被打破，可以說那是我生起不圖名利心的最好轉折。同時，生起了快求一些竅訣實修的想法。

「在我二十五歲的時候，我得知，青海莫合多上師仁增久美大瑜伽者的竅訣法脈跟康區阿宗寺第一世朱巴活佛一致的消息。在整個康區，阿宗朱巴活佛是唯一的通宗通教者。因此，得知這個消息，就覺得跟隨仁增久美活佛求學是求之不得的事。所以，我即毫不遲疑地來到了莫合多上師身邊，隨之修學了六年。在他老人家的教導下，我完整修滿了六加行，並敬受了大圓滿徹卻與妥嘎的指點，閉關實修了一年，在上師的恩賜下，更修學了智慧上師等更多的竅訣。在這期間，我做了很長時間上師的侍者。在他老人家的培育下，我的修學獲得了較大的進步。

「三十一歲時，我再次回到無比教恩者官秋仁青至尊足下，敬受了他老人家密傳竅訣系統。然後又來到了康區阿宗寺第二世阿宗朱巴活佛身邊，在上師智慧與慈悲的光耀下，我和內地幾位法友一起敬受了氣脈方面的傳承與系統修習方法，而且上師也慈悲傳給了我大圓滿徹卻法的密要。後來，我又拜見了玉樹州的瑪爾巴轉世瑜伽者秋英多傑上師，並獲得了徹卻見地上的印證，同時，他還囑咐我，為了更多的眾生而要學習多種語言。今天，我翻譯經論，也可說是在遵行他老人家的囑咐。

「這是我的簡歷。願大家一切如意，扎西德勒！」

師父的自述只是簡歷，正如師兄柳延東所言，我們沒有修證，無法揣度智者的境界，但據我所知，師父進終南山閉關時，幾乎不會多少漢語，更不用說認識漢字，僅三年時間，師父從古漢語開始學，不但能說流利的漢語普通話，而且他深達漢語詞義，準確翻譯佛教經典，僅此，就不得不讓我們這些凡夫驚嘆。

第三章 密融法界

二〇〇九年六月十二日廿三時零七分，午夜的凝重封鎖了天下，此刻的世界已完全沉入黑暗。這日的青島，無月亦無星，是一個陰雨過後的暗夜。忙完一天的瑣事，我準備休息，突然收到益喜寧寶堪布從青海發來的手機訊息：「乘願而來，隨緣而去，香赤寺老上師於陰曆五月十三日（陽曆六月五號），將其密意融入法界。本月二十日公佈其四眾弟子。弟子寧寶再次感謝十方信徒爲此而所做的一切，也真誠地隨喜其功德，更懇切地期待上師等諸德早日乘願再來，普度堪忍世界。阿彌陀佛；寧寶合十。」

看到這則簡訊，我一時發呆，腦子一片空白。作爲佛弟子，知其生命無常，聚散有緣，何況作爲一代大德的官秋仁青仁波切，早已證得了廣大無礙的大圓滿，他只是暫時轉換了生命的方式而已。然而，我仍然無法相信這來自世間的現實，一切來得那麼突然，一切來得那麼難以接受……

二〇〇九年四月廿七日，我們一行二十多人從貴德出發，在寧寶師父的帶領下，經過六個多小時的車行，於下午四時，至青海同德縣香赤寺。

那時，九十歲高齡的老堪布官秋仁青仁波切已很少見人了。但聽了我們是從西安和青島趕去的，他還是滿足了我們的願望。稍作休息，喝點水，我們就捧著哈達，進了老堪布的密室。這時，老堪布雖然躺在床上，但臉色紅潤，毫無病態。我們依次上前叩頭，接受加持。老堪布的侍者一一將哈達觸及仁波切的手後，再戴在我們的脖子上。我們再向前，頭觸老堪布的衣服，然後起身，退出；第二個人再進，二十多人叩拜完後，依次進入老堪布的密室，向老堪布求法。

因密室太小，十多人就會擠得滿滿的，一下子進去二十多人，更加顯得擁擠。但大家沒有絲毫的不適。這天，高原的天氣萬里無雲，初夏的同德氣溫宜人。狹小的密室裏更是充溢了一種感人的暖意，似乎屋內的一切都放射著金光，成像後的照片，底色也是一片金黃的顏色。所有的人都屏住呼吸，感受著來自大師的加持。

千里奔波，爲了求法。在佛教史上，有無數的感人的求法故事，幾乎熟爛於每個真正的佛教徒的心裏。禪宗二祖慧可大師，爲了從達摩祖師那裏求得真傳，不惜斷臂灑血以表決心；唐三藏法師玄奘爲求大乘佛法，徒步萬里，去印度取經的故事，在中國幾乎是人人皆知。藏傳佛教的許多高僧大德，他們爲了求得正法，堪忍世間凡夫無法忍耐的苦，留下許多美談。我們幾日的奔波，當然也是爲了求法而來。一個真正的佛陀的學子，要在濁世證得圓滿無礙的大智慧，傳承法脈是至關重要的。我們要拜見的官秋仁青仁波切，無疑是一位具有清淨無礙智慧的大成就者，他的法脈來自相去不遠的另一位寧提法脈的傳承者……

西元一九五八年，中華大地上發生了一場令人無比痛心的事件，從而波及到許多人和事。那時，年近四十歲的官秋仁青仁波切正在跟隨才旺仁曾活佛修行，他多麼想儘快將活佛的法脈圓滿無礙地傳承下來，並能儘快把狹小的香赤寺擴建成一個大道場，使更多的藏地和漢地的求法者，得到一個學習和修持的場所。然而，一場劫難就在眼前。

才旺仁曾活佛將自己的親傳弟子官秋仁青堪布叫到了跟前，他告訴弟子，這裏將會發生大事，香赤寺會被毀壞，寺院的一切將不復存在。活佛將自己的傳承全部傳於自己的弟子後，交代說：

「我已認定了道友的轉世靈童，讓他用我的名字，就叫才旺，等劫難過後，他會幫你把香赤寺重新恢復起來的，實現我們的願望。」才旺仁曾活佛囑咐：「讓他在村子裏生活，切不可去打擾他。」交代完一切，才旺仁曾活佛讓自己的弟子趕快離開寺院，在人們還沒有注意的時候，徹底從同德草原消逝。

官秋仁青仁波切雖然當時還不知道香赤寺會發生什麼樣的事，但他相信上師的預言。上師是證得了圓滿無礙、徹底明瞭宇宙真相的高僧，他的安排是不會錯的。官秋仁青仁波切依依不捨地離開了上師，回四川康區躲了起來。他默默地在心裏祈禱，願眾生業力的障礙早日結束，讓他儘早回到上師的身邊，感受上師圓滿無礙的大智光芒，早日實現擴建寺院，追隨上師弘法利生的宏願。

然而，一切來得猝不及防，他沒能再見上師最後一面，便與上師永遠訣別了。

就在他離開上師不久，才旺仁曾活佛被抓進了監獄，與許許多多以同樣的理由被抓進監獄的僧人，共同承受眾生共業的果報。

一九五八年九月，當地人決定在同德縣城召開萬人批鬥大會，批鬥香赤寺住持才旺仁曾活佛。

那日，草原陰沉無光。九月的青藏高原，本來是一年裏最好的季節，但是，這個盛夏的天氣，如同中國大地上常有的「運動」一樣瘋狂、無序，人們不知道該怎麼去判斷多變的天色和天氣。這一天，真槍實彈的士兵從監獄裏提出才旺仁曾活佛，押向批鬥會場。由於活佛年歲已高，雙腿長期坐禪行動遲緩，這群乳臭未乾的年輕人也許基於對活佛身體的考慮，活佛畢竟已是一位老者。也許他們考慮的是時間，因爲他們必須在規定的時間趕到縣城，以保證批鬥大會準時召開。所以，他們特地找了一頭犛牛，將活佛的雙腿捆綁在犛牛背上，和他們一起趕路。

慈悲的活佛自然不會計較孩子們的衝撞，他睜著一雙明淨而充滿愛憐的眼睛，看著盛夏的草原，看著眼前押送他的年輕人。眾生的業力雖然無法扭轉，但他還是無數次地祈請諸佛菩薩加持，願這場動亂早日結束，願受苦的眾生能夠得到安樂。但是，凡夫的眼睛無法認識當下的活佛，由於活佛上犛牛背的速度慢了一點，就有人上來狠狠踢了活佛一腳，惡狠狠地叫喊活佛快一點，不能耽誤了縣城的批鬥大會。活佛的目光沒有絲毫變化，在陰沉的天空下，顯出無比的純淨，像要淨化無垠的宇宙，更像要淨化狂熱的人們的心靈。然而，可憐此時無人領會大德的慈悲。

那個踢了活佛一腳的小夥子，在文革結束恢復後的香赤寺裏，跪在官秋仁青仁波切的腳下痛苦流涕，說他當時怎麼會如此愚癡，竟然踢了活佛一腳呢？那真是罪惡深重，必得墮十八層地獄的果報。他久久不願起來，他想他無論如何無法洗去對活佛不恭的罪惡。老堪布扶起他，對他說：「那是眾生業力造成的年代，活佛不會怪你的，活佛的慈悲如同諸佛菩薩一樣，他會原諒一切眾生在無明中所犯的罪業。只要真誠懺悔，修持正法，所有的罪業都會消除的。」在老堪布的勸說下，這位懺悔者才平靜了心緒，從此皈依佛門，遵循正法。

當日，已被捆在犛牛背上的活佛，在陰沉的天底下，隨著犛牛的顛簸慢慢前行，前後相擁的士兵，只有無奈地催趕著。當押送的隊伍行至山口，犛牛背上的活佛似乎沒有什麼異樣，但凡夫無法猜測活佛的智慧，也許活佛覺得機緣已經成熟，應給世間顯示一個真正修行者的境界，給無明的眾生一個警策。於是，突然迎面刮起一陣大風，地上的草沫和灰塵頓時捲了起來。草原的天氣本來就是多變的，武裝押運的士兵們並未警覺，有的用雙手遮眼睛，有的乾脆蹲下，以躲避大風中飛起的塵土。猛然間，他們聽到頭頂的空中響起蓮花生大士的心咒，像雷雨中的閃電，一瞬間充滿了整個天宇，如同嘹亮的號聲，傳遍了虛空。他們知道，肯定發生了什麼大事。

當他們抬起頭，一個個驚呆了，才旺仁曾活佛坐在七彩的蓮花座上，已從犛牛背上升空，慢慢地飛向天邊。而這時，陰沉的天氣突然大放光明，整個天底下一片明亮。綠茵的草地，零散的羊群，在這一剎那變成了一幅神奇的圖畫。遠處山坡上放牧的人目睹這一勝景，紛紛跪下，向正在遠去的活佛跪拜叩頭，他們知道，這是一位大成就者帶著即世的肉身弘化而去，這是藏地多年來少見的殊勝奇觀。

當活佛終於消逝在無垠的天際時，驚愕的士兵們知道他們遇到了一個大麻煩，他們是領受了戰鬥任務的，眼前發生的一切，是無法向批鬥大會的組織者們交代的。如實報告，無疑會被認爲是在宣揚封建迷信，報告者與階級敵人站到了一個立場上，這不是自討苦吃嗎？只有傻瓜才幹這樣的事。於是領頭的爲難了，不知如何是好。正這時，有人想出了一個主意，就說活佛走在半路上死了，總之他已是一個老者，看來身體又不好，誰能保證他不會死呢？眾人想想，也就這個辦法好。於是，就當場決定形成統一的口徑，就說押到半道死去。既然活佛死了，天氣又熱，自然無法把屍體帶到現場，只好亂石埋了。總之，眾口一詞，外人也就無法追究了。

事已至此，只有如此辦理。

到達會場後，主持者無法追究，轟轟烈烈的批鬥大會還得進行下去，聰明的人總能想出聰明的辦法，隨行的一個人說他會畫畫，眾人一聽，拍手叫好，主持大會的人馬上下命令，繪畫者立即動筆，幾分鐘就畫出來了，像與不像是次要的，現場有批鬥的目標才是關鍵的。於是，聲勢不可謂不大的批鬥會，面對一張被認爲是才旺仁曾活佛的畫像進行批鬥，演出了一場那個年代裏在中國的城鄉經常能見到的鬧劇。弘化而去融入宇宙的活佛，只能慈悲愛憐地注視著發瘋的眾生……

也許，今天的人看到此，多以爲這只是傳說。實際，文革結束後落實民族宗教政策，當地政府進行了專門的調查，眾多目擊者和檔案資料證明屬實。正如慈誠羅珠堪布在史實落實後所言「人類沒有任何理由拒絕或壓抑能使自己得到自由的方法與潛能，除非這個世界上的人都心甘情願作別人或物欲的工具。才旺仁曾堪布以自身的修證打開了通向自由境界的大門，作爲後來者，是沿著他的足跡向上，或是繼續待在自我蒙蔽的暗室中隨順度日，決定在你，最終的結局也取決於你現在的選擇與努力的方向。」

隨後不幾年，那場延續十年的動亂同樣席捲草原。在這場浩劫中，所有的宗教幾乎難以倖免。而在佛教看來，這場由眾生共業造成的劫難，當然也是無法回避的。隨著運動的進行，遠離人群的偏僻的小小香赤寺，被徹底地毀壞了。

當官秋仁青仁波切聽到上師弘化的消息後，悲痛萬分，但他知道只有精進修行，才能報答上師的厚愛，也只有如此，才能等待機緣成熟，實現上師的重託。在長久的時間裏，官秋仁青仁波切在姐姐的保護下，幾乎與世隔絕般的閉關修行。

十年浩劫終於結束，官秋仁青仁波切帶著上師才旺仁曾活佛的囑託，回到了香赤寺，面對破舊不堪，幾乎變成一片廢墟的寺院，他感到了從未有過的責任和動力，他知道，上師無所不在地看著他，無時不在加持著他。他所做的第一件事，就是到鄉下，找到了已經成家的當年被上師認定的道友的轉世靈童才旺活佛。

見到官秋仁青堪布的一剎那，才旺活佛如同見到了久別的親人，似乎他們本來就有多年的約定，他義無反顧地放下家庭和一切，跟上堪布走了。此後，他們開始了艱苦的努力：化緣，備料，修建，香赤寺終於在他們的手中，借助眾生和信徒的助緣，一步一步建成、擴大。至二〇〇〇年，寺院已有僧眾五百多名，終於成爲藏區有重大影響的佛學院。多年來，老堪布弘法利生的弟子遍及全國。我的上師益喜寧寶堪布，即是他眾多的有成就的弟子之一……

當我們面對證得圓滿無礙境界的老堪布時，心裏充滿了感動，他老人家的加持力無量無邊，當場就有許多人產生了不同的感應，而最爲強烈者幾乎不能自控，大口的喘著氣，不能自持。

老堪布開示，由侍者翻譯。老堪布傳了蓮士心咒、綠度母、觀世音心咒、四皈依。作爲藏密弟子，我知道藏密傳承的重要性。他將大成就者的加持力，直接灌進弟子的心裏，具有無上的加持力，使弟子在修行中受益無窮。

走出老堪布官秋仁青仁波切的密室，我久久不願離去，面對這樣的大德和難遇的機緣，我來到了窗外，對著窗口內的老堪布，連叩了二十一個長頭。說來不可思議，堅硬的磚地，四千多米的高山，平日裏從內地乍到高原的人，走路也會喘氣，我經歷過這樣的情況不止一次兩次，而這次卻沒有半點氣悶疲憊的感覺，我知道這是老堪布的加持。

一個多小時後，因要趕路，我們不得不依依不捨地離開了香赤寺，離開了老堪布。

數日後，我從終南山回到了青島，但時間並沒有淡化我的記憶，見到官秋仁波切的情景不時出現在眼前，我想一定還要抽時間去親近這樣的大德。今生有益喜寧寶上師的指引，有緣親近官秋仁青仁波切，是何等的福報。

然而，二〇〇九年六月十日上午八時許，我接上師益喜寧寶堪布手機簡訊：「青海省同德縣香赤寺佛學院住持老堪布官秋仁青仁波切，享年九十歲，現在示疾，在本寺仁波切的四種弟子懇切隆重舉辦法會，望各地信徒廣發菩提心，虔誠多誦《普賢行願品》，阿彌陀佛！弟子益喜寧寶合十轉告。」當我打開手機，看到這一簡訊時，眼淚一下子充滿了眼眶，我的心裏無比地悲傷。我不相信這是真的，我急忙給在終南山住山修行的上師的侍者小謝發簡訊，希望證實：「示疾」，而不是「示寂」。

因小謝手機還未開機，我又不得不打電話打擾師父。師父告訴我是「示疾」而不是「示寂」。我終於鬆了一口氣，願他老人家長久住世，弘法利生。而這時外地的弟子並不知道老堪布已於兩天前入寂了，只是寺院依照儀規，暫未公佈，寺院希望這消息對外地的弟子們有所心理準備，使大家不要有太多的悲傷。

由於俗事纏身，我未能前去香赤寺拜望老堪布的法體。我每天依據師父的囑咐，利用空閒，念誦五遍《普賢行願品》，祈請他老人家長久住世。可是我等來了師父於六月十二日晚廿三時發來的手機簡訊。悲痛的我不知如何是好，就發簡訊問師父：「我該做什麼？」師父回簡訊：「繼續念《普賢行願品》，以自己的修行來供養三寶，感恩三寶。」幾分鐘後，師父又發來簡訊：「數千僧眾晝夜相繼誦經，四面八方而至的無數弟子，以感恩和失落交接之心敬拜老上師最後尊容時，不得不回憶起曾在一起的一幕幕情景……」

夜已很深了，但我無法入眠，悲痛的心緒難以表達，我打開燈坐在桌前，寫下這段話：

這一刻

弟子知道您隨緣而去

這一刻

弟子知道您還會乘願再來，

然而，我們仍然悲痛萬分

感恩大德住世

給弟子智慧的恩澤
慚愧弟子的根器太淺
再難聆聽您的開示
也許您住世一萬年
弟子仍然覺得太短
無明的眾生
需要大德的指引

讓弟子融入您的智慧之光，
繼承您的法脈，
當您乘願再來時
弟子跟隨您弘法利生

在迷糊的幾個小時後，我寫下了如上的文字，紀念這位大成就者，祈請官秋仁青仁波切早日乘願再來。

第四章　飛升疑雲

我相信對青海黃南州同德縣的很多人來說，才旺仁曾堪布就應該是他們腦海中如是的一種珍藏。

這位於一九五八年九月突然在看押他的士兵面前飛走而消失於空中的寧瑪巴一代大成就者，已日漸從當地老百姓茶餘飯後的談資，進而演變成人們心目中的傳奇，並最終昇華成一位精神領袖與信仰的寄託者。在此次事件發生以後長達四十餘年的口耳相傳的過程中，是人們的幻想創造出一位他們用以寄託脆弱心靈的偶像，還是一個真正的飛身成就者憑自身的自在解脫之力，而在世人眼前演繹出一幕活生生的生死自在幻化劇？包括我在內的許多人對此問題都曾有過思考、辨析甚至懷疑，但我們都相信一個基本的事實：我們沒看到過的不一定不存在，一味執著於所謂的耳聞目睹，其實與整日沉浸在道聽塗說裏並無什麼實質性的差別。面對一件錯綜複雜的事件，實事求是是最好的讀解事件來龍去脈之態度，而時間則是最後且最公正的檢驗裁判。正是本著這樣的初衷，西元二〇〇二年的初夏，我終於踏上了青海黃南這片神奇的土地，目的只有一個，那就是務必爲大家，也爲後人勾勒出才旺仁曾堪布的真實身影。

在描述我的調查經過及結果之前，先將這位寧瑪巴上師的大概情況向讀者介紹一下。有必要聲明一點，即所有這些資料彙編均有可靠的來源與依據。

才旺仁曾堪布於一八八三年降生在四川省紅原縣的麥窪，當其長到十歲時，便進入扎西卻囊（意謂吉祥法鈴）寺學習佛法。十五歲時正式出家且受沙彌戒，接著便到寧瑪派六大寺院之一的竹慶寺聞受顯密經論，在這一過程中，他依止了多位大成就者。二十五歲時，才旺仁曾在竹慶寺受了圓滿的比丘戒。從此之後，他一直嚴持淨戒、護戒如目，以致所穿衣物、所繫腰帶以及所用坐墊等日常用具皆散發出清淨、悠遠的清香。在長時間的聞思修行的求法生涯中，他接受了諸多寧瑪巴的灌頂與傳承，並表現出了博通顯密經論、智慧超常等許多異人之處。三十歲時終於得以來到麥彭仁波切座前聽聞甚深法要，當麥彭尊者為他念文殊修法的傳承時，他當下頓悟了光明大圓滿，自此後便自然精通了很多經論法典。

其後又到山上修持苦行，他的苦行的的確確可堪稱為所有苦行者的代表與典範。一方面是因為物質生活的條件、苦行的外在環境非常艱苦、惡劣，另一方面更是因為才旺仁曾堪布在種種嚴酷的不利因素地摧逼下所表現出的精進不輟、堅忍不拔的毅力與品性實在令人感佩不已。他每次吃飯時都是一碗水裏放一點點糌粑，如此的餐餐進食糌粑湯，使他在近一年的時間裏僅僅用完了一小口袋糌粑。而這種頓頓食不果腹的生活絕不是只持續一段短暫時日，在苦行的日子裏，每天的生活都基本如是。

曾經有一次，當原本就所剩無幾的酥油和糌粑都告罄時，他就在很長時間內靠煮食盛裝酥油的牛皮袋子維持生存。食物的匱乏還不是才旺仁曾所要面對的唯一困境，由於沒有供燈用的酥油，他就只好借著月光讀書。當月亮一點一點地爬上山坡的時候，追隨著月光的他便也漸漸登上了峰頂。於是在他苦行的地方就形成了這樣的一種景觀：每當晨曦的第一線陽光灑在高高山頂上時，有一個勤勉的身影則又送走了最後一縷月之清輝。逢不到出月亮的時候，他就以燒過的柴火的餘燼那點幾乎沒有任何光亮的「光亮」，就著經書投入地閱讀。

對才旺仁曾而言，夜晚的睡眠基本上都是在打坐入定中度過的。除了一件白天所穿的衣物外，晚上不會再蓋任何東西禦寒。就在他進行這樣的苦行修道時，有一晚在夢中，才旺仁曾親睹了戴著琥珀項鏈的蓮花生大師，他的智慧頓時就被激發出來，自此後便可以每天背誦多達兩萬四千字的經文。

當他住於竹慶寺附近的雪山裏獨自苦行時，每天僅能進餐一次，有時甚至兩到三天吃不上一頓飯，但肚子的饑渴無論如何也擋不住才旺仁曾修行的腳步。爲抵擋陣陣襲來的困倦與睡意，他竟然只穿著一件內裙坐到地凍天寒的雪地上打坐，而且是赤腳！正因爲雙足長時間暴露在冰雪中的緣故，他後來不得不依靠雙拐行走，因腳已被嚴寒永久性地侵害了。

這位真正的修行者就這樣在風裏雨裏、在艱難困苦中磨練著自己，他用自身全部的身、口、意體味著佛法的真意，同時也在盡自己的一生向世人展示密法即身成就的可能性與通達途徑。儘管他後來在顯現上表現出諸如行動不便、需要有人背著才能來回挪動等身體方面的特徵，其實所有這一切，全都是一個已經練就了虹光身的成就者的隨緣示現，才旺仁曾堪布的侍者華丹對此就尤有體會。一次，華丹爲上師繫腰帶，結果整個腰帶竟然完全穿透了上師的腰身又完完整整地回到華丹手裏。華丹頓感大惑不解，他再次把腰帶纏在上師的腰上，且打了結實的結。但當他稍一用力、試圖收緊腰帶時，整個腰帶又一次穿透了上師的身軀。華丹這才明白到底發生了什麼事。

由於成就了虹光身，才旺仁曾堪布的身體在夜晚的燈光映照下已無絲毫影子顯現。除此之外，虹光身還有一大特點，即身體毫無蹞礙，而才旺仁曾堪布的另一位侍者阿洛就曾親身領教過上師無礙之身的穿越能力。

那天阿洛要出門辦事，於是他便像往常一樣把上師安頓在裏屋後鎖上門出去。但當他處理完事情回到上師居所時，一件讓他震驚無比的事卻赫然呈現在眼前：上師居然已安然地待在了屋外！平時都是阿洛把上師背出屋門曬太陽，而這次在大門緊鎖的情況下，上師竟自己來到屋外，他到底是怎麼出來的呢？阿洛看了看門上的鎖，鎖依然完好無損地掛在門上；再看看窗戶，窗戶也安然無恙，而且那扇小小的窗戶根本就不可能允許一個人進出。看來答案只能是：才旺仁曾堪布確確實實已成就了虹光身或曰金剛不壞之軀。

放下所有世間瑣事、專一精進於無上佛道的才旺仁曾，在其六十八歲、年近古稀之時，由於因緣所致，最終被位於青海黃南地區同德縣的香赤寺迎請過去主持寺務，那一年正當西元一九五一年。其時，才旺仁曾上師正住於四川九寨溝地區的黃龍神山中悄無聲息地修行，而向他發出邀請的則是第三世宗沃活佛，同時也是同德縣地甘寺的創建者晉美德清多傑。那時香赤寺還未成形，在晉美德清多傑活佛的協助下，才旺仁曾上師於一九五一年年底將其最終修建完成。從那時起，他就一直擔任香赤寺的住持。在五八年之前，才旺仁曾堪布基本上都是以香赤寺爲其弘法利生的大本營。

這期間發生的一件事，也許可以成爲才旺仁曾堪布最終神秘失蹤一事的注腳：當他在香赤寺安住下來後，老家紅原一直不斷派人前來祈請他回去，但他一概予以拒絕。有一次在小便後，他把香赤寺的弟子召喚到身邊說道：「這次他們（指紅原來的人）非要我回去不可，但我不可能再回去了。這麼些年來，頗瓦法我已經修得非常好，因此我自有辦法往生。寺廟建立沒多久，你們務必善加管理。如果他們一定要強迫我回去，我就會在回去的路上自行往生。」

相信明眼人當能看出此話所隱含的訊息，它至少告訴我們，才旺仁曾堪布是可以憑頗瓦法而自主生死的。類似的能對他日後的所作所爲進行詮釋的事例還有很多，也不妨再摘錄一件以饗讀者。

現居同德縣的達瓦、汪欽、南達三人，至今仍記得發生在才旺仁曾堪布突然飛走前不久的一件事情：當時他們三人與堪布都將被關押進監獄，在正式收監之前，四人與另外的一些犯人被暫時關押在一所軍營中。當時的達瓦也就二十一歲左右，汪欽等人也與他年歲相當。他們三人親眼目睹了堪布在眾人面前修頗瓦的情景：

當才旺仁曾在他們面前吐出第一聲「吼」後，三人同時看見堪布的頭髮直豎了起來，而且他的耳朵也開始長長、增大，一直長到額際。此時一位軍官疾疾來到堪布身旁，並用手槍抵住了他的頭頂。堪布根本不為之所動，他又接著吐出第二聲「吼」字。此刻，三人看見他的頭髮已全部豎了起來，耳朵也長至頭頂。接下來，那位軍官衝才旺仁曾堪布亂嚷嚷了一氣，似乎是在命令他別再「吼、吼」地叫了。堪布於是平靜地接受了他的指令，不再繼續修頗瓦了，他只是淡淡地說了一聲：「噢呀！」（藏文「好吧」的意思。）

四十四年後的今天，當已是六十多歲的達瓦老人再次對人講述起這件陳年往事時，不勝感慨的表情抑制不住地浮現在那張飽經滄桑的面孔上：「當時我離上師非常近，中間只隔了兩人，所以我把全過程看得清清楚楚。現在我明白了，上師要是想走，當時就可以走掉。就差那麼一點，但他還是暫時留了下來。」……

有關才旺仁曾堪布飛走前的生平就簡要介紹到這裏。以下所敘述的，是普遍流行於同德縣父老鄉親口中的關於此事的一個版本，這個版本可謂流行程度最廣、最深入人心，幾乎已達婦孺皆知的地步。我們對此事的調查、取證、辨析、核實，也主要是圍繞著這個共同說法而展開。

據當地老百姓講，一九五八年九月份的一天，在同德縣的地甘寺附近要召開一場批鬥大會，鬥爭對象就是才旺仁曾堪布，他當時已被關押進了縣監獄裏。從監獄到批鬥現場要繞過幾座小山坡，同德縣城本來也就坐落在山坳之中。有幾個當兵的把堪布從監獄中押解了出來，因爲腿腳不方便，堪布本人被允許坐在一頭紅牛的背上。當一行五六人漸行漸近批鬥現場時，突然刮起了一陣非常猛烈的旋風，風來得異常迅猛，以致押送堪布的士兵各個睜不開眼睛。此時幾人的位置大約是在接近山頂的地方，離地甘寺也只有幾公里的路程。狂風止息之後，幾個士兵再定睛觀瞧，但此時的牛背上早已沒有了才旺仁曾堪布的身影。原先爲防止意外，儘管人人都知道堪布腿腳不方便，但負責押送的士兵還是把他在牛背上給捆得個結結實實。不過這一切現在都被證明爲徒勞無益，因堪布在幾朵彩雲的簇擁下已飛升入空。

這一突如其來的事件被多人現場目睹，而與此同時，地甘寺附近聚集起來的數千群眾也正在批鬥會場心情複雜地等待著他們的上師。不過從上午一直等到下午也沒見上師的影子，正在大家焦急不安地議論紛紛時，批鬥會的主事者拿著一張畫有上師肖像的白紙來到會場，於是一場針對肖像的批鬥大會就此展開。會上有關負責人宣布說，才旺仁曾在被押解至批鬥現場的路上已經死掉，而且屍首也已被掩埋。不過儘管人死了，批鬥會還得照常進行。於是不論你說它荒唐也罷，說它可笑也罷，反正這場鬥爭大會就在幾千人「鬥爭」一張紙像的情境中展開了。

其實，所謂的掩埋屍體不過是幾個當兵的把坑挖好後，只將一副袈裟草草埋在裏面，根本就沒有才旺仁曾堪布的屍體。

沒過幾天，曾經目睹過堪布飛升的人將他們的所見所聞悄悄透露了出來，結果一傳、十傳百，大家很快就都知道了事情的前後經過。於是有關負責人又一次召開大會，會上有人宣布：活人飛到空中是無論如何也不可能發生的，故大家以後萬勿再把這類充滿了迷信色彩的小道消息到處散播。……

事情的經過如上所述，如果你現在來到同德縣，只要一提起才旺仁曾堪布的大名，幾乎每個人，不論男女老少，都會把與上述情節大致相似的內容滾瓜爛熟地向你背誦出來。雖說盡人皆知，但我還是下決心把此事重新調查了一番。一方面是爲了澄清很多人的疑惑；一方面也是爲了還事實以本來的面目。我非常想知道的是，人們有沒有在這件事情上添加了過多的感情色彩，以致真相被淹沒在一片善意的謊言中？我還想知道的是，在傳奇與真實之間，真理的力量到底能在多大程度和範圍內被再現？

我的調查對象包括一些當年曾親身參與過押解堪布的人員，以及當時曾在堪布飛走之地附近駐留的一些人，還有親眼目睹者，或親耳聽聞過事件目擊者講述全過程的人士。對他們的講話，我幾乎未增刪一字，基本照原樣予以全文紀錄。目的就是想讓讀者自行從中得出應有的、自然而然的結論，而不是被我個人的主觀成見、先入爲主的思維定勢所左右，這種原話直錄的風格想來應能被大家普遍接受。

我碰到的第一個採訪對象是現已七十七歲高齡的智美老人，他是同德縣當地的一個牧民。下面是他對這件事的回憶：

「上師才旺仁曾堪布從監獄被帶往批鬥會場的那一天，我剛好在他必經的一個山坡上放牛。當時我看見幾個當兵的押著上師朝批鬥會場走，士兵們把他綁在一頭紅牛的背上。他們漸漸走到了山頭上，我還在半山腰放我的牛。就在這個時候，我突然看見上師穿著出家人的衣服從山後向空中飛去。剛開始的時候，他是慢慢地向空中飛升，最後就徹底消失在雲層中。好多人都說當時刮起了狂風，還出現了彩雲，但這些我都沒看到，可能是因為我人在半山腰，而上師又已經走到山頂後的緣故吧。我就只看見上師飛到空中去了，這是我親眼見到的。

「那時我還很年輕，眼神也很好，絕不會看走眼的。後來落實政策，給五八年的那批人平反，上師的老家（紅原）來人向同德縣索要上師的遺骨，我當時就說過，根本不可能有什麼遺骨的，因我親眼見到上師飛走了，怎麼可能還留有遺骨呢？我把這事給家人講過，但不敢給紅原來的人說。

「這麼些年過去後，我現在一個快八十歲的老人再回憶這件事，再把它說給你聽，你想我會編個故事騙你嗎？我實實在在沒有一句撒謊的話，因為我沒有任何理由在這件事情上打妄語。一個人說妄語要麼是有利可圖，要麼是因遭受打擊而不得不如此，可這兩條都不符合我的情況。所以我才會拍著胸脯保證說，我的話裏一句假話也沒有。」

智美老人所講是他親眼目睹的，而我接下來遇見的從佩爾，則在各個方面對此事提供了最爲詳盡的佐證材料，他在所有的接受採訪者中無疑是最健談的一位。

從佩爾今年六十多歲，當地人，現退休在家，曾擔任過同德縣的中層幹部。他把自己對此事的瞭解情況詳細地向我描述了一番：

「我記得那是八八年十月份的一天，當時我還是同德縣的工商局局長。當天正要接近下班時，一個漢族人來找我，並邀我一道吃飯。在飯桌上坐下後，他向我訴說了來找我的原因。原來他叫李德生（音譯），是青海省湟中縣上村莊的人，此次到同德縣是要買走當地已被宰殺過的五百餘頭牛羊，他找我的主要目的，就是想讓我少收他一點兒管理費。席間他跟我套近乎說，同德縣的很多老幹部都跟他很熟，但就是覺得我很陌生。我就問他以前在哪裏工作，他回答說就在同德縣城的×××部隊當兵，而且還是一個班長。等到酒酣耳熱之際，他就把自己經歷的一件不可思議的奇蹟講給我聽：

『我碰到過一個在我眼皮底下飛走的人，當時我和我們班的幾個士兵正把那個喇嘛從監獄中押往地甘寺附近的批鬥會場。我們把他牢牢地捆在牛背上，就這麼前呼後擁地押著他。結果在走到半山腰、快接近山頂時，他居然開始嘀嘀咕咕地念叨起什麼東西來。到了山頂後，我們命令他不要再出聲，此時眾人都發現山頂後是一個平原。就在此時，突然間飄過來很多彩色的雲塊，這些雲朵竟然把那個喇嘛給捲走了！他倒是被雲彩輕鬆地捲走了，我們還得給上級彙報此事。等我趕到鄉政府一彙報，工作人員說我沒完成任務，要好好寫一份檢討，因此我還為此事專門寫過一份檢討書。』

這個李德生後來還告訴我說，當時的縣檢察長聽說了此事後，曾略帶感慨地說了一句：『這件事可太奇怪了！』就因為這句話，檢察長後被撤了職，因上面覺得他這個人太過迷信。當時同德縣有很多人都知道檢察長被撤了職，但他們都以為他是犯了什麼別的錯誤，根本不知道他的撤職與這件事有關。李德生後來回家探親時曾把此事告訴給父母。他父母聽後恭敬合掌道：『這個人太了不起、太不可思議了。』」

從佩爾講到這裏又補充說道：「本來應收他兩千多塊的管理費，就因爲那席話，幾天後我只收了他七百多塊就完事了。」接著，從佩爾又給我講起了他親歷的一件事：

「有關這個上師的事，我以前也聽說過一點，我知道五八年九月的那場批鬥會最終是以批鬥畫像而草草收場。那天的批鬥會上根本沒有出現上師的屍體，大家都是對著一張畫有上師像的白紙鬥來鬥去。由於上師的腳不好，畫上的才旺仁曾堪布還拄著雙拐，所以那天的鬥爭會成了名副其實的『紙畫鬥爭會』。關於這幅畫，後來我才知道了它的來歷。

我當縣工商局長時，我單位隔壁住著一個名叫王烈成（音譯）的人，他就是當年主持召開批鬥大會的嘎瓊鄉鄉黨委副書記。有次單位要蓋圍牆，而王家的廚房剛好占道。他如果不把廚房搬遷，整個工程就都得停頓下來。於是我就主動幫他修廚房，他原先的廚房最多值二三百塊，我幫他蓋起的廚房卻足足花了兩千多塊。從此我們的關係更勝從前，也就是因為有了這層關係，我和他才進行過一次長談，而那次長談的話題，就是圍繞著才旺仁曾堪布展開的。

我記得他當時這樣說過：這件事真是太奇怪了，太奇怪了！批鬥那天根本就沒見著堪布的屍體，最後只好由我在紙上畫了一個上師的形象拿出去批鬥，這真是太奇怪了。我掌握的情況是不會出錯的，畫像就是我畫的，我又是當天大會的主持者，我記得非常清楚，真是太奇怪了。』

聽了王烈成的話，我當時就想，如果那時能找到上師屍體的話，一定會把屍體拿來批鬥而不會只用一張畫像就替代了事。當時有很多人都是在被迫害致死後，又把屍體拉出來批鬥。當時的情況就是這樣，活受罪早已是司空見慣，死了都不能讓你消停。五八年那陣子我也是一名積極分子，對這些事情知道得可謂非常清楚。巴庫鄉一個名叫嘉悟萬德的人，還有卡崗村一個叫丹增才讓的人，就是在死後被人把屍體拿來進行批鬥的。熱智活佛的父親死後也準備用屍體搞批鬥大會，後來他的屍體被人在晚上偷偷運走，『鬥屍』大會才沒開成。總之，活要見人，死要見屍，如果當時有才旺仁曾堪布的屍體，鬥屍大會就一定會召開，這一點是絕對的。」

從佩爾不僅給我談到了他對此事的分析，還向我提供了一條非常重要的訊息：「政策恢復後，一些含冤而死的人得到平反，很多仍活著的人都從監獄被釋放了出來。有一天，從紅原上師原來所在的寺廟裏來了幾個喇嘛，向同德縣政府索要上師的遺骨，他們向政府申訴說，上師雖已不在，但至少應把他的屍骸還給他們。縣政府責令同德縣公安局對此做出答覆。我當時還未調任工商局工作，恰好在縣公安局治安科擔任第一科長，當時的縣公安局副局長是唐國軍。那時的縣公安局、縣法院、縣檢察院一起協同調查此事。公安局康珠塔爾副局長親自與大家一同查詢檔案，最終我們將記載有堪布資料的卷宗翻了出來，那上面只簡單地寫著兩個字：失蹤。所見所聞皆爲本人親身經歷，當稱得起信而有徵。」

從佩爾提到的那幾個從紅原來索要上師遺骨的人中，有一個叫措諾爾，我這次也找到了他，請他給我談談當時的具體情況。

今年七十多歲的措諾爾是四川紅原人，聽了我的提問後就認真地回答說：

「我當時帶了一個翻譯一同到同德縣政府，向他們索要上師的遺骨。我曾聽說過，任何一個關在監獄裏的人都有詳細的檔案紀錄。現在儘管人已經死了，但他埋在哪裏？具體的情況又如何？我都想知道。如果他並非如人們傳言的那樣飛身成就，那就應該留有骨頭。於是我就向同德縣有關工作人員提出這項要求，並向他們解釋，我要遺骨是爲了回紅原後建造上師的靈塔，此外並無什麼非分的想法。何況即便是犯人死了，他的家屬也可以索要遺體，故無論如何都請將上師的遺骨交還給我，或向我指出埋葬上師的地方。

「工作人員聽了我的要求後就回答說，他們基本上都是新調來的幹部，老幹部很多都不在了，他們並不瞭解當時的具體情況。不過他們願意幫我查一查有關檔案，第二天再給我答覆。第二天我又來到縣政府，他們對我說，已查過了所有犯人的檔案，其他人都有詳細記載，唯獨才旺仁曾堪布沒有任何詳細記錄。我當時就對這些人說，既然你們說老幹部都不在了，你們自己又不瞭解情況，那就不妨請你們給瞭解情況的老幹部們打一個電話，問問他們上師的遺骸到底埋在哪裏。若不能滿足我的要求，我就待在縣政府門前不走。

「我就這樣與他們反覆交涉，最後他們措辭強硬地對我說：『我們聯繫不上老幹部，即便是找到了，他們也不會知道才旺仁曾堪布的遺骨埋在哪裏。反正已經給你答覆過了，檔案中沒他的資料，走不走你自己看著辦吧。』這就是我要上師遺骨的具體經過，他們的回答很清楚地說明了一個問題：他們根本找不到上師的骨頭，因他們除了知道上師是神秘消失的以外，再沒有任何關於上師的消息。」

除了措諾爾找過才旺仁曾堪布的遺骨外，我們曾介紹過的智美老人也提到過，他也曾聽說紅原來的人索要堪布遺骨的事。智美當時給家裏人說堪布的遺骨是不可能找到的，因他親眼見到堪布飛走的事實。

當然，最能爲這件事提供充足證據的，應是當年那些親身參與押送堪布的士兵，他們可謂是最直接的目擊者，他們的話堪稱是最可靠的第一手資料。但不幸的是，他們中的一些人已離開了人世。不過我還是採訪到了曾親耳聽聞過這些士兵講述他們的那次奇遇的聽眾，更幸運地找到了與那次事件有直接關係的人士。因此我提醒大家務必對他們的陳述保持高度注意，因依據他們的話將可對此事件做出最後、也是最有價值的判斷。

當時負責押送堪布的士兵中的一位，如今已是七十二歲的老人，他和他的妻子現在都信仰佛教。出於可以理解的原因，他再三要求我不得公佈他的真實姓名，因此在這裏，我只能告訴讀者們，這位老人是同德當地人。他告訴我說：

「那天我們把上師押在牛背上送往批鬥會場，快到山頂時，上師的身體顯得有些不大舒服。我怕剩下的路上他會有個閃失，於是就先回去向上級彙報。彙報完畢後，因為肚子有些餓，我就沒再回去跟上押送的行列，自己徑直去吃飯。過了一會兒，就聽到一些工作人員說才旺仁曾在被押解至批鬥會場的路上死掉了，他們還要我做好準備，去挖坑掩埋他的屍體。

「等到去挖坑時，我才發現根本就沒有所謂的屍體，他們讓我還有另外的幾個人挖坑掩埋的只是一套袈裟，哪裏有屍體的影子？我們用鐵鍁、鐵鍬隨便挖了一點點土，草率地把衣服埋進去就了事了。不過在那個年代，有誰敢說沒有屍體啊！雖說我真的沒看見屍體的一根毫毛，但只要有人問，我都會裝作不知道，或撒謊說真的有屍體，而且已經被埋在地下。這些年來，我從不敢對人說實話。即便是現在，我也只對你以及極個別的幾個朋友道出過實情。對外人，我依然不敢說實話。事情的經過就是這個樣子，我可以向你保證，絕對沒有屍體！但你也得向我保證，不得公開我的姓名。」

除了這位老人外，還有兩位出家人也作證說，他們曾親耳聽到過當年押送堪布的士兵所說的具體情況，而這些士兵的敘述，也基本與我們上文所介紹的情況大致吻合。其中的一位是八十一歲的滾確仁欽堪布，四川紅原人，他當初與上師一起來到青海同德，並一直作爲上師的隨從。他不僅是堪布最大的弟子，現在也擔任著香赤寺的住持。他對我講起了一位押送堪布的士兵曾描述過的情景：

「那個人當時與別人一起押送堪布到批鬥會場，等他們到了半山腰後，上師開始念誦蓮花生大師的心咒。一行人走到山頂時，突然間就刮起了大風。這原本也不足爲奇，因當地本來就多刮旋風，且多風沙。幾個當兵的就把頭蒙起來，結果等風沙過去後，他們再探出頭睜眼觀望時，上師早已飛升入空。幾天後，有關人員專門召開了一次大會，會上負責人宣布了一條紀律：才旺仁曾絕對不是飛走了，他已經死掉了。從今往後，不許任何人說他是飛走的，否則一切後果由自己承當。

「不僅那個人對我說過上師飛走的事實，當時在批鬥會現場的一些人，也遠遠目睹了事態發展的全部過程或部分過程。他們遙望上師和幾個押送的人走到了山頂上，然後上師就消失不見了，接下來的批鬥大會也就演變成了紙畫鬥爭會而已。

「上師失蹤後的當天夜裏，我們很多弟子都趁著月亮出來的機會，去尋找上師可能留下的蛛絲馬跡。就算人死了，骨頭總應該找著一兩塊吧。但任憑大家如何努力尋找，最終一塊骨頭也未讓我們尋到。」

另一位曾與押送過堪布的士兵交談過的出家人，是香赤寺的扎巴秋吉旺修，今年三十多歲。與他談論過此事的是才讓迸，當年曾親自押送過才旺仁曾堪布。才讓迸是青海黃南州共和縣人，五八年時在同德縣法院工作。秋吉旺修與才讓迸九九年在黃南州碰過面，當時才讓迸已是七十多歲的老人。現在此人已離開了人世，故他與秋吉旺修的談話資料就更顯彌足珍貴。以下就是秋吉旺修轉述才讓迸當時的講話內容：

「那件事大概發生在五八年藏曆八月十號左右，當時我和不認識的另外四個士兵一起看押堪布前往批鬥會場。那幾個人也都是三十出頭吧，其中一個人在前邊開路，剩下的四個就圍在紅牛的周圍看護。等到了山頂上，堪布就開始念蓮花生大師心咒，就在此時，突然刮起了旋風，風勢非常強勁。我們只得停下來避風，大夥都用衣服蒙住頭。過了一會兒，風倒是停了，可等我們睜眼一看，堪布也不在牛背上了。大家四下打探，只聽得一片不大清楚的念誦蓮師心咒的聲音從空中飄來，順著聲音望去，只見堪布正向天空深處飛升而去。現場的所有士兵都看到了，當大家正處混亂、惶惑之時，堪布已是越飛越高……」

與這個已經離世的士兵所見基本相同的還有榮洛、才讓吉兩人。榮洛是同德縣巴曲鄉的一位牧民，才讓吉跟他是一個鄉的。這兩人現在都已去世，他們曾把自己的親眼所見講述給一個叫秋江木的人，此人現在還活著。二人所見均爲上師越飛越高，才讓吉還補充說，當時一下子湧現很多彩色的雲朵，雲裏面還有圓圈狀的彩虹。

除了這些近距離目擊者，或遠距離目擊者，或雖未親睹，卻也親聞過目擊者講述的人提供的種種說法外，最後再附上對幾位提供資料者的採訪紀錄。相信隨著調查的深入、資料的越加豐富，對才旺仁曾堪布肉身飛走一事的一切疑雲，最終亦可以逐漸被事實的陽光廓清、驅散。

沃澤是當地一位牧民，今年七十歲，他當年曾參加過嘎瓊鄉針對才旺仁曾堪布的紙像鬥爭會。他記憶中的情形是這樣的：

「地甘寺附近搭了一個大帳篷，上面要求嘎瓊鄉的所有百姓都得參加批鬥大會，並且所有人都得參與批鬥才旺仁曾。當時集中了數千人，大家首先批鬥另外一個所謂的壞分子，接下來，領導就說等才旺仁曾來了後接著批鬥他。結果等了半天，只等來了幾個騎馬的幹部，其中有一個是法院的扎科，還有一個叫娘嘎本木，這兩個人我都認識。等他們來了後，領導就宣布說，才旺仁曾已經在路上死掉了。後來的批鬥大會就變成批鬥畫有上師形象的白紙大會，紙上的上師拄著雙拐。他們把畫像擺在帳篷門口讓大家鬥爭，這就是當天的會場實際景觀。

「幾天後，人們紛紛議論說堪布是飛走的。領導得知後又通告大家說，活人飛走絕對不可能，今後任何人都不許如此胡說，否則一切的後果完全由當事人自己負責。當時的嘎瓊鄉黨委第一書記是旺欽，我和他當年也算是至交。記得旺欽曾給我講過，上師確實是飛走的，哪裏會留有屍體。飛走時刮了非常大的風，吹得人睜不開眼睛。等押送的人回過神來，上師早已不見了身影。旺欽的講法和我後來聽到的說法基本相同，以我倆當時的交情，他不可能騙我，完全是出於信任，他才把真相告訴我。

「我本人也堅信才旺仁曾堪布沒留下什麼屍身，若有的話，當時有好幾千人在批鬥會場等著，爲什麼不把屍體拿來批鬥？按當時的慣例，像堪布那樣的所謂的『壞分子』是必須徹底打倒的。即便是人死了，屍體也絕不能放過。如果有屍體，爲何不拿來批鬥呢？」

還有一位曾經與才旺仁曾堪布同住一間牢房的獄友告訴我說：

「我們被關在監獄裏時，他們每天早上都把上師叫出去審訊，一直到很晚才放回來。問上師到底都發生了什麼事，他一點也不向我們透露。後來大家才知道，那幫人在用種種方法折磨上師，有時一連三四天都這樣。知道了內情，我們也就不敢再多問，上師還是像往常一樣一言不發。有一天早上，上師又被他們叫了出去，不過這一次就再也沒有回來。平常再晚也會回牢房，可那次卻是一去不返。

「我到後來才知道一些情況，我個人覺得，當時如果上師確實是被打死的，那他的屍體一定在劫難逃。嘉悟萬德的屍體就一直被鬥到腐爛爲止，這就是那個年頭的普遍狀況。據我所知，上面的一些幹部，還有下面的很多積極分子，都對上師的意見很大，他們對上師的一言一行都非常不滿。如果有屍體，那幫人一定不會放過這個機會。所以我認爲，上師應該是飛走的，絕不會留下一絲一毫的肉身，因爲他和我們大家都非常清楚留有屍體所可能招致的惡果。」

上文所述即是對此次調查、採訪的文字記錄，隨著採訪的進行，隨著文字整理工作的臨近結束，我個人對此事的看法、思路亦日漸清晰起來。坦率地說，原先對圍繞著才旺仁曾堪布而來的飛升入天、飛身成就之說，多多少少抱有一些懷疑態度，儘管密法中有各種各樣的飛行修法，但堪布本人是否真的堪稱為此種修法的成就者還得另當別論。不過在結束了這次仔細、深入的採訪後，我對堪布的修行功底及其不共功德與成就已是深信不疑。這種深信來自於「破」、「立」兩方面的邏輯推理。

首先談「破」的一面，這方面又可細分為三點。

第一，上師若在路上死去，而非飛升入空，則有四條理由足以否定此論點的建立。一，上師飛走的地方離批鬥會場只有三公里遠，路程如此之近，為何無人見到或聽聞？何況這麼近的距離，為什麼不把上師的屍體直接拉來批鬥？二，批鬥會場上聚集了數千人，這麼多的群眾在場，實在是一個進行「再教育」或「改造思想」的絕佳機會，為何輕易就放棄，只以紙像代替？三，才旺仁曾堪布並非一般的扎巴，領導、積極分子都認為他是反動分子的主要代表。原先對他的迫害就很殘酷，為何此時卻變得這麼「溫柔」，僅僅批鬥畫像了事？是他們很愛惜一個反動分子的屍體，還是根本就找不到屍體？四，批鬥屍體是當時的普遍做法，為何單單要給才旺仁曾堪布開恩，破了這個慣例？故綜合考察，若上師是死掉的，則在前後左右眾人的包圍之中，屍體恐怕不會輕易飛走。既然如此，為何不把屍體拿來批鬥？由此可見，根本就沒有屍體。

第二，不願公開姓名的那位老人，他當年曾親自參加過掩埋上師衣服的行動。如果有屍體，為何還要掩埋衣物？這是為了做給誰看？還是為了掩蓋什麼事實真相？況且他一再向我強調說絕對沒有屍體，那上師還會是死在路上嗎？

第三，有關才旺仁曾堪布的檔案中，清清楚楚地寫著「失蹤」二字，如果他是在路上死的，檔案上為何不直接寫「死亡」？他的腿腳本來就有問題，平常都得拄著雙拐才能行走，當天又是被捆在牛背上，還有當兵的在四周看護，他能失蹤到哪裏去？這兩個字本身就表明上師確實是飛入空中。下面再接著談談有關「立」的方面，這方面的內容可分爲兩點。

第一，有四個當兵的，還有兩個書記都作證說上師飛走了，或根本就沒有上師的屍體。跟從佩爾談過話的李德生，跟滾確仁欽堪布談過話的一個不知名的士兵，跟秋吉旺修講過押送經過的才讓迸，都作證說才旺仁曾堪布在他們眼皮底下飛走了；不願透露姓名的掩埋過上師衣物的士兵，還有對沃澤講過事情來龍去脈的鄉黨委書記旺欽，對從佩爾透露過批鬥會細節的鄉黨委副書記王烈成，三人一致的說法都是絕對沒有上師的屍體。

第二又可分爲三個方面：

一，智美親眼見過上師飛走。

二，巴曲鄉的榮洛、才讓吉也曾親見上師飛走，這兩人雖已過世，但他們把所見所聞全都告訴了秋江木，此人依然健在，並對上師飛走深信不疑。

三，當地的男女老少各個都承認才旺仁曾堪布飛走的事實，無有一人對此有過些微懷疑。

綜上所述，我們通過「破」、「立」兩方面的論證，都可以推出才旺仁曾堪布飛升入空的事實。當一件事實擺在你的面前，而且有多人現場親睹、親聞了它的存在；另外還有大量可靠的推理依據也一併擺在你面前，而你又根本無力推翻這些推理時，接受或不接受這一事實的存在就全看你個人當下的選擇。

從小到大，我們接受過各式各樣的理論、思想、思維模式、價值尺度、判斷準繩……，不過，就是沒有系統接受過佛教的正面教育。所以大家可能會對飛身成就之類的說法充滿好奇、疑惑、不解，這都沒有關係，重要的是從今以後應學會一條基本的待人、處世、應物，乃至對待時空、宇宙、未知真理與信仰的原則：重要的是運用自己的頭腦，拋開一切無論看上去多麼顛撲不破的公理、定則，換一個角度認真去看、重新再思。世界很大，而我們的所知其實甚少。在這種情況下，一個智者似乎不應該拒絕佛教思想的滲透。放下別人灌輸給你的佛教印象，在一個因緣聚合的契機引領下，試著打開對佛教禁閉已久的思想天窗，接納一點新鮮而別樣的陽光吧。

至於堪布飛升的理由，以藏傳佛教的觀點來看其實很容易解釋。因藏密認爲，每個人都有三種身體——粗身、細身、極細身。只要能把細身的功能開發出來，人就可以在沒有任何飛行器幫助的情況下自由翱翔於天地之間。特別是在密宗修行者中，能夠任意飛旋的人從古至今代不乏人。而且密法還認爲，若未能成就虹光身，僅僅只是打開了細身之功能而能上下飛升，這並不是多麼了不得的究竟成就，只能算作一種境界不是很高的共同成就而已。

百餘年前，萊特兄弟以自己發明的飛機，而圓了人類幾千年來一直魂縈夢繫與天比高的夢想。但近百年的飛行史卻讓人類越來越清楚地認識到了一個事實：我們越是借助於日益更新的現代飛行器材，就離純粹依靠自身而與天地共遊舞的目標越遠。面對極端精密而複雜的航空、航太設備，人們開發自身本具的細身、極細身功能的欲望將越來越淡漠。當今時代確實是一個高科技的時代，但高度發達的科技反而讓我們愈發地不自在起來。在自己創造出的物質文明面前，我們的自豪感、成就感、主人感全部蕩然無存，大家都在貪欲的慣性驅使下，不自覺地淪爲物欲的奴隸。當我們拜倒在科技的光環中時，有誰還會意識到心性本有的萬德莊嚴呢？

而藏密的修行人則不然，他們專注於發展自己內在的力量，因而當他們自由自在地暢遊藍天白雲時，根本就不需要任何外在的輔助設施，一切都源自自身，因此一切都是那麼的隨心所欲。這方面最典型的例子就是米拉日巴尊者，有興趣的讀者可在他的傳記中讀到這位大成就者精彩絕倫的飛行事例。

真正的自在絕不需要仰賴外在的任何幫助，這種幫助往往會演變成對自身的一種束縛。而令人振奮的是，佛教認爲人人都有，並皆可開掘出這種能讓自己完全擺脫一切身內、身外束縛的潛能。才旺仁曾堪布只是在特殊條件下示現了利用這一潛能的方式，如果全世界六十億人都能按照佛陀的教導，次第開發自身本具的細身、極細身功能，則六十億人都可得到自由飛行乃至最終的解脫自在。

人人都渴望擁有幸福的生活、自在的身心、灑脫的情懷、和平的生存環境，而人類自從有文明以來，所有通向幸福人生的探索都揭示出一條普遍真理：把美滿的人類理想完全建築在身外的物質生產與追求上是根本行不通的。既然如此，那就不要再可憐地甘願充當外物的奴隸，爲何不能把心轉向自己的內心世界呢？

人類沒有任何理由拒絕或壓抑能使自己得到自由的方法與潛能，除非這個世界上的人都心甘情願作別人或物欲的工具。才旺仁曾堪布以自身的修證打開了通向自由境界的大門，作爲後來者，是沿著他的足跡向上，或是繼續待在自我蒙蔽的暗室中隨順度日，決定在你，最終的結局也取決於你現在的選擇與努力的方向。

（編按：本文原名為「對一樁發生在四十四年前的肉身神秘消失事件的調查」，作者為慈誠羅珠堪布）

第五章　金剛之心

也許你未見過烈火燒不毀的心臟，但你可能見過或聽說過永不腐爛的金剛肉身，抑或聽說過火化不毀的舌頭。是的，這些不是民間傳說，而是有文字紀錄的真實存在。九華山地藏菩薩的肉身殿，就保存了唐代聖僧金喬覺入滅後不腐的肉身。當年，根據一連串瑞相印證，確定金喬覺是地藏菩薩的化身，因此，九華山成了地藏菩薩的道場。九華山還有一位應身菩薩的不腐肉身，在他圓寂幾百年之後，他還顯靈熄滅了失火的大殿。而以翻譯佛經聞名的唐代高僧鳩摩羅什，圓寂火化後，他的舌頭完好無損。

二〇〇九年六月五日圓寂的官秋仁青仁波切，留下了一顆烈火中不毀的清淨金剛之心……官秋仁青老堪布圓寂，因我有俗事在身，沒有親臨寺院向老堪布的法體敬拜，心中留下永久的遺憾。我和許多弟子一樣，想知道老上師身後更多的聖跡。一個多月之後，在終南山，師父益喜寧寶堪布講述了我們急切想知道的一切。

終南山的夏夜，想像不到的舒適，習習涼風，不知不覺行走於山林與峽谷，白天烈日曝曬後的地溫，此刻悄然隱退了。重重疊嶂的山巒，在淡淡的月光下，變成了凝重的黛色，靜夜的神秘如一張網覆蓋了空間，這時的山間，靜謐而悠長，輕輕的溪水聲，拉長了時間和空間，千年前的古人似乎突然來訪，使人不知是何年。

二〇〇九年七月廿五日晚，在終南山嘛尼茅棚的土炕上，我們一行四人和上師的侍者小謝，坐在師父的周圍聆聽上師開示。那是一個難得的夜晚，也是一次難得的聚會。多吉、江雪夫婦因把女兒送到了姥姥家，難得有空住山。剛剛皈依師父的卓瑪，則是從南方來的。我是處理完父親的喪事，隨師父進山的。身處四面八方，爲生存奔忙的朋友，平日難得一見，今日，爲了探尋人生的真諦，在這寂靜的深山老林中相聚了。

話題從官秋仁青仁波切圓寂說起，由於我們說不清虹化與法體縮小的概念，就誤以爲法體縮小就是虹化，我還在博客上發了一則消息，把官秋仁青大師的法體縮小說成是虹化。師父說明了修行者的虹化和法體縮小的不同狀態。他說：

「虹化的概念，是指修行者像彩虹一樣，看得見、摸不著的狀態。例如整個身體都在，但繫帶子卻繫空了，這就是虹化成就者。虹化成就，主要是修藏密裏面的妥嘎法，修妥嘎法要看日出，看太陽，看燈光之類的，練出許多明點，慢慢你的境界都變成明點，裏面會出現很多佛像之類，甚至你在的地方，就慢慢變成了剎土，接著，你的身體就成了很多種五色的明點。這樣身體就會修成光體，成爲虹身成就者。」師父說：「妥嘎法主要是融化修行者的色體。」

他舉例說才旺仁曾活佛就是一位虹化大成就者。師父說：「活佛肉身飛天之前，人們並不知道他已修成了光體，有一次，侍者給上師紮腰帶，結果圍過去腰空了，侍者才知道，上師是一個隨時都可以離開塵世的大成就者。後來活佛飛天虹化，證明了他的確是一位大成就者（《密融法界》中有詳細描寫）。」接著，師父說了官秋仁青仁波切圓寂後的情景……

當時，驚悉官秋仁青大師圓寂，我急就了懷念文章《密融法界》，同時，我密切注意搜集有關老堪布的各種訊息，希望得到老堪布更多的聖跡。二〇〇九年六月十五日，尼美東周仁切波在他的博客上撰文，說：「官秋仁青堪布本月農曆十三日圓寂，堪布爲我們龍欽傳承的一位非常重要之上師，他圓寂的瑞相非常之好，法體正在慢慢縮小。我和我們麥窪寺的全體四位活佛，從前天就趕到了青海的麥窪寺分寺，一直爲堪布祈禱，也希望大家共同祈禱祈願官秋仁青大堪布早日乘願再來！」

由於讀音的不同，他把老堪布的名字寫爲「貢卻仁欽」。他還公佈了自己所知道的老堪布的簡介：「官秋仁青大堪布，享年八十九歲，是五十年前在青海省同德縣肉身飛升的虹身成就者、四川紅原縣麥哇寺（現名：萬象法輪林）大堪布才旺仁曾的大弟子，同時也是托嘎如意寶等諸多大德的弟子。大堪布一生隨侍上師才旺仁曾，從麥哇寺將佛法傳到青海同德並建立了香赤寺（官方名稱桑赤亙譯大密法學院），在那艱難的歲月裏（上個世紀五〇至七〇年代）回到老家紅原，在山中衣不蔽體地實修了幾十年，一生中僅加行法就圓滿了廿五遍。祈願正法久住！祈願一切高僧大德長久住世！」

我把尼美東周仁切波提供的重要訊息轉至我的博客，加了「來自活佛的消息」的標題，希望傳達給更多關注老堪布的人。隨後許多人瞭解了這一情況。

我還在網上搜到了另一位親臨香赤寺，拜見老堪布法體者的記述，他說：

> 六月十四日就聽說香赤寺官秋仁青堪布圓寂了，堪布是一九五八年飛升者才旺仁曾堪布的心子，是藏區像如意寶一樣稀有的龍欽傳承的老上師。他一生實修實證，隱藏功德，確實是當世少有的傳承清淨、具足功德的大上師。一般大成就者圓寂是非常保密的，僧家弟子都很少見到法體，這次確是上師三寶的慈悲，周日我剛參加完加行

班的學習，隆多嘉措活佛的弟子蔡居士就給我發簡訊：老上師示現虹身，而且法體一直在縮小，明天就是荼毗儀式了，一定要去。

我連忙驚嘆道，大成就者啊，真正的清淨傳承，可是我週一上班啊，領導抓的嚴，不敢多請假，因為上個月就請了兩天的假，還有到同德的班車這時可能都沒有了，這怎麼辦啊？自己也是猶豫不決，去還是不去啊？給蔡居士發簡訊商量怎麼辦，她發來：你一定要去！見到虹身成就者今生一定解脫，圓常師兄跟上師一起在看，瑞相顯現了！我已經要他接待你，佛爺也知道你去！這麼先斬後奏，我只能豁出去了，乾脆就去吧！

通過蔡居士聯繫了一位司機，五點多等上他後，就跟他去飛機場接四位武漢來的居士和一位成都來的居士，五點四十左右接上他們，他們四個先上了一輛說好的白色夏利，我和成都的居士加上張師兄三人坐上紅色夏利，就直接往香赤寺的路上趕了。經過拉脊山南坡的時候，劉居士發現西邊有很明顯的七彩雲，她說肯定是老佛爺接我們來了，趕緊拿相機拍了下來。兩個小時後我們到尕讓吃了飯，然後接上仁增多吉師父，和另兩輛車上的師兄會合，從貴德出發趕往貴南過馬營，路上已經下起了小雨，我是坐上車就睡覺的人，睡了醒了五次，問問司機到了沒有，回答是沒有，還遠。同德到西寧一般六個小時，而且這一路上都在修路，又是夜行，肯定時間上就拖拉了，凌晨一點我們才進入同德境內，同德是青海南藏族自治州的一個牧業縣，香赤寺就在同德縣北部，以前叫巴水鄉，現在屬於尕巴松多鎮的轄區。

走啊走，就感覺草原真寬，一直沒有發現什麼亮光和人煙，直到仁增多吉師父說見到加油站就很近了，總算見到加油站了，又拐來拐去，發現北方有亮光，那肯定就是香赤寺，心裏就舒坦了許多，等我們到寺裏已經是凌晨兩點半了，有個師兄來接我們，外面黑洞洞的，很安靜，我們沿坡上到大經堂裏，好多當地的藏民也來拜見老佛爺法體，經堂內外人頭攢動。

老佛爺的法體被安放到經堂中間的高高設立的法座上，靈體已經縮到一米高了，法帽明顯已經大了，我們繞著法體恭敬仰視，自己感慨也很大，天啊，不可思議，這就是虹身成就啊，今日總算有緣分見到，祈請老佛爺乘願再來，利益無量眾生！

轉法體五圈後，我拜了三拜，坐到經堂左角，一會兒經堂裏僧人都彙聚到一起，老中青僧人都有，更欣喜的是少年扎巴很多，確是香赤寺未來的希望所在，此法脈肯定會在未來有更大的弘傳！

念誦了一個多小時的經文後，我們俗家信徒被請出經堂外，裏面僧人又念了一會兒經，然後把供品都收拾出去，最後請出了老佛爺的法體。

一部分信眾在大經堂外等待，還有一部分僧人和信眾在經堂西側的老佛爺的住所處等待，因為荼毗的塔就在佛爺住所旁邊，還有附近紮了兩個帳篷，有活佛和僧人一直在念經。

我們默默等待，奇怪的是，從五點開始，許多麻雀飛來嘰嘰喳喳叫個不停，還有老佛爺住所的屋頂上飛來了四隻烏鴉，兩隻鴿子，一直沒有走，或盤旋，或悠閒的飛來飛去，七點了，張師兄說荼毗八點半左右開始，大部分師兄趕緊回去休息一下，再吃點早飯，八點多又上來。

荼毗的儀式很複雜，剛開始點火就天降小雨，僧人一直在爐子裏放著供料，燃起的煙很大，還有莊嚴的法樂一直在響起，活佛和僧人的念經一直在進行著，四眾弟子也悄悄觀看著這重要的儀式。聽說幾天後才能打開塔，找舍利之類的聖物。

很慚愧我看了一陣感覺很冷很睏，跟瞌睡拉拉扯扯了一個小時多，後面的程序就沒有仔細觀察。

比較注意的是荼毗的煙剛開始向東面飄，後面好像就沒方向了，一直在附近瀰漫。難道佛爺會轉世到東面的地方去嗎？

看到十點半左右師兄們都下去了，大家在隆多佛爺的房子裏休息了一會就各自啟程了，我們還轉了一個很大的轉經輪，然後離開了寺院。晚六點才回到家裏。

對我而言，這也是一堂生動的佛法教育課，好好修加行（大圓滿前行），好好跟隨清淨具德上師，不能當佛教油子，一定要好好當在家弟子！上師三寶加持！

這位親臨者的記述，虔誠生動，我除對個別字進行了更正外，幾乎照錄於此，使讀者能更真切地感受當時的情景。

六月十五日下午，青島突降大雨，電閃雷鳴，天下一片暗淡，傾盆的大雨，立時使馬路上濁水橫流。我躲在屋子裏，看著屋外的大雨，思緒萬千。

許多人看了博文《密融法界》，或打來電話，或留言，表達敬仰和感嘆之情。作家老村，剛從老家奔喪而回，九十多歲的老母親在從容地安排完後事離去。他說，他生死觀就此發生了重大改變。我們談了善終的話題。他看了《密融法界》和《來自活佛的消息》後說：「果然神奇，燦爛。」他感嘆高僧大德對生死的明瞭和把握。

陝西省社科院的學者多吉先生專門打來電話，訂正有關資料細節。晚上廿一點四十五分廿五秒，晉美東者網友，在我的博客上留言：「剛從香赤寺回來，老佛爺的茶毗今早八點半開始，煙霧很大，而且下起了小雨，如果不是茶毗，可能法體會全都虹化，太殊勝了，真正的實修實證的大成就者！」

看了留言，我給師父發了簡訊詢問，十六日上午，接上師益喜寧寶師父手機簡訊：「我們來見師父時（四月廿七日），看到了上師一切很好，但不到一月，上師就圓寂了。據侍者說，後來上師除了不食之外沒任何不適，一再告訴侍者說，要存好心，和睦相處，遵守律儀。這就是上師給我們留下的遺囑。之後上師坐在椅子上，喝了兩口水，把披衣往身上一弄（披），端坐而善逝，就那樣保持了七天。然後（寺院）才把法體迎到大殿開放供拜，上千僧眾晝夜連續誦經，數萬弟子紛紛來敬拜哀念上師的恩惠，在此之間法體縮小了許多。昨日順利做了茶毗儀式，在灑落著的細雨中，安詳又悄然中圓滿完成……」

由於當時師父離開香赤寺後，又到西寧照看才旺活佛，我不可能問得更具體。借助師父今晚的開示，我們被宮秋仁青仁波切的清淨之心，深深地震撼了。隨著師父的開示，我們如同目睹了當時的情景。

夜越來越深，鳥兒似乎也已入睡，只有偶爾的蟲鳴，劃破夜的寧靜，傳出天地間生命的訊息。師父說：「老堪布的法體拜放三天之內，縮小了許多。不過這不叫虹化，是藏密的另一個法門徹卻法（音譯）的成就。徹卻法跟禪宗一樣，是見地上的一個境界。你的心地見地提升的同時，再用特殊的方法練妥嘎法。徹卻法的基礎好了，才能傳給你。徹卻法修好了，身體就會整體縮小，有的臨終，留下一尺高的法體，有的僅留下頭髮和指甲。」

我問：「其他的都化了？」

師父回答：「是，都消了。」師父說，「老堪布最爲殊勝的是，法體放了七天，荼毗之後，打開爐子，留下了許多舍利，是偏向藍色的那種舍利。頭蓋骨掉在爐子的中間，心臟朝上，裝在頭蓋骨裏，除了表皮有點焦，整個心臟完好，沒有燒毀。這在藏密裏面，是修大圓滿法成就之後的一個瑞相。大圓滿修成後，留下來的有心臟、舌頭、眼睛。他的意念達到了大圓滿的境界，意念清淨，所以就會留下了。有了這個見地，他說的一切因緣就是佛，是箴言，所以他留下了舌頭；他看到的境界都是刹土，他眼睛看到的沒有不清淨的東西，所以他留下了眼睛。有的把這三者都會留下來。老堪布留下了心臟。當年，五明佛學院法王如意寶，也留下了心臟。還有一個在內地弘法的活佛叫龍拿（音譯），他火化的時候，也留下了心臟。」

茅棚外，深沉的山色，在淡淡的星光下愈加神秘，不時的鳥鳴和蟲聲，更顯山中的寥遠和清淨。師父的開示，則如山中的涓涓溪流，浸入了我們的心靈。

師父說：「大圓滿修成了，心地清淨，老堪布留下了心臟，但需要我們記住的，是他臨終說的那三句話：一個是存好心。存好心聽起來簡單，但上師的弟子中有許多活佛講，這句話中，戒定慧都包括了。能夠存住好心不容易啊！戒律要清淨，才有相當的定力，有相當的智慧，才能存好心。不然你怎麼存好心？另一個，和睦相處，尤其末法時代，國家與國家、民族與民族、宗教與宗教，有點不能和睦相處，這是很糟糕的。」

這時，屋子裏突然飛進一隻牛虻，眾人躲避，師父把牠讓到了一邊，輕輕揮了幾下手，請牠出去了，大家急忙把門關上。

時間不早了，窗櫺上月亮的光線暗了，山鳥的聲息不見了，只有山谷的溪水，愈加顯得喧鬧。

師父說：「老堪布是針對剛才說的現象講的，要守住戒律，每個修行者，守住戒律是相當重要的。戒是基礎，有戒才能產生定，生慧。也就是說，上師傳給我們的法，才是我們的舍利，我們作爲上師的弟子，要記住的是這些。上師傳給我們的法寶，才是舍利。作爲一個修行人，一個信佛的，在末法時代，在他的心目中，法寶是永遠不滅的。他是我們從輪迴中解脫的最好的一個舍利。正是這樣，香赤寺決定，不給老堪布舍利建塔，準備把舍利入水，放到大海裏面，讓更多的眾生接觸這些舍利。在其他道上，它們聽不到法寶。上師轉到人道，給我們傳來那麼多的法，這是我們應該珍惜的。通過這個傳承的法寶舍利，解脫了，不再輪迴了，那才是真正得到了舍利。舍利代表的是不變、永恆的意思。」師父說：「過去有一個說法，看是不是真舍利，要誠心誠意地試它，就拿一個雞蛋去碰它，它自然會消融，其他任何東西都砸不掉。因爲雞蛋是生命，舍利是慈悲心的反應，也是智慧的反應。她是慈悲和智慧凝聚的，所以，你用任何生命去碰她，她都會消融。」

當我們問起藏密修行中，有多少虹身成就者，師父告訴我們，一個噶陀寺就有十萬虹身成就者。

我們算算，噶陀寺建立至今，也就千年歷史，卻產生了那麼多的成就者。由於佛法隨緣，不刻意宣傳，更不以傳播神奇神通爲究竟，所以，一般人很少涉獵，知之甚少。

聆聽了上師的開示，走出屋子，滿天的星斗，把夜空推得無限高遠，空間顯出無限的宏闊和神秘，黛色的群山，更給人以無限的遐思。

官秋仁青仁波切又一次示顯了佛法的不可思議，示顯了人類可以把握生死的自如境界，給我們這些後來者以震撼和警示，同時給弟子們增長了智慧和信心。智慧無量的佛陀慈悲地告訴我們：眾生皆有佛性。而獲得生命自由的鑰匙，掌握在我們自己的手裏。這時，我又想起來慈誠羅珠堪布所言：

「人人都渴望擁有幸福的生活、自在的身心、灑脫的情懷、和平的生存環境，而人類自從有文明以來，所有通向幸福人生的探索都揭示出一條普遍真理：把美滿的人類理想完全建築在身外的物質生產與追求上是根本行不通的。既然如此，那就不要再可憐地甘願充當外物的奴隸，為何不能把心轉向自己的內心世界呢？人類沒有任何理由拒絕或壓抑能使自己得到自由的方法與潛能，除非這個世界上的人都心甘情願作別人或物欲的工具。才旺仁曾堪布以自身的修證打開了通向自由境界的大門，作為後來者，是沿著他的足跡向上，或是繼續待在自我蒙蔽的暗室中隨順度日，決定在你，最終的結局也取決於你現在的選擇與努力的方向。」

願法界無量眾生，以高僧大德為榜樣，早日證得圓滿無礙的大自在智慧。

第六章　大瑜伽士

一

秋英多傑仁波切在內地廣爲流傳的一則聖跡是，他老人家在廣州一位弟子家裏住了一段時間，老人家走了，這家人立即將房間鎖起來，七天過後，主人打開房間，拉開仁波切蓋過的被子，看到了許多舍利子。說者以此證明仁波切的修行功德，讚嘆他是一位大成就的上師！

事實確實如此，親近仁波切身邊的弟子告訴我，他老人家掉下的頭髮和牙齒常常生出舍利子，在他老人家傳法的路上，腳下也會升起彩虹……如果去拜見這樣一位難得一見的高僧大德，當然是天大的因緣和福分，其激動忐忑不安的心情可想而知。祈願出現神奇的期待，更會放大拜見者的想像。

即使我在拜見了這位大德之後，仍然有許多想像。返回西安，我在照相館裏洗出在仁波切傳法時搶拍的照片時，其想像更加豐富。因爲在自然光下拍攝的照片，畫面裏充溢著金黃的色彩，每一幅照片都洋溢著不可思議的情景，與當時眼見的現場明顯不一樣。然而，回想整個拜見的過程，時間大約一個多小時，面前的一代高僧大德，示現給我們的是一位平易近人的老者的形象，就連他智慧的表達方式，也使我們感受到他是一位諄諄引導弟子接近佛法的導師，絕無一絲一毫的神奇。

《楞嚴經》告訴我們，即使佛菩薩住世，他們示現給我們的仍然是普通人，一旦他們因緣需要「暴露」身分，他們就會立即離去。宣化上人講過寒山、拾得和豐干和尚的典故。說明朝有個武將太守，問豐干和尚：師父，經常有佛菩薩乘願再來，現在有誰啊？豐干和尚說：「寒山、拾得就是文殊、普賢再來。」太守一聽，騎著快馬，到處找寒山、拾得和尚。寒山、拾得住在寺院裏，一個掃院子，一個在齋堂做飯，兩個人整天樂呵呵。太守見到他們兩個人，立即趴在地上磕頭。說，你們兩個是文殊、普賢菩薩再來啊，我得拜兩位大菩薩。寒山、拾得一看身分暴露了，馬上入滅，退到洞裏坐化了。還說阿彌陀饒舌。太守一聽阿彌陀饒舌，不是說豐干和尚嗎？原來豐干和尚是阿彌陀佛再來。於是太守騎馬再往回跑，跑回去一看，豐干和尚也坐化了。

諸佛菩薩的慈悲無所不在，他們無時無刻都在避免無明的眾生被假象迷惑，被那些以佛菩薩的名義裝神弄鬼的騙子所誤導，因而以黑白分明的正見所示現。拜見秋英多傑上師後，我深受感動，一直想寫一篇文章，來記述我的感受。向讀者傳達一代高僧大德的慈悲。我還看了許多資料，但我無法觸摸大師智慧的根本，所以遲遲不敢動筆。當我聽到秋英多傑仁波切於二〇一〇年三月四日圓寂的消息時，我在悲傷中企圖提筆寫下我的所聞，以紀念這位高僧大德的離去，祈願他早日乘願再來。然而，我仍然無法下筆，我懺悔自己的業障太重，無法將大師的智慧光芒，哪怕是在文字的局限中傳達出一絲一縷，也算完成了我的願望，可是我仍然無法找到下筆的勇氣，我不得不再次放下。我思考良久，終於明白，由於修正的欠缺，任何企圖詮釋大師智慧的努力只能是徒勞的。於是，我只有老老實實將我看到聽到的六塵所感，勉強以有限的文字表述出來，但願能爲讀者瞭解這位高僧大德的聖行有所幫助。

我是二〇〇九年四月廿六日上午，跟隨上師益喜寧寶堪布去拜見秋英多傑仁波切的。同行有十多人。當時，大師住在位於西寧以北的北山上傳法，那是一座新建的藏族文化發展中心。我們一行是廿六號早晨從西安乘火車到達西寧的，住進賓館稍作歇息，師父就帶我們去拜見大師。雖已陽春時節，西寧仍然處在料峭的春寒中，樹的枝頭不見半點綠芽，一片土黃色的北山，本來就沒有多少草木，這時更顯出高原的蒼涼和料峭。但車內絲毫感覺不到車外的嚴寒，大家跟隨益喜寧寶上師高聲持誦金剛薩埵心咒：「嗡班雜薩埵吽……」一陣陣暖流湧上心頭，一掃路途的疲勞，等待著即將到來的千年一遇的難得機緣，激動的淚水幾乎要湧出我的眼眶。

一個多小時後，終於到了目的地。這座新建不久的藏族文化發展中心，坐落在一個不大的山窪裏，四周雖然如青藏高原大多地方一樣，山色呈現出少有的蒼涼，但紅色的建築，將山窪烘托得如烈火燃燒般的熱烈，使這兒充滿了春天的溫暖，蕩漾著生命的律動。絡繹不絕的參拜者，更使這裏人氣聚集，生機盎然。我們到達時，前面已有兩批外地來的信徒參拜秋英多傑仁波切，我們就在師父們平時休息的房間等候。由於上師益喜寧寶堪布既與大師同為官秋仁青堪布的法脈弟子，他又接受過大師的灌頂和法脈傳承。使我們這次拜見更顯得殊勝。我們很快得到安排，去見大師。

我們隨同大師的使者恭敬地走進大師的密室，大師在床上跏趺而坐，身著寬大的喇嘛服，身子顯得清瘦，濃密的頭髮，灰白而蓬鬆，沒有留鬍鬚，既不是平常看到的僧人形象，也不是想像中的仙風道骨，但他的雙眼充滿了難以描述的慈悲，他的眼光所到之處，似乎會蕩滌一切違緣的障礙，將大慈大悲的無限情懷播灑到所有人的心田之中。我們席地而坐，面對大師，聆聽他的開示。師父向大師一一介紹了我們，大師聽說我們來自青島和西安，說：「這麼遠的路來求法不容易，是難得的一件好事，但真正的修行更不容易，堅持就更難了，那就得接受時間的考驗了。」他老人家說：「怎樣調伏自己的心呢？」他說：「要通過自己的細小行為，一點點的改變自己。」

大師通過自己的修行歷程，開示了調伏習性的艱難和增強信心的重要。大師說，文革時期，他在家鄉村子裏勞動，每天到山裏放牛，那時也正是他修習佛法的關鍵時候，他把牛趕到山上，就坐下來讀經打坐修行，時間倒是充足，但每到回家時間，麻煩卻來了，把漫山遍野亂跑的幾十頭牛趕到一起實在不易。必須東一頭，西一頭的尋找，一頭不少的送回生產隊。這件事，既費力又費時，有時趕不攏，爲了找一頭牛，他得跑幾個山頭，實在忍不住了，就大聲叫喊，並用石頭去擊打亂跑的牛。牛趕到了一起，可回到家，他卻陷入深深的自責之中。他痛恨自己，說：「哪有你這樣的修行人，沒有一絲的慈悲心，竟然傷害眾生，你就算了吧，別再裝模作樣啦！」傷心之餘，大師說他像得了瘋瘋病一樣，吃什麼都覺得無味，坐到什麼地方也覺得不舒服，見到什麼人，也高興不起來。這樣，他中斷修行數日。在這種心境下，他就在心裏向諸佛菩薩深深懺悔，祈請諸佛菩薩加持，消除自己的業障。他深深感到這是一種違緣的障礙。他在心裏祈請三寶的加持，不間斷的呼喚釋迦牟尼佛的聖號，他反思：「自心這樣不安，中斷修法，也是一種障礙啊！」

經過反覆的思考、自省，他想：佛說，聽到三寶的聖號，或見到三寶的形象，或思念三寶的功德，或接觸三寶三根本，都能獲得解脫。自己怎麼能因過失而放棄呢？想到這裏，自己心生歡喜，增加了信心。大師說，經過自己勇猛精進，過了一段時間，對佛陀的悲智力功德，生起了極大的信心。他叩大頭的姿勢幅度很大，令許多人吃驚，但他感到很輕鬆，他說：「我內心的淨相不斷增長。」

大師的開示，如縷縷陽光，化入我們的心田。明亮的密室裏，充滿了無以言說的歡喜。

二

西元一九四一年，秋英多傑仁波切出生在雪域藏地青海玉樹藏族自治州稱多縣拉布鄉東科村。那裏有一座聞名十方的白塔，它是一個殊勝的佛教聖地。它屬當地的土登寺所管。據當時的見聞者回憶，大師誕生的當天，出現了罕見的吉祥瑞兆：萬里無雲的晴空，突然出現七彩虹，家裏的牛奶自然變成了酸奶。

大師七歲那年，跟隨母親前去康區朝拜，在那龍溝的一個三叉路口，他遇到了古印度大手印祖師薩拉哈大師的化身轉世龍桑傑松仁波切。當時，他和母親一同上前拜見這位難得一見的祖師大德，老人家見到他時，口中喃喃而語，說：「要灌許多殊勝的灌頂，要灌許多殊勝的灌頂……」他老人家一邊自言自語，一邊慢慢退回閉關洞。七歲的懵懂少年，跟隨母親進了老人家的閉關洞。老人家立即拿出一根木棍放在了他的頭上加持，隨後說：「你已獲得了殊勝的灌頂，獲得了眾多的灌頂……」他老人家給少年賜名秋英多傑，老人家成爲大師的上師。

上師給他作了授記後，當晚，上師讓他們母子和同去的許多人住在了老人家修行的第二個閉關洞裏。上師說：「我會派吉祥天母護持你。」而後，就來了一隻黃狗守候在了洞口。大師後來在他的內傳中描述當時的情景和感受，他說：上師的修正已經和諸佛菩薩無二無別了，他周圍狗都是護法神。大師記述說：

「我們那天在閉關洞休息了一晚之後，第二天早晨，我們去拜見上師，上師見我們遠遠來了，他老人家說：『哦，現在不能來，現在不能來，說是不能來，說是不能來……』話剛落音，他老人家身邊的狗就都叫著跑過來，攔住了我們的去路。過了一會兒，上師說：『啊，現在可以來了，現在可以來了，說是可以了說是可以了……』正說著，那些從沒有受過訓練的狗，居然自動地跑散了，讓出了道路。來到上師的房間，我們看見上師光著身體站起來，右手托著木碗，從虛空中取出一碗碗的酸奶，倒在了地上。」上師將身邊的狗分別命名為護法神的名號。

正是因為上師以示現神通的特殊因緣和巨大的攝受力，使秋英多傑仁波切在少年時期，就建立了對佛法的巨大信心，十歲即在土登寺剃度受戒為僧，拜讀大藏經，開始了漫長的獨特修行之路，使他在日後的人生中，度過了許多違緣造成的非常障礙，終成證得宇宙人生真相的大成就者。

此後，大師先後去康區結古寺、四川省曲卡地區江瑪佛學院求法學習，拜見了多位上師。正在他如饑似渴的求法之時，一天晚上，大師做了一個夢，聽見一聲巨響，所有的出家人都成了裸體。隨後，他得知土登寺發生了變故，其時間和他所做夢的時間是一致的。這樣，他已無法再回土登寺，他只好前去聖城拉薩，避免違緣。然而，西藏和平解放初期發生了人們無法預料的社會動盪，大師臨近拉薩時，被投進了監獄。在一個信仰不被尊重的年代，對一個投進監獄的修行人來講，其處境和心境可想而知。面對困境，大師十分痛苦，他想，身體如不能用來修習佛法，要這個身體還有什麼用呢？還不如自我了斷，結束此生。

當時，悲痛之心無法抑制，大師就向同監獄的龍秀寺的僧人蔣揚旦真師父傾訴。蔣揚旦真師父開導大師說：「生在這樣一個動亂年代，確實令人悲哀。但在這樣的環境中，如果能祈請佛陀，哪怕是一次，其功德也勝過以往數十年的修行功德呀！」聽了他的話，大師當即心生信解，打消了自暴自棄的念頭。

從此以後，大師利用一切可以利用的時間，不斷地祈請佛陀。在環境惡劣的勞改隊裏，他一邊背石頭，一邊堅持默念祈請佛陀，即使在短暫的勞動休息間隙，他怕別人發現，就偷偷躲到洞坑裏不停地祈請佛陀加持。就這樣，大師把違緣當作修行的對境，不斷精進。大約兩年之後的一個夜晚，大師做了一個夢，夢見釋迦牟尼佛祖如高山一樣，放射著巨大光芒。不久，國家的政策鬆動了，他聽到了拉薩大昭寺要開放的消息。

大師想，如果能拜見大昭寺該多好啊！大昭寺供奉有釋迦牟尼佛親臨開光的佛陀像，如能拜見，該是多麼大的福報和緣分！可是像自己這樣的人能行嗎？

一個星期後，大昭寺真的對外開放了。這時，勞改隊允許一周放假一天，人們可以出去。有了這樣的機緣，大師十分興奮，放假那天，他直奔大昭寺。站在大殿裏，淚水模糊了他的雙眼，他終於見到了佛陀住世時親自開光的佛陀像。

他想起，蓮花生大師意的化身大成就者東傑波大師，至尊藥王宇妥雲丹貢保等大成就者們，在禮拜大昭寺這尊佛像時，都親眼見到了許多瑞相，如佛身騰於虛空，面呈微笑，出微妙音，放大光明。想到這裏，大師不斷地祈請佛陀加持。大師在他的內傳中說：「在大昭寺，我禮拜至尊如意寶佛陀聖像的時候，真像親眼見到了佛陀一樣，生起了極大的虔誠心，當時，我身口意三門合一地祈請，祈願佛陀的意和我的心融爲一體，如同水中注入水，酥油中灌入酥油，毫無疑惑，一心至誠地祈願。由於佛法的真實不虛，令我生起了信解。獲得了加持，充滿了法喜。」此後，每到放假休息的時間，他都要去大昭寺朝拜。

又過一段時間，政策放寬了，僧人們獲得了釋放，大師回到了青海玉樹稱多縣拉布鄉東科村自己的家鄉，在勞動之餘，開始了長年累月不間斷的修行。大師說：「從此，我除了祈請佛陀之外，別無他想，一心只念誦佛陀的祈請誦。無論是遭逢痛苦還是安樂，無論是社會動盪還是安定，除了祈請佛陀之外，別無他想。」

在長達幾十年的閉關修行中，大師除依據上師的傳承外，還拜讀了祖師大德們大量的著作、教言，獲得了無上的修法，領悟了佛法的精髓。取得了巨大的成就。大師在洞內閉關修持時，就能清楚地聽到遠處低聲細語，能看到洞外另一座山頭上放牧的牛羊和天空中飛翔的鳥兒的情景。大師說：「這是修持提煉蘊界氣、脈、明點成爲精華的自然體現。」所以，修行到了一定境界後，就不被生老病死四大苦惱所纏繞，達到身心自在的自由狀態。大師受勝義灌頂以來的一生中，其身體未曾染過任何疾病，未吃過一粒藥。他爲很多病人誦咒加持，使患者得以安康，獲得新生。

大師經靜坐修持後，全身脈氣全部變成自性壇城裏的勇士和空行母，體內外三尊歸順其金剛之身。一九九〇年，在灌頂法會上，鮮花從空中紛紛落下，香氣四溢；河水變成乳白色，持續一個多月。當時有上千人目睹了這一奇觀。

大師很早受馬爾巴求吉洛周所創噶舉派的許多加持及傳承，因而，很多與大密乘金剛有緣的修持者在拜見大師時，見到大師幻化成瑪爾巴喜金剛報身相。虔誠的弟子們，不約而同地稱頌大師爲瑪爾巴秋英多傑。

還有許多瑞相被人們傳頌，他的衣物、頭髮、墊席、掉下的牙齒，都會生出舍利，大的如豆，小的如菀根種子。這些舍利，有的被信眾享用，有的被視爲聖物來供養。

由於他老人家修行時，呼吸形成「嗡、啊、吽」韻律，他閉關時的洞牆上，顯出了藏文的「嗡、啊、吽」三字。

末法時期，眾生剛強難化，爲了調伏眾生的習氣，經弟子再三祈請，大師慈悲，允許略述少許所證，以利益眾生。這無疑對普度眾生具有無量的功德。大師修證佛法留下的珍貴的大量的竅訣，將是佛教徒修行的一筆千載難遇的寶貴秘笈，對於以解脫生死輪迴普度眾生爲目的的修行人而言，這些竅訣使修行者如同長途跋涉的暗夜中看到了一束光芒，使艱難的前行者找到了一條通途。同時也為揭示人體生命的奧秘，尋求生命本質的人類，打開了一條截至目前科學研究還遠遠沒有達到的認識通道。

我的這些簡單的記述文字，儘量避免生澀的詞句，以便普通的讀者能夠無障礙閱讀，以瞭解和親近這位高僧大德的功德，廣結善緣。我的省略和粗疏，離大師開許公開的少許聖跡差距何止十萬八千里，更不用說完整表述大師修行的根本。只能僅僅作為一般的介紹文字而存在，正如我的無比敬愛的上師益喜寧寶堪布所言：修行中的任何覺受，只是一種身體脈氣明點反應，它不是佛法的本身，何況文字？任何外在情器的顯示（包括神通），只是我們凡夫肉眼所見，何況我們以凡夫所感去描述一位已經證悟了宇宙真相的大成就者，當然相差甚遠。大德的證悟，永遠是不可思議的，除非我們自己成為一個證悟者。

三

佛法除了經典的流傳外，修行法門即修行方法的心印相傳是至關重要的。藏傳密宗的修行更是如此，如果有了傳承，有了上師的親授，不但修行的次第清楚，不會走偏，而且我們即使讀誦了一句咒語，也是從釋迦牟尼佛祖那兒無間斷的傳遞而來的，他的加持力和信息量無疑是久遠和強大的。

我們此行，當然希望得到大師親傳佛法。上師益喜寧寶堪布與大師用藏語做了簡短的對話後，大師便通過侍者翻譯，親傳金剛薩埵修行法。修行此法，目的是排除身口意的不淨業，對於打通氣脈具有極大的作用。

大師朗朗的語氣，伴著生動的手勢，明晰地給我們傳遞著佛法的真諦，我們不但虔誠的傾聽，而且打開了隨身攜帶的錄音筆，準確地記下了大師的聲音。能得到這樣一位高僧大德的親傳，成爲傳承他法脈的弟子，是無數世的大因緣。

回到青島，見到秋英多傑大師的情景，久久浮現在眼前，我盼望著來年再抽時間去拜見大師，親近這位難得一見的善知識，得到他老人家無上的加持。然而，在我們拜見他老人家十個月之後，得到大師圓寂的消息。當我接到上師益喜寧寶堪布發來的手機簡訊，我十分震驚，我急促地想知道弟子們爲老人家舉行送行儀式的時間，我一定要去拜見大師最後一面。我收到了上師發來的大師的遺囑，隨後我在網上也看到了這份遺囑：

秋英多傑仁波切於二〇一〇年二月廿六日，讓所有弟子離開他的房間，七日後的三月四日，弟子進入他的房間，他已圓寂。他的遺囑：

一、本人將在七天之內，在閉關房中不見任何人，安住在平等三摩地之中。七天之後，當你們打開房門進來的時候，我已經離開人世了。

二、當打開房門進來的時候，不管我的坐姿如何，你們都無需為我修整。如果你們認為需要為我戴上五佛冠和法衣作為緣起的話，那你們看著辦吧。

三、不要安排盛大隆重的活動，不需要長長的迎送車隊，請將我的遺體秘密地送回家鄉。

四、在家鄉，請不用像傳統那樣讓眾人來瞻仰我的遺體，尤其要注意避免接近三昧耶戒不清淨之人。請你們以外內密三種方式，將我的遺體如往常閉關一樣，靜置在扎西嶺或者土登寺。我的遺體仍然會有氣脈明點的持續反應，請放置一百天，或是一年。

五、一段時間過後，你們可將我的遺體做成肉身像進行安置。

秋英多傑

藏曆鐵虎年神變月十三日（口述）

大師對生命的自如把握，再一次向弟子們示現了佛法的不可思議，同時也證明了大師是一位完全掌握了生死，圓滿證得宇宙人生真相的大成就者。

老人家的法體，按照遺囑被秘密運回玉樹稱多縣土登寺，

四月十一日上午，正在大殿爲大師誦經祈禱的弟子們，突然收到了大師意外送來的禮物：土登寺的大殿，突然降下無數的舍利子，弟子中最多者接到一百多粒。

上師益喜寧寶堪布告訴我：一百天後，可以去玉樹拜見大師的法體。我等待著這一天。

二〇一〇年四月十四日，玉樹藏族自治州玉樹縣發生七點一級地震。

爲大師送行的儀式按照大師的遺囑，一年之後。

我等待著這一天，我一定會去玉樹，拜見大師！

祈願秋英多傑仁波切早日乘願再來，救拔死生輪迴中的苦難眾生！

第七章　守護生命

一

二〇〇九年八月份，岳父因眼疾去北京三〇一醫院住院治療，在眼科動手術過程中，得知肌酐升至九百多，是正常人的八九倍，已是嚴重的腎病了。爲了照顧方便，我們立即將他老人家轉入青島住院治療，先後走過三家醫院，最終沒能控制住病情，腎功能衰退，只能依靠透析（洗腎）維持生命的運轉。

二〇一〇整個夏天，岳父都在醫院裏度過，我幾乎天天去醫院送飯。隨後的時間裏，雖安排了專人照顧，但時不時的需要到醫院調整治療，即使出院了，每週兩至三次的血透，都必須去醫院裏完成。想想岳父此前的身體，真是不能接受。七八年來，他和岳母陪著外孫住在市裡，我們因工作原因住在開發區，每週回去一次。兒子從幼稚園大班開始，就由七十多歲的岳父接送上學，直至小學畢業。老岳父身體健朗，一生很少吃藥，幾乎不到醫院去，每年一次常規體檢，被岳母拖去也待不了幾分鐘，很長時間來，連體檢他也免了。這樣的人，身邊的人誰也不相信他會突然得病，更不會想到他得嚴重的腎病。然而，疾病的不期而至，還是光顧了這個最不應該得病的人。

在陪護岳父的過程中，感受到岳父的情緒低落和無奈。幾年前逛灕江登華山健步如飛的老人，突然間平地散步也如同風中的枯枝，隨時有可能被刮倒，結實的身體一年多瘦下去幾十斤。看著他的無助，我們許多時候不知道怎麼才能做得更好，常常比老人更顯得無助。

醫院裏的經歷，更讓人驚心。有一次住院，隔床的一個大爺，快九十歲了，十多年前得的腎病。本來他的病情還算穩定，只是肚子上用於腹透的刀口發炎需要動手術，由於主治醫生出差，手術不能馬上進行，只好暫停腹透。想不到幾天後，大爺嚴重浮腫，只好緊急改為血透，結果血管又突然堵塞，半條腿已經變成赭色，被隔床的病人家屬發現，才叫醫生採取措施，救了大爺一命。

可能因為久病的原因，也許家裏事多的原因，很少有家人來看望，病床前的照應，完全委託給了一個女陪護。這個四十多歲的女人，不能說不盡心，老人每晚的折騰，使她沒有一個完整的時辰可以休息，白天顯得無精打采，她說：這是她陪護過的病人中最難照顧的一位。由於日夜陪護的疲憊，不能按老人的要求伺候，已經無法言語的老人，心懷嗔恨，極度痛苦，雙手抓住床幫，一雙呆滯的眼睛望著天花板，透著絕望的仇恨。

從偶爾的聊天中，我知道了他的身世，工作了四十多年，辛苦一生，卻不能換來病床前應有的照應。我多次望著老人的絕望，企圖給他以幫助，我輕輕握住他的手，低聲念誦「阿彌陀佛」。每當這時，他的眼睛望著我，眼光裏不是悲傷，也不盡是疼痛，而是冒著一股無法言說的火焰。他的手緊緊抓著我的手，指甲幾乎扣進我的肉裏，似乎用盡了生平的力量。每每這時，我總在猜想他的表達，但無法得到能夠說服我自己的合理答案。對於無法把握生死的凡夫而言，人生盡頭的五味雜陳是很難用一個理由說明白的。病痛的折磨和死亡的恐懼，使臨終者陷入了孤立無援的境地。

而另一名患者，是位二十多歲的小夥子，因偶然一次與小兄弟們酒後攔路搶劫了幾塊錢，被判了徒刑。事發後，父母和周圍的親戚朋友都不相信，這麼老實的孩子，怎麼會犯這樣的事呢？然而，即使一次酒後的偶然出軌，也必定受到法律的制裁。年邁的父母只有把苦水向肚子裏咽。唯一的願望就是盼望兒子早一天出獄。但想不到入獄一年多，小夥子患了腎病，而且越來越嚴重，不得不到大醫院治療，家住膠州灣西岸鄉下的父母和姐姐，只好跨海來醫院照顧他，獄方也派了三個警察到醫院看守。每天二十四小時一家三口輪流值班，買飯餵藥，端茶遞水，對他關懷備至。但可以看得出，這家人並不富裕，除了給病人吃得好些外，其他三個人常常是饅頭夾鹹菜就算一頓飯。然而，即使醫院裏的日子再艱苦，年邁的父母也能天天見到兒子，心裏總是有一點亮堂。儘管除了獄方花醫療費外，自家每天也有開支，但還是希望這樣的日子延續下去。

但好景不長，終於有一天，獄方通知：應該出院了！小夥子的父母不同意，說在醫院就應該聽醫生的。於是請來醫生下結論。醫生說：病人的病情雖然得到了控制，暫時無大的危險，但從病人需要恢復的角度講，還得住院治療觀察些日子。家屬以此為理由，強烈要求繼續住院治療。而獄方說：經費緊張，按規定只能到此為止，如果嚴重了再來。說著，警察也一臉苦相叫道：你們也可憐一下我們幾個人吧！兩個月了沒有睡過一個囫圇覺。警察說的是實話，他們每天也輪流值班輪流吃飯。但年邁的父母不依，有些火爆脾氣的父親，竟然吼著與警察爭吵，病房裏一時吵雜，醫護人員前來勸架，誰也不聽。

小夥子終於忍耐不住了，對父母大吼一聲，說：「你們再吵，我就去死！」正在與警察爭吵的兩個老人，聽到兒子的吼聲，突然一愣，面面相覷，不知如何是好。屋子裏的其他病人一時也被震住了，一剎那，病房裏靜得沒有半點聲氣。小夥子又說：你們吵，能頂事嗎?!說著，他自動下了床。警察迅速上前給他戴上了手銬，把他押出了病房。小夥子沒有告別，連頭也沒有回一下，就把時時牽掛他的親人拋在了身後。許久明白過來的母親，突然大叫一聲哭起來：我們哪輩子作了孽呀，要受這樣的懲罰！

這家人離去後，說閒話時醫生說，這樣折騰幾次肯定沒救了！臨床的陪護說，這家人窮，如果不是在監獄裏面得了這樣的病，這麼大的一筆醫療費到哪兒去找呀？只有在家裏等死。

二

一座大的醫院裏，幾乎每天都有死去的人。每當我去醫院時，總會在走廊裏、電梯裏、甚至大廳裏，看到各種形色匆忙的人。他們雖不是病人，但許多人並不比病人輕鬆，他們從下班的單位趕來，從辦事的空隙裏擠出時間來，從出差途中趕來，從不堪忍受的生活重壓下不得不分身而來……，他們來探視親人的病情，他們來照應親人的起居，他們來分擔親人的痛苦，他們來盡自己的責任。他們手持鮮花，卻心懷苦楚；他們懷揣一顆愛心，卻顯得束手無策；他們痛不欲生，不相信最親近的人的病情是真的；他們母子連心，卻無法替代對方哪怕是一瞬間的病痛；他們約好了白頭偕老，卻無力挽留對方哪怕一秒鐘的生命；他們看到親人臨終時被痛苦折磨，全身插滿了管子和儀器的接頭；他們看到醫生們搶救時的匆忙，聽到醫生無力回天之後的嘆息；他們看到太平間死亡者的排列，感受到了陰陽兩界的冷酷……他們嚎啕大哭，他們嗚咽抽泣，他們捶胸頓足，他們默默流淚。他們用盡了人世間可能的一切形式，對死者的逝去進行悼念，但留下的卻只是永遠無法復活的片段記憶。

在醫院的深夜或白晝，我總能突然看到或聽到亡者的訊息，最可怕的是深夜，一聲殘酷的發自胸腔的低音嚎叫，會使整個黑暗中的大樓搖撼。這一刻，似乎全人類都陷入了一種無法超拔的命運悲劇。每當這時，我總會想起一次次的陪護經歷，那些故去的相識或不相識的亡者的情景，會不由自主地出現在我的記憶裏。

上世紀九十年代，我在陝西的咸陽有過兩年的工作經歷，正是那時，我生平第一次去醫院陪護一位病人。她是一位年近六十歲的慈祥老媽媽，已到糖尿病晚期，併發症的折磨已使她身體虛弱，臥床不起，隨時都有生命的危險，所以醫院裏要求廿四小時陪護。那時，我是一個二十多歲的小夥子，不怕勞累，不怕熬夜。又由於工作上能抽出時間，所以，兩個多月裏，我大多數時間待在醫院裏。

老太太一九四九年前參加革命，經歷過許多艱苦歲月，日子慢慢好了，卻不料患上了糖尿病。躺在病床上的她，情緒低落，我儘量在生活上照顧她。她愛吃鯽魚，特別是鯽魚熬的魚湯，她說味道鮮，百吃不厭。那時，我並不知殺生的罪過，一心只為病人的口味負責，認為是對一個老人的孝道。所以，大多數時候，我趕個早，在離醫院不遠的市場上，買來活的鯽魚在醫院的走廊上開腸破肚後，再在煤油爐子上熬湯。先把小鍋裏的水燒開，然後把洗淨了的鯽魚放進去，再添上薑片、大料等調料，溫火煮三四十分鐘就可以端給病人用了。

嚴格說，買來的鯽魚都是很小的，也就兩三寸長，一個不到一兩，每次買回五六條，病人可以吃兩頓。如今記得很清楚，那些小鯽魚在賣魚者的盆裏游得很歡，搖頭擺尾，感受不到一絲一毫的生命威脅，只有當賣魚者用漏勺將牠舀起來的時候，牠才感到缺水的緊張，於是在漏勺裏蹦跳，待放進添了水的塑膠袋裏的時候，牠又恢復了當下的快活，在水中游樂，並不明白殺身之禍即將來臨。

每每把塑膠袋當菜板，將一條條小魚放在上面刮鱗的時候，濺出的魚鱗和血腥味道總能使人一愣，那對鼓起的充滿了血色的眼睛，似乎是對不可理喻的突然降臨的死亡的發問。今天看來，即使不用許多大德高僧的教言來衡量，就是依據人類可以理解的善良來看待，以殺害其他動物的生命爲代價，來換取人們味覺的感知，至少是一種不善良的行爲。至於這種殺害行爲是否能換來病人的真正康復，人們從來就沒有認真思考過。

然而，我的殷勤看護喚起了老人的另一個心念。她不停地罵自己的丈夫，說在幾十年的生活裏，從沒有這樣照顧過她。她不停地訴說自己的艱辛，訴說不堪回首的過去。說著說著，她竟淚流滿面，抽泣不止。我一時變得手足無措。長久以來，我認爲她是一個幸福的老太太，她的晚年是圓滿的。此刻，不知道她有多少辛酸和委屈需要傾訴。半年後，她因器官衰竭而故去，她從沒有想到自己會走得這麼快，因爲她對生命有許多留戀。

二十年後，我的母親在我面前哭訴同樣的境遇時，我對已經念佛多年的母親說：過去的就讓它過去，佛陀讓我們放下，活在當下，那些過去的事情，不管你懷有何種感受，對今日的生活沒有絲毫益處，既不能增加什麼也不會減少什麼，帶來的只能是煩惱。母親聽了我的話，不再計較過去，專心念佛，八十高齡時安然離世，未留下任何遺憾。而我在母親去世的當時，要求兄弟們可以按照家鄉的風俗擺宴席招待前來悼念的親戚朋友，但絕不允許殺生。兄弟們聽了我的勸阻，席面所用原料，全部採用三淨肉（不是指使別人殺的，不是自己殺的，不是別人專門殺的），母親的喪事辦得殊勝，在我多次誦讀《地藏菩薩本願經》的過程中，母親的遺體周圍充滿了檀香的濃濃味道。

三

童年時，我以爲生者不死，對於一個未曾經歷世界的兒童而言，吃飽穿暖後的活蹦亂跳就是最大的快樂。然而，當我知道愛我的外婆永遠的不會再看我一眼時，我知道了人是會死的。外婆守寡幾十年，在我兒時的記憶裏，她的床上，一年四季永遠鋪著一張涼蓆，蓆面已經磨出光亮，淡綠色的篾條已經變成了棕色。夏天不用說，冬天的日子是怎麼過的，我難以想像。我的家鄉在秦嶺以南的淺山區，冬天的氣溫最低時在零下十多度，奔流的漢水已經結冰，早晨枯草的葉子上，落著厚厚的一層霜，屋裏屋外幾乎是一個溫度，一個人睡在透風的屋子裏的涼蓆上，蓋著一床用了幾十年的舊被子，那該是怎樣的一種生活啊？但我看到的外婆，永遠是一張笑臉，她把貧窮年代有可能拿出的一點好吃的，都給了我。我以爲外婆的愛，對我是永遠的。我發誓，等我長大了，我會給外婆買鋪的褥子、蓋的被子，讓外婆過好日子。那時，小小的心靈裏，每天裝的都是對外婆的愛。但是，有一天，外婆離我而去。

當時外婆得的是腦血栓，躺在床上，不吃不喝，只留一口氣。鄉下人對這樣的病，幾乎沒有治療，我是多年後才知道這個病的名字。雖然外婆不會說話，但我相信外婆很清醒。一個早晨，我母親給外婆用勺子餵水時說：「你的大外孫快回來了，你怎等不及哩。」母親是說我當兵的哥哥快回來探家了。外婆聽到這句話，閉著的雙眼同時流淚了，兩顆碩大的淚珠停在外婆的眼窩裏，微微地顫動。我伸出小手，輕輕給外婆擦去淚水。我多麼希望外婆醒來，我一次次呼喚，但外婆只有淚水，沒有應答，童年的心理裂開了一條生痛的口子，難以忍受。

十一天後，外婆終於咽氣。我流著淚水，看著大人們將外婆的遺體從睡房移至堂屋停放，儘管睡房堂屋只是一間房子的前庭和後屋，中間只隔一道牆一個門，但生死兩重天，陰陽兩茫茫。極度傷心的我，在爲外婆守喪的三天三夜裏，晚上我始終睡在停放外婆遺體喪道的稻草上。我的老家，避諱「死」字，把人死了叫老了，把與亡人有關的穿戴叫老衣。外婆咽氣的第二日，母親做好了老衣給外婆穿，我上到停放外婆的床上給母親幫忙，外婆的屍體並未僵硬，當我扶起外婆時，她的鼻子裏留下來兩滴清鼻涕，那一刻，我仍然認爲外婆沒有離去。直至到了埋葬外婆的墓地裏，我才相信永遠見不到外婆了。我的懷念與日俱增。

外婆去世的很長久的日子裏，生活對於我充滿了恐懼感。這恐懼不僅僅來自對外婆死去生活中巨大空白的憂傷，更是對整個人類死亡的無法擺脫的慌亂。那時，我只是一個七八歲的孩子，我家的屋後，是一道蜿蜒的山梁，乾渴而荒涼，土地只是一些能種紅薯、玉米的薄地，平時很少有人走動，特別是在冬天的黃昏，淒涼的寒風掃過小路邊乾枯的雜草，凸凹不平的山路，如同一條堅硬的冰條，毫無生氣的伸向遠方，天底下成了一片死地。爲了躲避少年無法排遣的憂愁，我一個人站在山梁的中央，望著山梁下偶爾飄動的白煙，看著周邊一片荒蕪，突然追問：天下如果沒有這些村莊，如果沒有這些人，這個世界是個什麼樣？虛無世界的死寂吞噬了少年的靈魂，巨大的恐懼感向我襲來，生命無望而渺小，無法承受的孤獨擊碎了一個七八歲少年的心理防線。我慌亂的跑回家，躲在母親的面前，抵抗心頭的恐懼。

幾年後，我的祖母去世了。祖母去世前得的什麼病，我已記不清了，也許當時家人根本就不知道祖母得的是什麼病。祖母在床上躺了至少有多半年之久，吃過無數副中藥，飲食進的卻越來越少，一會兒清醒一會兒糊塗，許多時候不願多說話。迴光返照來臨時，她突然十分清醒，問我要了一碗水喝了後，給我說了許多的話，她要我好好學習，說我一定會出外做事。說完這些話幾個小時後她就去世了。

祖母去世時，我已上初中，恰好逢暑假，我在家裏。於是，我必須隨父輩和兄弟們去報喪。報喪不但要到祖母的娘家去，而且同姓的家門也得去。五服（五輩）之內都得走到。加起來足有二百多戶人家，撒在一條山梁上和一條山溝裏，娘家與家門相距十幾里路。報喪用了整整兩天時間。報喪的隊伍有近二十人，最大的是我的大伯，已近六十，最小的是我的堂弟，也就五六歲。每進一家，哭著叩頭，然後告知祖母去世的消息。雖然每家重複同樣的程序，但必須認真，不能有半點偷懶，否則主人不樂意，只要主人不勸扶領頭的大伯，報喪的人都得繼續跪在地上。兩天報喪的行程下來，我的兩條腿已累得抬不起來，居然對祖母去世的悲痛減少了許多。

在隨後喪事進行的過程中，有一道程序，就是全體孝子跪在停放祖母棺材的旁邊，向祖母娘家的人彙報行孝的作爲，因父親他們兄弟四人，除大伯過繼給別的家門外，其餘三兄弟由大至小挨著彙報。在我老家的風俗中，這一關是十分難過的，這是娘舅家的人，最後一次教訓不孝子孫的機會。對於這樣的機會，一般人是不願意放過的。剛直不阿的老輩，借此教育後輩，如果不行孝，老人身後就叫你跪著不起。

在過去的鄉俗民風中，犯事跪著是一種奇恥大辱。跪著的膝蓋和受辱的心同時疼痛，身心受到雙重打擊，這是正派人不願意承受的。何況，這樣的教訓中，很難說不夾雜報復的成分，把孝子中先前做人太驕橫、說話不恭敬、或者乾脆得罪了娘舅人的小子，拉出來單獨點名，狠狠批駁，類似於中國十年文革中開批鬥會的味道。有的人經受如此折磨，如大病一場。那些無事說事找碴兒的也大有人在，耍威風是大多凡夫俗子的共同習氣，這種機會豈能放過？於是，這個儀式時間顯得特別長。

儘管小小年紀的我，並不能完全理解大人們的行爲，但祖母去世了，這是真的，從此以後，這個生命中給了我許多關懷的親人，再也見不到了。我的心情依然悲傷。我的膝蓋雖然十分痛了，但我依然堅持著。我想，如果連這點疼痛都不能克服，那還算對得起死去的祖母嗎？可是，當我擦拭眼淚時，無意間向旁邊的姑姑看了一眼，令我大爲震驚，姑姑竟然用一隻手抓來身後的稻草，向膝蓋下墊。

在我的家鄉，亡人的女兒，被稱爲孝女，孝女與兒子戴孝不同。男性兒孫只需在頭上披上至腳跟的七尺白布即可，稱爲孝帽。而孝女則需穿全身的孝衫，孝衫是用手工織的白色老粗布做的。孝男孝女的分工也不同，孝男負責接待客人，做力氣活；孝女的責任是每有悼念的人來，孝女就得用哭聲去迎接。每晚的八九點鐘，有一段時間專門哭喪，這個儀式是由孝女承擔的。所以，孝女在我的意識裏，是絕對的孝女，她們的哭喪，不會摻雜半點假。何況是孝女的母親死了，母親對女兒而言，是骨肉相連的。母親的去世，使女兒失去了一面天，那是天塌地陷的感覺。而姑姑的行動，無疑是怕痛了，爲母親治喪還怕痛嗎?!一顆少年單純的心無比脆弱，無法接受哪怕是一絲半點的負面擊打。聯想起報喪時，可能因爲時間過長的原因，大人們只有聲音沒有淚的假哭情形，我的心裏泛起一股無法言說的悲涼。

在隨後祖母娘家人的繼續點撥中，我的悲痛減少了，突然覺得人們對死者的悼念未必全是出於內心的真情，以我當時的思維是不能完全理解大人們的行爲的。

多年後，我讀《地藏王菩薩本願經》，看到佛陀：「父子至親，歧路各別，縱然相逢，無肯代受。」的教言，才知道生者對死者的任何隆重的追悼，實際上更多的是做給活人看的。對於死者而言，只有善惡業力相隨。《無量壽經》云：「人在愛欲之中，獨生獨死，獨來獨往。」索達吉堪布說：「當我們臨終彌留之際，縱然有眾多的親人圍繞於身邊，但命終氣絕四大分離之痛苦，卻只能自己一人去忍受。」我終於明白，一個人的生死體驗，只有他自己感受。對世人而言，一個人的去世，只是為許多與亡者有關係的人，提供了一次表達感情、重樹聲譽、分配利益的機會。於是，有了難以接受的尋死覓活；有了終於盼到的報仇雪恨；有了寸步不讓的遺產之爭。

四

三叔是在上個世紀九十年代一個正月裏去世的，我剛好從青島回家看父母，所以就趕上了三叔的喪事。

三叔與我，在我和幾個伯、叔之間，感情是最深的。實際我們見面並不多，在我童年少年時代，他在漢中的航運隊工作，偶爾他晚間在航運途中休息，貨船停在挨近家門的河段，他下船回家看祖母，我在這時才能見到他。儘管見面不多，但他每次見面，總能給我帶點吃的，再者航運隊是國家的單位。在貧窮的年代裏，吃國家飯是一件榮耀的事，不管這碗飯是怎麼吃的，外人總會說：那人是吃公家飯的。因我有一個工作著的三叔，所以很有幾分自豪。

實際上，三叔的工作，是順著漢江運輸貨物。那時漢江裏還沒有裝機器的船隻，裝滿貨物的木船，順水而行還好說，逆水而行時，船的前行，全靠岸上的縴夫拉著走。他們將各自的拉繩牽在長長的連接著船頭的粗繩上，弓著腰，用盡全身力氣，一步一聲號子，艱難的前進。我三叔在很長的時間裏，就是一名縴夫。幹的是賣力氣的活，吃的是粗茶淡飯，而且常常因為趕路的原因，吃飯不按時，冷熱不在意，由此落下了嚴重的胃病。可在外人眼裏，他是一個工作人。在我的眼裏，更是一種希望的象徵，他為一個少年的未來提供了一個方向。因而，即使長大了，為所謂的理想和生存四處奔波的時候，二十多年裏只見過兩三次面的三叔的形象，依然在我的腦子裏清晰和親切。

我曾給三叔許過願，讓他抽時間到青島走走。我的父親也曾向三叔發出過正式邀請，說弟兄倆到青島住住，享享清福。在幾個弟兄中，父親與三叔關係最密切，父親的邀請顯然是真誠的。對於我而言，希望三叔來，也是盡一點孝心，報答三叔對我兒時的關愛。

可是，這個邀請很久以來沒有實現，我的父親說過後沒有真正動過身，我也沒有真正的安排過。古人云：人到中年萬事休，然而，我的中年卻萬事纏身，只知道為看不見的未來打拼，卻不知道為當下的親人抽出哪怕有限的一點時間。永遠盼望那個可能無法實現的清閒的到來，再來兌現自己的承諾。父親自然看到了我的奔忙，從不在我的耳邊提起，似乎也在等著那個可能的空閒。日子就這樣一年又一年的流逝，等來的卻是三叔的去世。

所以，聽到三叔去世的消息，我大吃一驚。因三叔的家在臨縣城固的鄉下，與我老家洋縣鎮江村有五六十里地，兩邊各有一段不通車的路，所以當天無法到達。等到第二天，我與幾個兄弟一起趕去，三叔的遺體已經停放在中堂。我疾步上前，點燃一枝香，插在三叔腳下供香的盆子裏，在叩頭的那一瞬間，眼淚湧出了我的眼眶，我對三叔說：我來遲了。平靜一會後，我輕輕上前，揭開了蒙在三叔臉上的白紙，一個陌生的可怕的面孔出現在我的眼前。三叔最小的女兒講，因胃癌的折磨，三叔吃不下飯，他的身體瘦得只剩下一把皮包的骨頭。我看到的三叔的頭部，如一個骷髏套了一層鬆軟的皮，完全不是先前的模樣，我忍不住打了一個哆嗦。

我去見三嬸，我的老家叫三媽。三媽敘述了三叔去世前的情景，越發讓人揪心。臨終的三叔，被巨大的恐懼控制著，他睜大了失神的眼睛，驚恐萬狀的看著前面，像要躲避被凶神惡煞的索命，祈求眼前的女兒救命。他緊緊抓住小女兒的手，指甲摳進了女兒手背的肉裏。與三叔感情最深的小女兒，可以忍受肌肉的疼痛，但無法面對三叔的恐懼，那張因遭遇駭然變故而扭曲的臉，早已不是女兒熟悉的慈祥模樣，所有的表情都變得令人可怖。受到極度驚嚇的小女兒失魂落魄，企圖甩脫三叔的手，然而，三叔緊緊抓住女兒的手，如同生命危機時抓住了一根救命的稻草不放。父女倆在同樣的恐懼情境中難以超拔，生命在那一刻，遭遇了難以承受的重創。

三媽的哭訴令我心碎，但我只能想像卻無法承擔逝者的任何痛苦，就連安慰同胞妹妹失去父親的傷痛也感到無能爲力。三叔的遺體封棺的時候，小妹拼命哭喊著撲向前去，死死扒著棺材，不讓人們封棺，無奈的人們只好幾個人一起行動，抓住她的兩條胳膊，將她架出去，這才封住棺材。然而，對於亡者而言，活者的哭訴，對他已無任何意義。三叔被葬在離家不遠的地方，幾日前還平坦的莊稼地裏，突然添了一塊黃泥土堆，隨著時間的推移，它將變作一個荒塚。而三叔最後關於葬回老家祖墳的遺願，也因多種原因而永遠的無法實現了。當時，我的心境有些淒涼，想著生命的變故如此之簡單，實在枉然了活著時許多人的轟轟烈烈。

多年後，我讀寂天菩薩所造《入行論》：「魔使來執時，親朋有何益？唯福能救護，然我未曾修。」才知道三叔臨終所顯情景是多麼可怖。索達吉堪布廣釋說：「平常人死亡時，在他眼前會顯現極恐怖的中陰景象：眾多魔鬼使者顯出各種兇惡形象，如牛頭馬面之類，他們用繩索、鐵鏈等捆綁死者，用各種兵器逼押至中陰界。這在印度、漢地的佛教中，高僧大德們敘述中陰景象都大致相同，在世界上其他各種勸人行善背惡的教派中，此景象也有敘述。在此境界顯現時，死者極爲畏懼，縱有眾多親人圍繞，對他毫無用處，一點忙也幫不上。」而能救度的只有自己的業力和修行。

正是基於這樣的理解，我多次回家看望父母時，與年齡越來越大的父母交流，父母對佛法的虔誠感天動地，他們身體有病，卻常年不得清閒，參與修廟念佛，積德行善，他們爲自己做好了最好的死亡準備，無有任何痛苦的悄然離世。母親在小妹妹的懷裏說著話去世，平靜而安詳。父親八十五歲高齡離世時，似乎已經知道自己大限已至，掏出平時積攢的一千塊錢，給身旁的兩個妹妹做了交代，讓小妹妹將來代表他，爲五個還未結婚的孫子們表達心意，說完一切，未等我這個千里之外的兒子回家，就毫無牽掛地離開了人世（**對於父母的離世情景，我在《母子連心》《遙望父親》中有詳細的描述**）。

五

我十八歲離開故鄉，至今已經三十多年了，但當年送我參軍的場面猶如發生在昨天，令人感動的情景歷歷在目。大伯步行追趕我幾里路，將兩塊錢塞到了我的手裏。一九七四年的兩塊錢，是我老家一個強勞力幾乎一個月的收入。那是多大的一份厚禮啊！我的二姑夫騎著自行車，從他上班的那個水庫，趕到我必經的一〇八國道上的楊灣坡頭，送給我五塊錢。雖然他是一個工作人，但當年五塊錢可以買三十六斤大米，是定量只有廿四斤的城市居民一個半月的口糧。我永遠記住了這些厚愛，希望在以後的歲月裏盡情的報答。然而，生命在急促中喪失了機會，一切永遠變得遙不可及。

隨著時間的推移，那些比我年長的、與我生命有著千絲萬縷聯繫的親人，其中有許多人離開了人世，慢慢地，同輩中也有人去世，在經歷了一次又一次與親人、朋友生死告別後，生命的話題突然變得緊迫。自以爲年輕的我們，在飛逝的日子中一天天變老，生命對於我，已不是一種活著，而是必須解開的謎。

有人說人死如燈滅？胡適說：人生本沒有意義，所謂的意義，只是人們賦予它的。即便如此，當下活著的人，也被生活的重壓和無盡的煩惱折磨著。詰問生命成爲企圖認識生命真相者的必然話題。

生命對於普通人而言，真是一個謎。這謎的可怕之處在於謎底並非一次破解，而是像剝筍皮那樣，一層一層的剝。當你剝開一層，以爲那就是謎底時，實際離謎底相差何止十萬八千里。人生得意或失意時，都會覺得經歷了一次人生的體驗或昇華，遇到巨大的苦難挺過來的人，也許會說：我死過一次了，所以什麼都不怕了！但當他剛剛剝到那一層，堅信這就是謎底時，一次次茫然不期而至，人們不得不再一次迎接生命的體驗。一次次剝離的生命體驗，使人們的感覺由驚喜慢慢變作疲憊，進而麻木，再而恐懼，最終發現，生命的逝去離我們已經不遠，但那謎底似乎越發離我們遙遠了。這種感覺，在我經歷了無數次對親人告別之後，就愈發強烈。

我的一位朋友勸導一個失意企圖自殺者說：人生需要學會面對災難，因爲幸福來臨時，只需要享受，不需要準備，而災難卻需要我們應對，應對不當，我們的精神會被災難徹底擊垮，變得生不如死，死不能善終。佛教修行的全部內容，就是要我們學會面對災難，而死亡是生命的最大災難。一個人學會了面對死亡，就有了跨越一切的勇氣。不要說文字記載的那些歷史上可以自由把握生死的高僧大德，就在當代，又有多少修行有道的高人，給衆生示現了生命的自由。

我的第一個皈依上師吳老師，是一個在家的修行人，而且是離休後一門深入的。他以八十多歲的高齡圓寂時，走得自由自在，如同出門一樣，沒有任何牽掛與痛苦。因他屬一九四九年前參加革命的，享受高幹待遇，所以示疾時，單位要求住院治療，他在醫院裏隨順人們的安排，平靜而快樂，不讓任何人爲他擔憂。一日下午，他把子女老伴叫到身邊，說：「我要走了，爲了不給大家添麻煩，不要告訴外地的弟子，大家工作忙，大老遠跑來沒有意義。」他交代完後事，平靜地說：「你們出去吧，不要打擾，阿彌陀佛來了，我要走了。」說著，他擺了擺手，家人就退出去，輕輕關住了門。他不需要看護，也不需要陪床，更不需要醫護人員的搶救。上師圓寂後，師母對我說：「我回到家裏，一晚上不能入睡，凌晨三點多鐘，迷迷糊糊中，突然間，你老師坐在一個蓮花座上，也不向我打招呼，就向上飄去。我猛一下驚醒了。幾分鐘過後，醫院裏來電話，說你老師走了。」

而自佛陀以來，無數的高僧大德證得了宇宙人生的大智慧，爲我們示現了生死的自在。但他們窮其一生的修行，並不是爲了自己得安樂，他們的示現，在於教導我們，一切都是可能的，問題在於每一人自己的努力。

佛在《大方廣佛華嚴經》說：菩薩摩訶薩「雖於境界無所依住，而亦不捨一切所緣；雖善入剎那際，而爲利益一切眾生，現佛神通無有厭足；雖等入法界，而不得其邊；雖無所住、無有處所，而恆趣入一切智道，以變化力普入無量眾生眾中，具足莊嚴一切世界；」「雖普入一切世間，而離世間想；雖勤度一切眾生，而離眾生想；」「雖教化眾生，而知一切法畢竟性空；雖勤修大悲度脫眾生，而知眾生界無盡無散；雖了達法界常住不變，而以三輪調伏眾生恒不休息；雖常安住如來所住，而智慧清淨，心無怖畏，分別演說種種諸法，轉於法輪常不休息。」

佛門大德「不爲自己求安樂，但願眾生得離苦」的宏願，感召著我們這些無時以來的生死輪迴中的凡夫俗子，早一天認識生命的真諦，擺脫生命的迷茫和死亡的恐懼，趨入真理的大道。

第八章 大山如是

二〇一〇年春節前，師父益喜寧寶堪布到了青島，這是師父第二次來青島。這一年，師父翻譯法本、去東北傳法、到陝西我的老家考察鎮江寺、參加青海同德香赤寺老堪布宫秋仁青仁波切的圓寂法會……忙碌一年。爲了讓師父多休息幾天，我暫時沒有告訴居士們。可惜，這時我事多，除每天按師父的安排做功課外，很少有大塊的時間聆聽師父的開示。此時，博勝苑景區的發展也到了一個關鍵時刻。

景區的開發至二〇〇六年底，已建成了大部分景點，也完善了山林、土地承包的相關法律手續。此後，景點建設開始向縱深發展，其一，是啓動山下太平寺的恢復重建；其二，完成山上太平鐘的鑄造。這兩個景點建成後，山下太平寺，山上太平鐘，遙相呼應，加上兩個景點之間約一千兩百米的旅遊路線上十幾處看點，就形成了一個完整的觀賞區域。遊人從山下出發，拜過太平寺，隨一千五百級石臺階拾級而上，在觀賞了沿途景點後，再登上小珠山最高峰海拔七二四點九米的金剛頂，參訪十位金身菩薩的菩提洞，而後登上鐘樓，撞響太平鐘，向大地傳達一個旅者的祈禱與希望。

這一創意，得到了股東和當地政府的認可，於是緊急行動，力求第二年五一旅遊黃金周時，將新的面貌呈現在遊人面前。

太平寺始於唐代，多次毀壞多次重建，最近的一次恢復重建於清代光緒年間，毀於上個世紀六十年代的文革，遺址只有三面斷壁，和一棵近七百年的銀杏樹，遺址現存有三通石碑，明確記載了太平寺的歷史，上有「千年古刹」的記載。根據國家關於恢復寺廟等宗教場所的規定，有沒有歷史遺跡，文革前有沒有香火，是判斷能不能批准的重要條件。所以，修復太平寺是有政策依據的。據此，景區給專案所在地青島膠南市隱珠鎮辦事處打了報告，時隔不久，新上任不久的隱珠辦事處書記王本建給我打電話，說要到景區。我們相約，於第二天上午到了景區。

來到太平寺遺址，首先映入眼簾的是那棵近七百年的銀杏樹，三人手臂伸開才能合圍，足有五六十米粗，樹幹約一人高處，有一小銅牌，上載文物部門經過碳測定的具體年代。時已仲春，銀杏樹枝繁葉茂，在四周相對平坦的地面上，拔地而起，乍一見，使人不能不為之一震。加之同治、光緒年間留下的重建修復的石碑，一個少有的古刹遺址呈現在眼前。王本建書記當即表態，這是一處難得的歷史文物，又是市政府公佈的文物保護單位，隱珠辦事處全力支持修復。他說：「對於權屬，從性質上講，既然是市級文物保護單位，其所有權應該歸屬國家所有，但為了理順關係，可以由景區管理，政府與景區用合同的形式劃清各自的權利和責任。」他還說，為了支持這一文物的恢復，辦事處籌措五十萬元人民幣，負責大殿的修復，其他各項由景區按規劃自行建設。

因事先經過測算，包括周邊的整理，太平寺的恢復大約需要三百萬元。原則是不貪大，只求特色，以恢復原貌為目的。這也是符合國家有關文物修復修舊如舊的規定的。王本建明確表態，這件事辦事處由王培友副主任負責協調落實。

第二天上午八點，我隨同王培友主任到了膠南市文化文物局，局長胡敬斌已在辦公室等候。出乎我意料之外的是，從未謀面的胡局長，竟然立即起立，一口一個楊老師的喊著，說他已經到景區看過了，想不到膠南還有這麼一個文化底蘊深厚的景區，他說：「有事叫一聲，我去就是了，還讓你跑來。」

當我說明來意後，王培友主任簡短的彙報了辦事處的意見，胡局長立即說：「好事，立即辦！」看得出，胡局長的表態，也大大出乎王培友主任的意料。

言罷，胡局長立即給幾個業務科室打電話，幾分鐘時間，有關分管文物管理的業務負責人和專業人員就到了。胡局長簡單的介紹了一下參加會議的人員，簡短的說清了事情的緣由，又由王主任和我簡單的說了自己的想法，胡局長就要求在座的業務負責人和專業人員依據國家的政策和法規，發表對此事的意見。經過一個多小時的論證，要說的都說了。大家對太平寺的修復給予充分肯定，但在程序時間上提出了一些不同的看法。胡局長聽完了大家的意見，說：「既然政府拿不出更多的錢修復文物，民間的修復應該鼓勵。」他要求做好這次會議的記錄，以備後查。他說：「還需要做的工作，按分工各自落實。這次會議原則同意在原址恢復太平寺，立即下批覆文件。」

大家再無異議，會議就散了。胡局長說：「我十點多還要出去開一個會，中午就不能陪你吃飯了。」

我連忙致謝，說，不必了，對胡局長的支持已很感激了。

幾天後，膠南文化文物局關於同意太平寺修復的批覆就下發到了隱珠辦事處。不久，辦事處按照規定，將文化文物局的批覆意見發給了山林所有權擁有者崮上村和山林使用權擁有者博勝苑景區。

事情想不到辦得如此順利，我們當然高興。收到膠南文化局的批文的當天，我給老家漢中市廣電局的副局長黃建中打了電話，請他給漢中的著名古建築專家盧慧傑轉達了我的邀請，請盧慧傑先生幫助設計太平寺。盧慧傑很快回話，並在幾天後帶人到了青島，看了現場，二十多天後拿出了設計效果圖。

然而，隨後由當地政府主導的搬遷，卻遇到了麻煩。實際上，半年前就曾遇到了這個問題：為了景區便於封閉管理，徵得隱珠鎮（當時還沒有改為辦事處）政府同意，按照國家的賠償標準，將景區內的幾戶人家遷出，鎮政府派了幾個人組成的工作小組，任務到人，進戶做工作。最終，五戶人家只搬出一戶。其中有戶人家出乎意料的難辦，景區與辦事處經過商討，選了一個上午，辦事處分管旅遊的副書記孟憲平親自到現場做工作，結果被那戶人家帶人圍困了五六個小時，最後不了了之，景區最終沒有完全封閉得了。這次應吸取前車之鑒，王本建書記要求工作小組仔細工作，景區也放開思路，準備接受搬遷戶可能提出的條件。但是，通過上十人次的工作，搬遷戶的條件絲毫未鬆口。

太平寺，一度也稱太平庵，雖是佛教寺院，但在解放後的一段時間，卻住了一位道士，後因這位道士年老體弱，由一名村民照顧。道士去世後，庵旁道士住的兩間矮房，就歸這個村民所有了。本來半山一座被毀的破廟遺址旁，將要倒塌的兩間低矮的破房，已無多少價值，但博勝苑景區的開發，如同中國許多古老土地的開發一樣，使沉睡的黃土突然值錢了。看到前景的村民，立即對舊房進行了修繕，兩個老人離開山下三個兒子，住進了山裏，與毀掉的寺院遺址和一棵古老的銀杏樹為鄰。老人這樣的打算，肯定不是一個人的主意。前次動員他們搬遷時，連狗窩也按住房的面積估算在內了，加上房前屋後的樹木和山地，一共賠償十一萬元。這個數，對於崮上村的村民來說，是一個不小的數字，但對眼睛已經盯著幾公里外城市裏賠償標準的人來說，更大的誘惑在前頭。

工作組輪番派人做工作，答覆是他的三兒子提出的：可以搬遷，但得按膠南市舊村改造的賠償標準，在市區安排兩套八十平方米的商品房，每套房子按四十萬元計算，兩套八十萬元，不答應這個條件，堅決不搬！話已說絕了，沒有任何退路，工作組的人無奈地搖頭。對方的要求不能說沒有一點依據，但那是舊村改造商品房開發的賠償，對於旅遊景區開發來說，沒有這個先例。景區經過反覆考慮，企圖按個案辦理，以免因此影響景區的整體推進。但與政府交流意見時，出現問題了，博勝苑景區周邊還有其他專案，政府的政策必須是一致的。如果博勝苑如此賠償，其他專案必定引起連鎖反應。所以，它不是個案，是一個關乎一個地區整個開發的全局政策，不能有絲毫的閃失。如果這樣辦了，景區自身也有一個向其他搬遷戶交代的問題。

半年過去，毫無進展，股東們的耐心經受了最大考驗，因爲這已經不是第一次了。承包的萬畝山林裏，雖然已經交了四年承包費了，但仍有人家沒有交出山林；山下承包的土地裏雖然早已賠青了，但有人只領地錢拒領賠青款。規劃中的二道山門前，有人有意挖出一條路。似乎對這些層出不窮的遺留問題，在政策的範圍內，找不到村民可以接受的條件。當地政府似乎束手無措，景區也一片渺茫。似乎這不是博勝苑景區一家之痛，中國式的開發，始終沒有找到利益各方能夠合理接受的平衡點，這些年才會引發不斷的矛盾衝突。

太平寺的修復，只有擱置。

山頂的鐘樓已經建造完畢，而鑄造太平鐘的工程卻因直升飛機無法在此高度降落而遇到巨大困難。幾噸重的太平鐘，要用其他辦法搬運到七百多米的山頂，幾乎是不可能的。

開發的停滯，終於引發股東的焦慮，經過反覆斟酌，兩股東提出轉讓。這時，河南索凌電器的董事長焦大宏先生介入了。當時，索凌電器的發展也處在進一步擴大的機遇，而地處青島西海岸的博勝苑景區，如果有相應的資金支持，不能不說是一個相當有發展潛力的案子。經過兩次考察，大宏董事長準備參與。

當時，我受朋友委託，正在西安為臺灣畫家李善單先生舉辦畫展。布展的當天，大宏董事長從鄭州乘飛機到了西安，直奔陝西博物館畫展的布展現場。我們雖是第二次見面了，但認真交談還是第一次。時值十月，西安的天氣依然炎熱，令人窒息。我們臨時借陝西博物館的會客室一用。大宏董事長的個子超過了一米八，坐在沙發裏依然見其魁梧，但他說話聲音不高，語氣謙和。他對我說：「景區開發，你是老師，我是專門來聽你意見的。」

接著，他問了景區下一步開發的幾個問題。我就一直以來的想法，談了自己的思路。我說：「根據規劃，景區分三個旅遊區域，第一，把山下的五百多畝平地，建成以山門廣場為中心的第一遊覽區，主要以花卉觀賞、飲食服務、兒童樂園、品茶休閒、石刻藝術為內容的生活消費區域；第二，以太平寺為中心，以太平谷直至登頂菩提洞的沿途石刻佛教故事為內容，營造心靈之旅的第二個遊覽區域；再以登頂後整條山梁和未來的迴旋路為第三個自然景觀觀賞區域。三個遊覽區域，滿足不同遊客的需求。整個景區，以佛教文化為底蘊，建成一座海岸文化名山。」

他認真聽了我的闡述，並未表示意見，只說：「我知道了，這次來就是想和你聊聊。」然後拿出照相機，讓同行的朋友給我們兩個人照了個合影。他見我忙，就告辭了。後來我知道，他的此次之行，徵求意見只是一個目的，更重要的是想看看未來的合作者是不是一個好共事的人。這次西安見面，使他最終下了索凌電器公司參與此專案的決心。

大宏董事長是一個辦事十分認真的人。接受博勝苑景區半年有餘，仍不動手。他對我說：「博勝苑景區的規劃已過去幾年了，看能不能再找點新思路。」我想也是，如今什麼變化都快，說不定能找到更好的思路。這樣，除了我們在一起聊新的啓動方案外，他從北京、河南等地，請來了一批又一批專家，給景區會診，尋找新的突破口。山上的景點雖然已基本建成，但許多遊人懶得爬山。我開玩笑說：「七八年了，我終於明白，如今興貴族旅遊。」於是，我們也考慮了上索道的可能。

一輪又一輪的專家介入，一個又一個的思路出來了。雖然想法不少，但基本出不了原先規劃的框架，只是偏重的內容有所不同。一個最大膽的策劃是建議花兩千萬進行包裝，然後賣給外商。策劃人說：這是一個很有吸引力的專案，地方大、規模大，青島跨海大橋、隧道通車後，對寸土寸金的青島來說，上萬畝的山林、土地意味著什麼？說者激動，大宏董事長平淡地問：「賣不出去怎麼辦？」對方回答：「怎麼可能賣不出去。」大宏董事長又問：「為什麼一定就會賣出去？」對方回答：「就憑包裝。如果賣不出去，我包裝幹什麼？」對話到此為止，大宏董事長的介入並不是為了賣錢，何況是否能賣出去，策劃者並沒有給出一個令人信服的答案。

這期間，大宏董事長幾乎時隔一月、兩月就會到景區一次，有時從鄭州開車來，有時坐飛機來，在景區待的時間長短不一，但每次都上山，他說：「我必須把這個專案搞透。」每當這時，我會想起他一手創辦的索凌電器，一個普通的政府機關幹部下海，十多年間，建成銷售收入十幾個億、利潤幾千萬的企業不是一件容易的事，而且正處於發展的勢頭，正在向上市公司努力。成功者必有成功的理由。與一個事業成功者合作，會有一種必定成功的底氣。

幾經周折，大宏董事長最終下了啓動的決心。我實話實說：「我沒有那麼大的資金投入，開發只能靠你了！」為了表達我的誠意，我說：「為了盡可能不受干擾做好這個專案，如果你需要，我可以毫不猶豫的退出。」我不止一次表達了這一想法。因為在中國辦企業，還沒有形成合作的傳統，一般是合作者越少，事情就越容易做，所謂有限公司的掛名股東不在少數。說老實話，我並不是客氣，而是抱著隨緣的心態，如果能把這個案子建成，達到了當初的構思，就完成了當初的心願，這難道不是上好的結局嗎？但當我每次說起這件事，大宏董事長總是說：「你不能走，你走了我心裏沒底。」他的語氣真誠，沒有半點客套。我也只好接受他的美意，盡力協調與政府和當地各方關係。

在組織經營班子的過程中，我們多次與當地政府進行了溝通，儘管雙方感情融洽，交流暢通，但在思路上，時不時會出現一些分歧。企業是站在經營的角度考慮，儘量採取滾動發展的模式，以降低運營成本。所以，景區最終拿出的方案是，於二〇一一年青島跨海大橋和海底隧道通車前，再投入兩千至四千萬元，完成山下飲食、休閒服務項目的建設，並完善山上部分景點，也就是在未來兩年內，把博勝苑建成一個旅遊景點豐富，服務設施齊全，能自身良性營運的景區。然後進行山下舊村改造，打造旅遊度假村，並以此拉動景區所在崮上村的全面發展，形成企業、村民一起發展的道路。

從企業運行的角度講，此方案顯然是可行的。但當地政府有自己的思路，本建書記說：「那麼一大片山林，是當地的一塊不可再生的資源，政府希望有高起點的大作爲。我們要求你們這樣做，不僅爲了政績，更重要的是給這塊地方有個交代，對老百姓有個交代。」當然，我們理解政府的思路，但如果按政府的思路全面開發，舊村改造和度假村至少得三到五個億的資金投入，其經營效益顯然隱藏著巨大的風險。這種風險超過了專案的運行慣例。爲此，我們與政府進行了多次溝通。

在基本達成意向的情況下，景區積極進行經營人員的配備，準備於二〇〇九年七八月份開工。就在我們基本準備就緒後，突然接到本建書記的電話，說要請我們吃飯，順便再議議這個專案。到了飯桌上，我們見辦事處的主要領導都在，挺隆重的。然而，話語開口後，大大出乎我門的意料。本建書記說：「我是代表辦事處在談意見。知道你們要開工了，我們仍然覺得不妥，還是一個開發思路的問題。作為朋友，我們相處很好，但作為專案，我們希望不要這樣做。」幾句話，我們就聽出了音。飯局結束後，焦總對我說：「看來，他們找好人了。」我問：「你的態度是什麼？」他沉默良久，心情有些沉重的說：「在一個地方做專案，沒有當地政府的支持，是做不起來的，這是中國的國情。」我說：「是啊。」我們做了簡短的分析後，他希望我去見本建書記，弄明白政府的意頭，他說：「如果他們真的找到接受的下家了，我們就放棄。」

接受他的委託後，我給本建書記打了個電話，約好第二天一上班在辦事處見面。第二天，我如約到了本建書記的辦公室，說了焦總的意思，本建書記沒有繞彎，直接說：「前不久，在一個飯桌吃飯時，說到這個專案，拿魯灣的老總張鵬江有興趣，他的想法與我們的想法一致，山上山下同時開發。這是一個機會，他是當地人，又有實力，他來做，我們政府也有信心。你給焦總說說，放棄對他來說，未必不是好事。這樣的專案，與當地老百姓打交道，不是一件容易的事。何況，以他的思路開發，一旦經營不能進入良性循環，怎麼辦？」同時，本建書記對我說，「你的股份就不要轉讓了，老張表態了，說他對旅遊不懂，山上還得靠你。景區是你幹起來的，你在，我們也放心。」

本建書記的話已說得很明白了。當天下午我就將本建書記的原話告訴了焦總。焦總聽了，平靜地說：「那就聽他們的吧！」對於我的去留，他說：「你留下是對的，景區有你的心血和汗水，有你的寄託。從景區發展來說，留下你也是應該的。」我說：「從中國人搞企業的慣例講，我應該離開。這件事我再考慮考慮。」他交代我：「你就全權代表我談吧，需要我簽字的時候我再來。」我說：「轉讓股份是大事，你親自和人家見見好。」焦總說：「事已至此，還有什麼可談的，無非是價錢，你談就行了。」

時已臨近春節，天氣很冷，事情也多，焦總打好了股份的報價意見之後，於第二天乘飛機回鄭州了。對於這樣的談判，我並不擅長，但我還是拿了焦總的意見去辦事處和本建書記見面。本建書記看了焦總的意見，說：「我們只是牽線人，具體轉讓得你們雙方談。」說著，就打電話叫來了拿魯灣的老總張鵬江先生。

我和張總本來就熟，過去打過幾次交道，他心直口快，是一個不繞彎子的人。見面後，張總沒有開場白，只問：「多少錢賣？」我把焦總的意見遞給了他，他認真看了幾分鐘，立即表態。大概提前他已通過辦事處，大致瞭解了景區的資產情況，他說：「過年了，打七折。」我一聽笑了，我說：「張總，你一句話近千萬的資產就沒有了，總得有個說法。」張總也笑著說：「沒有說法，過年了，什麼都打折。」

我想，也許張總的報價早就心中有數，所謂的打七折只是一個說法而已。於是我說：「我只能把你的意見轉告焦總。但這個價格與焦總的報價差距太大。」本建書記插話說：「下去雙方再想想。」他強調，「政府的態度是對雙方公平，對焦總而言，投進去的一定保證他不受損失，還可以有適當回報。但山林土地的資源增值就不要太考慮了。」第一次談判就這樣結束了。

至此，我也得慎重考慮我的去留了。

師父見我每日匆忙，很少見面，即使見了，吃頓飯或說句話，又匆匆離開。師父也不多問，只偶爾說一句：「夠忙的，注意休息。」關鍵時刻決策，我得馬上去見師父。

冬日的青島，海岸少了夏日的風景，礁石似乎變得沉重，散亂的雜草和傲然屹立的樹木，使大地也顯出冬日的堅硬。雖然浪花依然不停地撲向岸邊，海面卻增加了沉穩的厚度。

雖然面臨一個重要的抉擇，我的心境卻沒有多少波動。進了師父的住處，我詳細說了景區的情況。師父聽了我的敘述，沒有說什麼，先問我：「你有什麼想法？」我說：「從一切智園到博勝苑，我做了快十個年頭了，每一個臺階、每一個石刻，包括山上的一草一木我都有難捨的感情，但做下去，實在需要太多的時間，我不知道我有沒有能力和耐心陪下去。」

師父又問我想要什麼，我說：「當然是修行。我已過了知天命之年，過去的歲月對我而言，已經太累了。」

師父聽了我的話，開示：「你想明白了就好。你做過許多大事，這些事當然是有意義的。但對你來說，現在什麼是最重要的？繼續做下去，可能賺更多的錢，還可以把事業做得更大，但這是以失去的時間爲代價的。你要想清楚。」

我說：「景區是一個可以大力發展的案子，完全實現自己當初的創意也是我的一個心願。」

師父說：「什麼叫有見地的人，知道什麼時候退才是考驗一個人智慧的時候。世間最難辦到的事就是全身而退這件事。」師父又說：「我們許多人，被自己的欲望牽著走，不知道功成身退，大了還想大，好了還想好。這叫身受役使，自己做了事情的奴隸，卻全然不知。」師父看著我說：「你該做的已經做完了，剩下的讓別人做，愚公移山，也不是愚公一個人幹的。」

師父的開示堅定了我的信心，我對師父說：「我知道該怎麼做了。」

從師父那裏出來，我立即將張總的意見電話告知焦總，並明確地說：「我想好了，也撤出來。」焦總還勸我，說：「如果我幹，一定不能讓你撤出來，這是爲了景區好。」我的決心一下，不可能改變了，於是，我對焦總說：「接著該怎麼進行？」他聽了說：「還是你去談，帶去我的意見，並不是我們非要轉出去，你要我轉讓，按理說，應該包括一定的預期收益在內。我沒有算，就已經做了很大的讓步了。」我說：「我同意你的說法，但我的感覺是，張總和政府的恐怕很難再有讓步了。」焦總說：「能爭取多些就多一些。」我說：「他們如果不讓步怎麼辦？」焦總說：「不讓步，就那樣。事已至此，再拖下去沒什麼意思。」

作爲朋友和合作夥伴，焦總把自己的意圖說得十分明瞭了，我只好受託再去和受讓方溝通。在與張總見面前，我先去辦事處見了本建書記，將我的想法告訴了他。我說：「十分感謝你和辦事處這些年來對我的信任和支持，案子至此，還是由張總不受干擾的自己去做更好些，我也沒有足夠的資金和精力繼續做下去。」

本建書記見我下了決心，也就不再說什麼，他打電話叫來了辦事處分管旅遊的副主任王培友，並約了張總。於是我們直接到了張總的辦公室。與張總見面後，我明確的講了焦總的意思，又說了我也退出的決定。張總問：「你什麼價格轉讓？」我說：「同等價格的條件下你看著辦。」張總見我沒有提出什麼額外的條件，就將話題轉到了焦總提出的意見上，他說：「本來是要審計和評估的，快過年了。一切都免了，乾脆利索，就這樣。」我笑著說：「就是自由市場買菜，講價也得給個面子，上萬畝的大景區，我說了這麼多，你一口咬定，一點面子也不給？」他也笑著說：「好吧，那就再加一百萬。」我說：「爲什麼加一百萬，而不是二百萬或五百萬？」他說：「你說要加，就加一百萬，沒有別的理由。」我們又經過幾番對話，張總說這是最後的價格了。我看實在無迴旋的餘地，就說：「我轉告焦總。」

出門，我將商談的結果電話告知了焦總，他聽了說：「就這樣吧，他們擬好了轉讓合同我去簽字。」

當我把焦總的意見轉告張總後，雙方律師通過傳真進行了幾次溝通，定下了轉讓合同的最終文本，焦總乘飛機到達青島，雙方見面後，未作多餘的交流，直接在合同上簽字，我也同時辦了轉讓手續。簽字手續完成後，焦總突然對周圍的人說：「你知道我這個時候是什麼心情嗎？」

眾人無語，焦總說：「我們就像賣掉了孩子。」

眾人依然無語，但我的心中一驚，平時很少話語的焦總真的動感情了。他介入這個專案雖然只有一年多時間，但他的腳步已到達了景區任何一個可能到達的地方，對於一個五十多歲的人而言，如果不是全身心的投入，是不會用消耗體力的笨拙方法去反覆打量一座高山的。

當時，我似乎並無多少感觸，當我提筆在轉讓合同上簽字的瞬間，一切顯得那麼平常，似乎眼前的文字所承載的內容，與我沒有任何關聯，那座與我經歷了三千多個日日夜夜的山，原本就與我毫不相識。

簽完字，根據雙方商定，爲了保持景區穩定，避免有可能引發村民誤解，更換股東的事暫時不向外公佈，景區暫時由我負責管理。當即，我和焦總開車到了景區，就安全、防火等工作提出了要求。安排妥當後，準備上車離開時，我突然觸景生情，景區熟悉的一切，瞬間變得模糊不清，內心的失落無以描述。那座無比熟悉的大山的身影，十年來無數次在眼前晃動，每一次都會使我產生堅實的感覺；即使在受到資金、搬遷等諸多因素造成的最艱難的日子裏，只要走進山裏，就會在一草一木之間，一沙一石之上找到安慰。然而從此刻起，那座山真的和我沒有任何關係了嗎？十年一夢歸人世，醒來不再費思量。爲了掩飾我的情緒，我只向出來送行的職工搖了搖手，沒有說話。我開著車上了海濱大道，車速飛快，左側的小珠山已模糊一片，我的心境也處於混沌狀態，一路無話。到了焦總住的地方，下車時，我不知道是在勸慰焦總，還是在安慰自己，我說：「一切隨緣吧！」

然而，當我見到師父時，突然有了一種從沒有過的解脫，那些十年來的欲求、願望、壓力、煩惱、恩怨、矛盾、興奮、失落、辛苦、汗水……一切的一切，突然間統統消失了，從此後可以一身輕鬆，還自己一個自由。吃飯的空檔，我對師父說：「辦妥了，已經簽字了。」師父說：「這就好。我一直在祈請諸佛菩薩加持，願你辦得順利。」我說：「師父，我知道。謝謝師父的慈悲。」說這句話時，淚水在眼眶裏轉。

近來，我一到師父的住處，常常看到師父持咒加持，我是明確感覺到了的。我的感動，來之於對上師的感恩，無始以來的傳承上師，他們爲了讓眾生迷途知返，隨機緣而度化，不放棄任何一個可能。他們無時不在讓我們從生死輪迴中覺醒，往往在我們執迷昏聵最需要救度的關鍵關口，上師總會適時出現，給我們助緣，給我們信心，給我們智慧，最終使我們擺脫心魔的折磨，選擇光明人生的大道。

隨著時間的推移，一切歸於平靜。

第九章　圓滿無上

一

第一次見到師父益喜寧寶堪布，他的眼光給我留下了難以磨滅的印象。此後，在很長的時間裏，每當我聆聽師父的開示，或與師父進行交流，師父的眼光總給我以無法言說的震撼。長久以來，我無法準確描述師父的眼光，更無法說出我的感覺。第一次聽到別人說出對師父眼光的感受，是我的一位朋友，他從政多年，與各類人士打交道，可以說閱盡人間滄桑。他第一次見過師父後，在一個場合與人聊天，說起師父，他說：「那是真正的高僧啊，看他的眼光，清澈如同一塵不染的井水，是透明的。」我聽了這句話，一驚，佩服朋友感覺的精到。然而，我仍然無法說清心中的感受。以致三個人在不同的場合說出同樣的感受時，我還是不能與這種感受吻合。我不知道是什麼原因，我承認朋友們的感覺是精準的，可我無法說服自己。我見師父的眼光，有一種隱約無法躲藏的犀利，令人難以置信。即使他談笑風生，你仍然能感覺到他眼光的深邃。

直到有一天，我再讀索甲仁波切所著《西藏生死書》時，看到了那張過去疏忽了的蓮花生大士的塑像照片，照片上那尊「如我一般」的蓮花生大士塑像，造於八世紀，據說蓮花生大士在西藏桑耶寺看到這尊像時，說「如我一般」，給以加持，並稱「現在它和我一樣」。這尊蓮士塑像的眼睛，大而明亮，雖然是一張黑白照片，但那雙眼睛依然光彩照人，如朗朗天空，具有無比的攝受力。突然之間，我感到蓮士眼光的犀利中，那具有不可抗拒的震撼力。我久久的凝望，猛然間覺得他那深邃的目光似曾相識，那個我在不同的地域和不同的機緣見過無數次的形象，此刻充滿了慈悲，他那本來嚴肅的表情，忽然變得親切起來，進而溢滿了笑意。我努力回憶曾經到過的桑耶寺的細節，尋找當時留影時的每一個片段。

我曾在大殿磕了幾十個大頭，那尊塑像就在我的上方，但我毫無印象。此刻看著眼前的塑像照片，一種神聖的激動驟然而生，幾乎在落淚的同時，我的眼前浮出了師父的笑臉，也就在那一霎那，我明白了師父眼光的內涵。我明白了那個一直以來讓我驚恍的眼神的真正力量所在。這眼光來自證道高僧的無邊慈悲，來自心靈深處無所不包的自性光明。於是，我急忙打開電腦搜索，終於搜到了這尊塑像的相對清晰的圖片，我立即下載，開車去照相館，對工作人員說：「能放多大就多大。」他們經過調試，洗出一張十二寸大小的照片，我又去字畫裝裱店配了鏡框，終於心滿意足。當我將這張照片放在家裏再一次仔細端詳的時候，終於發現，一條傳承如溪流般緩緩而來，瞬間變成了滔滔大江奔湧而去，過去和未來之間，連成了一望無邊的大海，在無垠的海面，閃爍著無量的明點，構成了一望無際的壯闊畫面。這壯闊最終與萬里藍天連成一片，將茫茫宇宙融爲一體。

二

從一九九七年八月算起，我皈依佛門已經十多年了，依止大恩根本上師寧寶堪布也已三年了，但想來時時慚愧，一切事務都是藉口，傳承上師們關於生活就是修行的教言，只在耳邊響起，卻沒有真正住進心裏，更不用說落實到行爲上。偶爾想起一位同道發給師父的簡訊，感慨萬千。他說：「人生無樂亦無奈，世事無常亦無聊。萬事轉頭空，千劫業尙存。營營名利薰染易，滾滾紅塵出離難。剃卻青絲意生髮，覓得上師心無家。遙望綠水慚愈深，面對青山臉更紅。」

這幾句感慨之言，是當下多少人的寫照。然而，時間一刻也不會停步，正如大德們的教言：從我們出生那天起，死亡何時離開過我們？生命的離去，並不以年齡的大小論資排輩，也不以權力的大小、財富的多少爲標準，死亡一次次撞上毫無準備的人們，使他們在驚恐中掉進茫茫無際的黑暗之中，不知去向。只要我們想想看看周圍那些不斷離去的人，我們就會明白人生時刻站在死亡的懸崖邊上，然而我們又能覺悟多少？

每當想起已經圓寂的第一個皈依上師吳老師，再想想依止的大恩根本上師寧寶師父，在慚愧之外又時不時多了些焦慮：依我輩如此懈怠，何時才能到達生命的彼岸？我又有什麼資格手握人生自由的鑰匙？也許師父在我依止他的第一天，就知道弟子內心的焦慮，我記得最清晰的一句話是：「只要你好好修，我會把從上師那裏學來的傳承全部傳給你的。」

我被這句話深深打動。我知道，師父是一位具有證量的非凡上師，他從不向人示現他的博學多才，也從不顯露哪怕一點點尊貴，他總是像一位因材施教的老師，不厭其煩的啓發學生的覺悟；像一位諄諄教育孩子的母親，把愛施予每一個細節；他給所有見過的人帶來快樂，絕不會引起他們一絲一毫的煩惱；他恆順眾生，帶給每一顆心靈以寧靜，哪怕只是短短的幾分鐘的對話，他也像撥開心靈迷霧的導師，儘量讓你輕鬆起來。即使對那些並不準備親近佛法，只是來湊熱鬧的人，他仍然以親人般的耐心，解答他們提出的任何一個問題；對於那些由於某種生活的傷害心懷哀怨的人，師父的悲憫與智慧無不化解他們的傷感與悲憤。

他是青海貴德人，一九六九年出生，一九九四年畢業於青海香赤寺佛學院，獲堪布學位。他的求法之路令人感佩。一九八四年在貴德縣河西鄉多勒蒼紅教寺，跟隨尊敬的善知識仁青學習五年。在那裏，他度過了人生中最重要的階段，他的上師是一位密咒師，密咒師並不像出家人在寺院，可以一心一意修學，而是一邊種地，一邊修行，萬般的家庭生活，需要如普通人家一樣處理。為了讓他專心修學，上師經常把需要幹的農活，安排給自己的兒子，絕不輕易擠佔弟子的時間。師父說起這段經歷時，對我說：「上師把我看得比兒子還重要。」正是這段難得的修學，奠定了一個修行者的基礎。

一九八九年他考入青海香赤寺佛學院。位於青海高原同德縣的香赤寺，是由一代虹身大成就者才旺仁曾活佛生前創建的，毀於文革，後由活佛的心子官秋仁青大堪布於上個世紀八十年代初重建，那裏有寧提法脈的清淨傳承，有官秋仁青大堪布和才旺活佛諸多大德的心傳口授。五年的修學中，他聞思了大量的佛教經典和大論，融通了佛法經義的精髓。佛學院畢業後，為了獲得實修的真正竅訣和證量，他於一九九五年起，跟隨莫合多上師仁增久美大瑜伽士修學六年。完整修滿了六加行，並敬受了大圓滿徹卻與妥嘎的指點，在上師的恩賜下，修學了智慧上師等更多的竅訣。二〇〇〇年，再次回到無比教恩者官秋仁青至尊足下，敬受了他老人家密傳竅訣系統。然後又來到了康區阿宗寺第二世阿宗朱巴活佛身邊，在上師智慧與慈悲的光耀下，敬受了氣脈方面的傳承與系統修習方法，獲得上師大圓滿徹卻法的密要。隨後，又拜見了玉樹州的瑪爾巴轉世瑜伽者秋英多傑上師，並獲得了徹卻見地上的印證。二〇〇六年起，在陝西終南山嘛呢悉地茅棚長期閉關實修，同時，在東北、鄭州、青島等地傳法。

每當我想起上師的慈悲和求法的經歷，我總是熱淚盈眶，不能自制。師父承接了大乘佛法藏傳佛教薩迦派、格魯派、噶舉派、寧瑪派等多種法脈傳承，只要求得一種傳承，一門深入，開悟證果，就能獲得今生的解脫。可是，我們福報太淺，即使遇到如此殊勝的傳承，也不能如理如法的精進修行，今生的解脫似乎離我十分遙遠。雖然有堅定的信心，懈怠與自我原諒卻如影相隨，更像一位甜蜜有加的僕人，時時把自己伺候的舒適自在，稍不留神，就錯過了一個又一個大好時光。與朋友的一次聚會，一部好看的電視連續劇，網上熱鬧的新聞，無一不在蠶食生命的光陰。然而，許多時候我們渾然不知，或者明明知道，卻覺得那個生命的期限與我模糊，似乎是以十年二十年三十年甚至遙遙無期相知的。猛然意識時，加緊幾日，過後又懈怠了。每當這種茫然中，無不感到師父的慈悲與厚愛，總能在關鍵時刻警示與提醒弟子。

一次在終南山，師父對我說：「慢慢習慣，可在山裏來多住些時日！」那時我放不下手中所謂的事，師父說：「你做的事固然大，但與今生的修行哪個大呢？你已經不是二十、三十歲的人了！」當我終於處理妥當手中的事，師父看著我輕鬆的樣子，說：「為師的放心了！」當我疏於把握自己時，師父發來簡訊：「修行就是要與累世的習氣告別，能做到一事一時當下明瞭，就有了進步。」當我一時不能合理安排自己的時間時，師父發來簡訊：「任何修行教言，都無非告訴人們，人本身的處境與所思所行，如何使之變為快樂之善行，乃至解脫。只要懂得了這一點，生活本身就是修行。」每當我有細微的長進，師父就會給予鼓勵，師父常常說：「要注意保護善根，別人的，也包括自己的。」二〇一一年春節過後，他離開青島，發來簡訊說：「不虛此行，凡聖皆喜，為師如願，施主有功，所有意樂，如理如法，續佛慧命，利樂圓滿，一切善根，迴向佛道。扎西良緣，得勒千秋！」

師父用心良苦，不放過任何一個機緣，時而提醒，時而解惑，時而教導，時而鼓勵。然而，許多時候，我仍然把握不定，心生焦慮。依據大圓滿前行的要求，要完成暇滿難得、壽命無常、輪迴過患、因果不虛外前行。然後還有五內加行：皈依、發心、金剛薩埵除障法、供修曼荼羅、上師瑜伽等修法。這些加行是一切修法的基礎。然而，前加行中，除我磕長頭超過十萬外，其他要念誦幾十萬遍的內容中，也只有一些咒語念夠了數，以此速度，何日才能修完加行？想想米拉日巴大師在山中苦修幾十年，方可得法，我輩愚夫，何日得救？師父明白弟子的心思，說：「你做過那麼多的世間事，產生了強烈的出離心，這在修行的三主要道中是很重要的。米拉日巴大師的上師馬爾巴囑咐弟子，末法時代，不能再用他對待米拉日巴大師的方法教導弟子。」師父告訴我：「不用急，按師父的安排修，一切都會瓜熟蒂落。」透過師父如母般的關懷和如父般的教言，使我領受到了諸佛菩薩的大慈大悲。

三

一日晚飯後，師父叫我和寧夏來的光照師父、廈門來的卓瑪三人到一起，師父說今晚傳法。這個夜晚，是一個平常的夜晚，由於師父冬天在青島精修，弟子們常常從四面八方三三兩兩來親近師父，師父會抽一些時間給我們開示，有時是正式的，有時則是一句話引起，不管專門傳法，還是三言兩句，弟子們總有不小的收穫。之後，我們就在師父的引領下，誦念《普賢行願品》，這是每晚的功課。今晚當然理應如此，我們並沒有感到這是一個特殊的夜晚，對我們而言，將是一個永生難忘的夜晚，這個夜晚足以使我們的生命品質發生難以估量的變化。然而，在師父說出那個一直以來我以為神秘得如同深山寶藏的竅訣前，我仍然以為這是一個普通的夜晚，我們會在師父清晰透明的開示中，領略佛法的妙音。

冬天的夜幕降得早，青島冬天的夜幕降得更早。晚上七點，天已經黑靜了，海邊晴天的夜空，應該沒有一絲雲彩，高深夜空的深邃，與遠際大海的平面連為一體，海天變得灰濛濛一片，遠不同於白天的湛藍，一輪圓月抑或半月掛在天空，遠離了天頂的黏連，如同一塊巨大的水晶球懸吊在半空，使人懷疑會有掉下來的那一刻，這就越加顯出天空的高遠和神秘。這使我常常想起高僧大德對於大圓滿正法的描述，然而，冬天青島的屋外，氣溫是生冷的，我們只能借助想像的空間去揣摩它的詩意。因而，我只是在拉住窗簾的瞬間，看了一眼屋外的晴空。

屋子裏流動著溫暖，佛堂裏映照著一絲不易覺察的平和，一切顯得平常，似乎原本就這樣。師父坐在朝北一邊，我們則依次跪在師父的前面，請過法後，師父說出了那個大圓滿竅訣，並當場做了仔細的指導。我無法形容那一刻自己的感受，我只能說，那個一直以來我們感到無比神秘的自性，也就是佛性，它從來就沒有離開過我們，它與我們每一個人一刻也沒有分離。我們所謂的彼岸實際就在此岸，我們原本就在船上，我們卻在一刻不停地尋找渡河的船。它原本即是人人可以到達的境界，卻被無數的人當作迷信膜拜；它本來是人生的至真意義，卻被當作一門學問研究。

我僅僅是一個站在佛門前毫無證量的凡夫，我無法也不能描述幾乎所有人見到那一刻的壯觀，我只好借助於歷代大德的筆觸，領略這一竅訣所帶來的尋常的卻又不可思議的境界。索甲仁波切記述（中國社會科學出版社、青海人民出版社一九九九年六月版）：紐舒龍德是近代最偉大的大圓滿傳承上師，他曾經親近他的老師貝珠仁波切達十八年之久，有一個特殊的夜晚，貝珠仁波切終於傳法給他，當時他們在大圓滿寺（佐欽寺）上方閉關房。夜色很美，蔚藍色的天空萬里無雲，繁星點點交相生輝。萬籟俱寂，偶爾從山腳下的寺院裏傳來狗吠聲，劃破天際。

貝珠仁波切仰臥在地上，正在修一種特殊的大圓滿法，他把紐舒龍德叫來：「你說過你不懂心要嗎？」

紐舒龍德從聲音中猜測這是一個特別的時刻，期望地點點頭。

「實際上沒有什麼好知道的。」貝珠仁波切淡淡地說，又加了一句：「我的孩子，你過來躺在這裏。」紐舒龍德挨著他躺下。

於是，貝珠仁波切問他：「你看到天上的星星嗎？」

「看到。」

「你聽到佐欽寺的狗叫聲嗎？」

「聽到。」

「你聽到我正在向你講什麼嗎？」

「聽到。」

「大圓滿就是如這樣，如此而已。」

紐舒龍德告訴我們當時發生的事：「就在那一刻，我心裏篤定地開悟了。我已經從『它是』和『它不是』的枷鎖中解脫出來。我體悟到本初的智慧，空性和本有的純然統一。我被他的加持引到這個體悟中來，正如印度偉大的上師撒惹哈所說：上師的話已進入他的心間，他看到真理如同觀手中的寶珠。」

這段精彩的描述，在貝珠仁波切所著《普賢上師言教》一書（西藏人民出版社二〇〇六年一月版，「貝珠」譯為「巴珠」）中，有同樣的描述。那麼，紐舒龍德「見」到了什麼？這個「見」到底像什麼？以及本覺直接顯現時的感覺是什麼？索甲仁波切在《西藏生死書》中說：縱使一切文字和概念名詞都無法真正描述它。敦珠仁波切說：「當年就像脫掉你的頭蓋一般，多麼無邊無際和輕鬆自在啊！這是至高無上的見：見到從前所未見。」索甲仁波切說：「當你『見到從前所未見』時，一切都開放、舒展，變得清爽、清晰、活潑、新奇、鮮明。這就好像你心中的屋頂飛掉了，或一群鳥突然從黑暗的巢中飛走。一切限制都融化還消失了，就好像西藏人所說的，封蓋被打開了。」

索甲仁波切說：「想像你住在世界第一高峰的屋子裏，突然間，擋住你視線的整棟房屋倒塌了，你可以看到裏裏外外的一切。但都沒有什麼『東西』可以看到；當時發生的，不能夠用任何平常的經驗來比喻；它是全然、完整、前所未有、完美無缺的看見。」

貝珠仁波切解釋說：「心性、本覺的面貌只有在概念融化的時候，才能傳達介紹。」索甲仁波切說：「在介紹的時刻，上師把概念徹底切除，完全顯出赤裸裸的本覺，清楚地呈現它的本性。」「在那個震撼有力的時刻，師徒的心融合在一起，學生就確切地經驗到或瞥見本覺。就在那個當下，上師介紹了心性，學生也認證了本覺。當上師把他的本覺的智慧的加持導向學生本覺的心時，上師就把心性的本來面目直接顯現給學生。」

到此爲止，大德上師們已用最可能的語言，描述了「見」的境界，儘管它仍然不是「見」的經驗本質，但讀這樣的文字，仍然能感受到不可替代的震撼力，他無疑是對弟子們更精準的體驗「見」的巨大加持力。即便如此，索甲仁波切仍然在描述之前，對「見」做了完美的習慣意義上的表述。他解釋道：「『見』無非是看見事物如是的實際狀態；它就是了解真實心性就是萬事萬物的真實本質；它就是領悟心的真實即絕對真理。敦珠仁波切說，『見』就是對赤裸裸的覺醒的認識，它包含一切事物：感官的認知（能）和現象的存在（所）、輪迴和涅槃。這種覺察有兩個層面：絕對層面的空和相對層面的境相和覺受。」

索甲仁波切說：「這句話的意思是說：在廣大無邊的心性中，所有一切境相和一切現象，無論是輪迴的或涅槃的，永遠都是具足的，無一例外。不過，即使一切事物的本質都是空的，都是『自始都是清淨的』，但它的性質仍然富有高貴的品質，含藏各種可能性；換言之，它無邊無盡不斷在創新而當下圓滿。」

猶如盲人廢聚中，獲得稀有摩尼寶。

這個夜晚，對我而言，終生難忘；這一刻，對我而言，是生命的瞬間提升。

不知窗外是何年，不知長空滿月光。

四

師父在傳了大圓滿竅訣之後的幾天裏，細心地觀察弟子，他提醒我們說，當年他爲了獲得大圓滿竅訣，跟隨莫合多上師六年，完整修完了大圓滿加行，當上師將竅訣傳給他時，他三天三夜沒有睡著覺，他知道那個莊嚴的時刻就在當下。師父還說：「有一位師兄，離開莫合多上師時，上師送他一串念珠，那串佛珠，是上師念了一輩子的隨身寶物，當然稀有。那位師兄當即激動得無法言說。上師平靜地說，傳你大圓滿竅訣時也沒有見你這麼興奮。」

大圓滿的傳承上師們，無一不在強調這一竅訣必須由具足的上師口傳心授。通過對弟子修行的觀察，當上師覺得因緣成熟，要把心性的本來面目顯現給學生時，學生才足以接受。索甲仁波切說：「那麼，大圓滿法對我又有什麼殊勝的地方呢？一切教法都是導向覺悟的，大圓滿的殊勝是，即使在相對層面，它的語言也不會以概念去污染絕對的層面；它讓絕對的層面保留純真、有力、莊嚴的樸素，卻仍然能夠以如此生動、令人興奮的語氣，把絕對層面介紹給任何一個開放的心靈，因此，即使在開悟之前，我們都很有機會瞥見覺悟境界的光輝。」

當我們明白了這一竅訣如同摩尼寶般的稀有的時候，我們才會去珍惜它。

此後，有許多不懂的經文，以大圓滿竅訣去觀照的時候，當下明白了它的了義。二〇一一年元月十一日，我去長沙洗心禪寺拜見妙華師父，下午兩點，妙華法師做《達摩大師二入四行觀》的開示，當即收穫不小，不能說完全聽懂了妙華法師的開示，但許多過去難以明瞭的內容，忽然間變得簡單起來，終於理解了大師們關於直指心性的真正含義。這不能不說是無上殊勝的大圓滿竅訣的無比加持力。

回到青島，突然明白了師父的眼光所包含的內容，他的犀利，來自一位獲得證量的高僧內心的清淨。正如寺院裏護法神手中的利器，它們不是用來對付別人的，而是對治所有眾生心中煩惱的。所有的心魔都來自我們自己，外在的魔鬼只不過是凡夫不淨心的投射。

索甲仁波切說：「你可以把心性想成鏡子，具有五種不同的力量和智慧：它的開放性和廣闊性是『虛空藏智』，慈悲的起源；它鉅細靡遺反映一切的能力是『大圓鏡智』；它對任何印象均無偏見是『平等性智』；它有能力清晰明確地辨別各種現象是『妙觀察智』；它有潛能讓一切事物成就、圓滿、隨意呈現是『成所作智』。」一個毫無證量的凡夫，站在一面鏡子的面前，他的所有形象都會無一遺漏的映照在鏡子裏。一位證道高僧的眼光，如同清淨的自性光明，映照著凡夫的一切，當我們感到犀利的時候，說明我們心中不淨。只有當你證得自性圓明，內心清淨無染時，你的內心自然和上師相應了，你的自性光明也就與諸佛菩薩無二無別了。

這是大恩根本上師益喜寧寶堪布的眼光給我的啟示。

高僧大德們常把自性比作廣袤無邊、自始清淨的天空。而在這無垠的一塵不染的天空中，飄過哪怕一絲雲彩，它都會顯露無遺。然而，誰又能否定雲彩本來就是屬於天空的？自性光明的慈悲包容了一切來自生命本身的所有雲彩，不管這雲彩是什麼顏色。大圓滿的禪定，強有力的對治念頭的生起，索甲仁波切說：

「一切念頭的生起，都要觀照它們的真性與本覺並無分別，也不互相敵對；反之，要把念頭看成無非是心性的『自我光輝』、本覺能量的顯現。」

「在大圓滿法中，一切事物基本的、本具的性質成為地光明或母光明。它遍滿我們全部的經驗，因此也是我們心中生起的念頭和情緒的本性，雖然我們不認識它。當上師指導我們認識真正的心性，也就是本覺的狀態時，就好像給了我們一把萬能的鑰匙。這把鑰匙將為我們打開通往全體智慧之門，我們稱它為道光明或子光明。當然，地光明和道光明基本上是相同的，但為了說明和修習起見，只有如此的分類。一旦經過上師的傳授而握有道光明的鑰匙時，我們就可以隨意打開通往實相自性之門。在大圓滿法中，這種打開門稱為『地光明和道光明的匯合』，或『母光明和子光明的匯合』。另一種說法，當念頭或情緒產生時，道光明（本覺）立即認出它是誰，認出它的自性（地光明）。在那個認出的當下，兩種光結合在一起，念頭和情緒即獲解脫。在我們活著的時候，很重要的修行就是修行地光明和道光明的相結合，以及念頭和情緒的自我解脫，因為每一個人在死亡的剎那，地光明會大放光明，如果你已經學會如何認識它的話，就是完全解脫的機會。」

當我請師父寧寶堪布就這個話題開示時，師父肯定地告訴我：「當你掌握了自性光明（地光明），在死亡發生時，將自性光明融入法界光明，如一滴水融入大海，這就是解脫的時候。」索甲仁波切說「在死亡那一刻，凡夫心和愚昧都跟著死亡，而且在這個空隙之間像天空一樣無邊無際的心性，剎那間顯現無遺。這個根本的心性，是生與死的背景，正如天空擁抱宇宙一般。」正如師父寧寶堪布所譯《祈請傳承上師》所言：「立斷頓超究竟力，解脫如子歸母懷，極密光明勝乘頂，不於外覓本來面。」

由此，我們看到了一切證悟者無量慈悲的根本淵源。

第二部　德行四海

相逢相問有何緣，
高行如來一寶錢。
執手抱身心月淨，
吻唇唼舌戒珠圓。
人非人語皆隨現，
天與天形應不偏。
三德已明貪欲際，
酒樓花洞醉神仙。

倉央嘉措的無量慈悲一直跟隨著我們，
正如藏傳佛教高僧的開示：
「六世達賴以世間法讓俗人看到了出世法中廣大的精神世界，
他的詩歌和歌曲淨化了一代又一代人的心靈。
他用最真誠的慈悲讓俗人感受到了佛法並不是高不可及，
他的特立獨行讓我們領受到了真正的教益！」

第十章　無聲天幕

一

到拉薩，一定要去瑪姬阿米，這是出發前就有的心念。那個流傳了三百年的故事，使人覺得隨時觸手可摸，似乎，她的目光一直溫暖著眾多人的心，從誕生之日起就沒有變過。不管人們對這個故事做出何種解釋，甚至非議，都不能改變她蘊含的生命的鮮豔色彩，她像西藏的高度，離天最近。西藏因為誕生了六世達賴喇嘛倉央嘉措，挺拔的高原多了一份溫情，莊嚴的宗教多了世間的情懷。

我來得晚了。當我第一次聽到這個故事的時候，我還只是一個二十多歲的小夥子。那時，我在青海省軍區當兵，從西寧到拉薩，距離並不遠，然而，心靈的落差因時代的緣故而巨大。當三十年後我奔向她的時候，急切的心情是必然的。可惜的是，我們到達拉薩時已晚上九點多了，又有高原反應，加之坐了一天一夜的火車，相當疲乏，進了賓館的房間倒頭便睡。所以，第二天晚上，我們才去瑪姬阿米。

當天的安排也不輕鬆，上午去大昭寺，下午去布達拉宮，然後轉八角街，時間相當緊。那天早去的是朝聖的信徒，遊人被安排到十點之後。我們是隨著朝聖的人群進場的。在大昭寺大殿前，我立即被朝聖的場面感動了。眼前是怎樣的一幅情景啊：時間也就八點半，朝聖的人已站滿了門前的廣場，等待按先後次序進入大殿朝拜。隊伍的前面，是一片不斷叩長頭的人，他們鋪了簡單的墊子，雙手套了木片或布片，面對大殿，雙手舉過頭頂，按身口意的順序將雙手放置胸前，隨即撲身向下，雙臂伸直，前額觸地，然後起身。如此撲倒起身，起身又撲倒……他們中有老人，有孩童，從他們的穿戴看，有藏人，也有其他民族的，還有行動不便的殘疾人。他們叩得有快有慢，有用力的，有輕鬆的。不管他們來自哪裏，這一刻，他們彙集到這裏，不問生命的來歷，卻爲生命的未來。他們的神情莊嚴肅穆，專注超然，他們是在用虔誠的行動，向心中的信仰表達無畏的勇氣和決心。他們以前輩先聖爲榜樣，向眾生傳達著無盡的大愛。在早晨的陽光中，大昭寺的殿前，普照著神聖的光芒。

我隨著叩頭的人群撲倒在地，雙手舉過頭頂，用一個又一個長頭，表達著我心中的感動。儘管身下沒有鋪墊，手上沒有護套，腳下還有一灘夜雨留下的未乾的水跡，但我感覺不到任何不適，周身湧動難以言說的力量，毫無意識地匯入這信仰的人群，只有一個又一個長頭，才是此刻心境的表達。叩過數十個長頭，竟感覺不到任何氣喘和乏力，高原反應蕩然無存。同行的卓瑪，同樣加入了叩長頭的人群，她的女兒楊颯用照相機記錄下了當時的情景。

輪到我們進去了。隨著人流穿過走道，來到了大殿，終於見到了覺沃佛——這尊世界上最尊貴的釋迦牟尼佛十二歲等身像。釋迦牟尼佛在世時，弟子們爲使他的真容傳之後世，特請工匠們打造了四尊八歲等身像和四尊十二歲等身像，又稱覺沃佛，「覺沃」意即至尊。由於有佛祖的奶母從旁指導，所以，所造佛像與釋迦牟尼佛酷似。其中一尊，由當年的高僧送進大唐的皇家寺院。據藏文《松贊干布遺教》記載，松贊干布迎娶文成公主時，唐太宗把這尊佛像作爲嫁妝，由都城長安送抵拉薩。所以，覺沃佛是信徒心目中佛陀的代表，他與住世時的佛祖無二，見到他如同見到了佛祖。

我們凝望著至尊的覺沃佛，停止了腳下的步子。

這時，師父益喜寧寶堪布讓我們站攏，十多人掏出隨身帶來的法本，在師父的引領下，一起讀誦《普賢行願品》。朝拜的人群鴉雀無聲，只有默默的持咒聲在唇間顫動。我們的誦讀聲突然響起，大殿的平靜被打破，然而，人們沒有反應，一切顯得那樣自然，朝聖的腳步並沒有停止，湧動的人群仍然川流不息地向前。然而，我在這讀誦聲中感動了，這是多少世的緣分啊！我們這些從青島、廈門、陝西集結的朋友，乘不同的航班，在西寧匯合，然後又一起乘火車到達拉薩，此刻，又在師父的帶領下，在覺沃佛前誦讀普賢大願文，像久遠以來迷途的孩子，終於在大恩上師的幫助下，找到了回家的路。今天在回家的途中，看見了如住世般的釋迦摩尼佛的親臨，這是多麼大的福報呀！

年過五十才第一次來到這裏，人生的機緣難以捉摸。當誦完一遍《普賢行願品》後，我沒有走，留了下來，再一次誦讀《普賢行願品》，卓瑪見狀，隨我一起誦讀。

離開大昭寺，去布達拉宮，吃午飯時，時間已近一點。中午稍作休息，又跟著下午的安排奔跑。幾個小時的時間，幾乎都在逛八角街。雖然已經疲憊，但還是等待著天黑那個溫馨的時刻。

離開八角街時，我特意向導遊打聽了「瑪姬阿米」的位置。總以爲，那個傳說中倉央嘉措著迷的地方，一定在八角街背後的某個角落。世間非常的動人故事，似乎永遠來之於背後的秘密。當晚飯後，拖著有些酸困的雙腿，來到八角街尋找時，才知道瑪姬阿米就在八角街的裏面。然而，雖然轉了一個下午，我仍搞不清八角街的方向，更搞不清每條街道的走向，尋找成了一件很麻煩的事。

好在我們一行五人有師父帶路，他雖然也不熟，方向感卻十分強，我們問了兩位攤主，師父辨明了方位，就讓我們跟他走，我總覺得方向不對，但跟著師父，不一會兒就到了。

二

瑪姬阿米坐落在八角街東南角，是以尼泊爾、印度、西藏風味為主的餐廳。「瑪姬阿米」出自六世達賴喇嘛倉央嘉措的情詩，相傳是倉央嘉措情人的名字。而當年倉央嘉措與瑪姬阿米幽會的地方，正是瑪姬阿米所在的土黃色小樓。這棟樓是否改建過，不得而知，但至少是多次維修過。可它一如當年一樣紅火。小樓只有三層，樓下除了廚房，只剩一塊很小的地方，支了一張桌子，坐了一個人，身後是一個簡單的書架，上面擺了一些與倉央嘉措有關的書，有研究專集，有散文記述，有詩傳，還有傳記小說。

我們進門向左轉，經狹窄的樓梯上二樓，立即被裏面的情景驚呆了，人流的火爆完全超出了我的想像，不到幾十平方米的面積，擺了十多張桌子，每張桌子都坐滿了人。樓上還有一層，一問也滿了，我們只好隨著前面的幾個人一起等候。好在這裏不像別處的酒館飯店，沒有高聲猜拳，也沒有大聲說話，一切顯得平靜溫情。這樣，使人少了等待的焦躁，多了平和的享受。

等待的空閒，我隨手從靠著柱子擺放的書架上抽出一個筆記本，翻開一看，立即被吸引了。那些有關西藏的感受和描述，沒有半點的虛假和矯情，在這個狹小的空間裏，留言者的心境置於無垠的自由之中，寫下的多是心跡，它們是生命的浪花，更是命運的訴說和對未來的期盼。這裏橫掃了現代商業社會的陳腐，開啓了被人們漸漸遺忘的心靈之泉，那些清新自然的文字，超過了任何坐在屋子裏的寫作者冥想出來的詞句。

這是難得的紀念，也是難得的素材。我竟然起了念頭，起身到吧台，報了我身分，我說我是一個作家，十分喜歡也十分需要這裏的留言本，能否送我一本，我怕吧台裏的人不答應，忙補充說：「你開個價吧，要多少錢我都給。」

吧台裏是一個三十多歲的小夥子，大概就是老闆。他聽了我的話，抬起頭看看我，不好意思但又口氣堅決地說：「對不起，不能給你。」

我急忙問：「一本也不行嗎？」

他說：「不行！許多人會回來尋找的。」

「尋找留言？」我問。

他說：「是。保不準他們什麼時間就會來找的。」大概我認真的神情打動了他，他說，「你可以隨便留下一個證件，借出去複印，還回來就行。」

這是個兩全其美的辦法，我說好第二天或第三天來借。

我回到原處，卓瑪和女兒楊颯也在看，同去的高文惠也在看。他們的神情專注，似乎忘了等待。

這時，靠近窗戶的一張桌子上的人起身來，服務員招呼我們就座。

我們立即從圍滿人的座位之間擠過去。

坐定，高文惠和卓瑪點菜，楊颯仍然拿著筆記本翻看，她好像完全沉浸在留言的情緒中了。我抬頭看了一眼其他座位，圍坐的人們，有看的，也有寫的。他們物我兩忘，似乎西藏之行就是爲此而來的。他們與眼前更多的默默的喝茶吃酒者，相映成趣，場景淡然而又溫馨。看著這場景，我突然靈機一動，爲何不用拍下來的呢？我剛開口，眾人說好，楊颯剛好隨身帶著照相機，立刻拿出來，隨意翻著留言照起來，連拍七八頁後，菜上來了，我們招呼吃菜，楊颯這才停下來。

當我此刻在電腦上放大這些留言的照片，看著這些陌生的筆跡和文字，我又一次回到了當時的情景，我未加任何選擇和修改，按順序抄錄如下：

小寶魚：

在日光城思念你的感覺真美妙，想念但不空虛，這裏真的很美，可惜沒有你分享。你能想像夜裏九點的陽光有多麼燦爛嗎？我想念你，異常思念。這裏是瑪姬阿米，是愛的永恆，也是今生的約定。不知道什麼時候才可和你坐在這裏。看朝拜的人，看不落的日。看我們的永恆。

我們約定好不好？某年的夏日，我們一起來，等到那天，六月廿二日，在日光最長的那一天，見證我們的永恆！

（簽名和日期未拍）

二〇一〇・六・三

根本不知道寫什麼？似乎為了寫而寫，似乎為了留下什麼而寫？〇七年來時，心中沒有陽光。〇八年來時，心中似乎有了光線。今天到這裏已不知是明媚還是渾濁。不是生活愛和我們開玩笑，愛開玩笑的是我們自己，我們卻受不了我們的玩笑。所有一切看似不妥協，卻都在妥協中進行著。我愛這裏卻不知為什麼。因為不能單純的用藍天、白雲、淨土來形容。那種形容，我只看作逃避！

（沒有簽名）

六年前第一次來瑪姬阿米，和我一生中最愛的人一起，可惜他不知道。六年後再來這裏，可惜最愛的人不在身邊。緣分總是這樣擦肩而過，在時間無價的荒野裏沒有早一步，沒有晚一步，剛好趕上是多麼幸運的事情。我們為什麼沒有這樣的幸運呢？在神山聖湖邊祈禱，今生今世，生死相依，永不分離！

世間安得雙全法，不負如來不負卿。

深愛牛牛的兔兔

二〇一〇・七・十九

在對的時間遇見對的人是幸運，遇不上是命中注定。這次旅行不算幸運，但我希望神山聖湖蕩滌我的心身，放下執念！期待這次旅行成全新的我！

曄

二〇一〇年於拉薩

二〇一〇年五月廿八日娟

明天我們就要離開拉薩了，來了八天心情好複雜。一直期待來西藏，很神秘，又很忐忑。來到拉薩，終於看到了布達拉宮，看到了大昭寺。見到佛祖的感覺，說不出來似的親切、感動。

這次旅行很特別，因為是蜜月之旅，用很長的時間，所以選了目的地——西藏。和我最愛的樂福（好多天沒有這樣叫他了，☺）。親愛的樂福，希望我們在有生之年再來西藏，再來瑪姬阿米，看我們留下的印記！

小C

二〇一〇年五月廿八日晚廿一點五十四分　心情（晴）

窗外古樓室內妻，
蜜月之行中國西，
藏旅結識J和M，
許久相聚在阿米。

珍曦（惜），其實這是我最想說的，三年，三年的時間，我們走過了相識、相知、相愛，希望以後的生活，我們能讓愛永存，幸福快樂的在一起，永遠，永遠！

多吉

二〇一〇年五月十九日星期三　晴

來到拉薩一年多了，這片神聖的土地有我的歡樂，也有我的心痛，拉薩帶給我許多震撼，即將離開拉薩，第一次坐在瑪姬阿米，新鮮，拉薩每一個地方，都會帶給我歡樂，我會永遠記住的——美麗的拉薩！

當我感到無助的時候，那雙渴望被放在頭上給我溫暖的手已經不在了。當你轉身離去的那一刻，我知道你不會再回頭了。等到有一天，我們擦肩而過，我會轉身，在心裏告訴自己，那個人我曾愛過。

月依舊，人卻不復在，也許是該說再見！

Bright Sunshine clean sky Tue 7:49pm 18/05/2010

拉薩一直以來都是夢想之地，終於有勇氣辭掉工作，開始夢想——現實的旅程。感謝有陽的陪伴。

克服了高原症，我們探尋西藏的神秘。第一日午後，便奔向瑪姬阿米享用這裏的美，聆聽倉央嘉措和那個美麗少女瑪姬阿米的愛情。

看著八角街熙熙攘攘的人群，藏人、漢人、老外，商人、遊人、朝聖的人，形形色色，耳邊響著神秘的音樂，讓人有種恍若隔世的感覺……

想要祝福父母、家人平安健康，我的愛人寬與我幸福、甜蜜，朋友們快樂如意，我來這片土地朝聖，為你們所有的人祈福！

我愛拉薩，安詳美麗！

徐意

二〇一〇年五月十八日星期二　晴

終於來到了拉薩，經過昨天初到的高原反應，今天心情格外舒暢，這是一次圓夢之旅，必將留下美好的記憶。

來到了久聞大名的瑪姬阿米，這邊的氛圍很好，讓人食欲大開。望著八角街來來往往的人群，品嘗著「酸酸」的酸奶（真的非常之酸），真是十分愜意啊！窗外不時有磕長頭的藏民，讓人肅然起敬，信仰的力量是無窮的。

這裏的牛肉披薩真的很好吃。

Will comeback！

謝陽

二〇一〇年五月十八日　晴朗

終於來到了西藏，終於來到了拉薩，

終於來到了瑪姬阿米，

好美呀，心情很好，我愛上了這裏。

有關這裏的故事很淒美，惆悵，

因為沒有結果，所以才讓人回味，

而我的故事呢，走到最後是不是也是悲劇呢？

無論如何都要幸福的活著，

如果不能幸福，就藏在心裏，留在這裏。

因為要幸福，所以祝福你！

（韻）

這些來自天南海北的留言者，儘管身分不同，經歷各異，但四百年前的轉世活佛倉央嘉措的感召，使他們來到瑪姬阿米，尋找靈魂的色彩。他們的留言不爲發表，不爲交流，更不是爲了炫耀。所以，沒有修飾，沒有掩飾，更沒有做作，唯其真實，他們才覺得對得住自己的心靈。

也許，倉央嘉措的歌唱是他們此刻的精神所依：

心頭影事幻重重，
化作佳人絕代容，
恰似東山山上月，
輕輕走出最高峰。

三

我修改這篇文章時，請已在美國讀書的楊颯，從網上發來她當時留言的照片，讀來依然感動：「機緣巧合，和家人來到了拉薩聖地，第一次看到如此大塊的雲和純藍的天空。在大昭寺門口看到信徒集體向佛磕長頭，感動得流下了淚。爲了什麼我們需要信仰，需要信念？身於此地，只顯得自己如此的凡胎肉體。生活才開始，美好會守候世間，願聖地引導我走出泥沼，走進純淨。感謝媽媽，我還會再來。二〇一〇年八月八號小雪」

楊颯的留言，是我第一次去理解一個九〇後的女孩的心靈世界。她是這次西藏之行團隊中最大的孩子輩團員，因她的媽媽是當年漢中小有名氣的才女，她的詩上過許多報刊。由於我的職業是創作和辦刊，與家鄉的文化單位多有聯繫，她的媽媽卓瑪正好在縣文化部門上班，所以，我們很早就認識了。十多年前我見她的時候，她還是一個剛滿三歲的兒童，此後她們全家離開洋縣到了廈門，十多年間未曾見面，猛然間她已經上大二了，開學就要到國外上學了。

知道了她是通過競爭獲得出國交流生的名額後，我不由得對她另眼相看。不是我勢利，實在是我對今日的中國教育環境充滿悲憤和憂鬱。見了太多的朋友對孩子的憂愁，聽了太多的家庭對孩子的抱怨，我常常悲觀地認爲，如今的家庭，不要對孩子給予太多的希望，這些在兩代人三個家庭六口人關注中長大的孩子，已經無可避免的失去了正常人的生存能力，加之已成頑疾的應試教育和已被我們淪喪的道德環境，對孩子希望的大門不能說徹底關閉，留下的門縫已經很小了。在我們都幾乎不堪忍受的生存環境裏，怎麼能讓一個涉世未深的孩子去承擔希望？

所以，當我看到楊颯的留言時，我感到了驚喜。

當時，楊颯拿著留言本一直認真看。她顯然已被留言感染了。她終於停下來，掏出筆，抬頭看看媽媽，問：「我可以也寫一點嗎？」這一刻她根本不像一個就要出國讀大三的女生，完全變成了一個小孩子，她睜著一雙大眼睛，表情羞澀而膽怯。我們立即說：「寫呀，想寫什麼就寫什麼。」

她媽媽更是極力給她鼓勁。

受到我們的鼓勵，楊颯在手中的留言本上，找了一塊不大的空白地方，迅速寫起來，也許她早就想好了，那些話肯定是從心裏流出的，不需要思維的準備。總之，不大一會，她就寫好了。

我們要看，她很不好意思。在她媽媽的勸說下，她才遞給我們傳看。當看到她娟秀的筆跡時，我就吃了一驚。在電腦前坐大的一代，能把漢字寫得這樣清秀整潔，本就是一大驚喜，何況留言的內容是我完全沒有想到的。事後她說，媽媽付出的太多，她一定會報答父母的養育之恩。她在留言中所表達的心跡是純淨的，她所表達的愛是強烈的。我已很少從這一代孩子的口中、筆下聽到看到這樣的字眼了。

卓瑪更激動，她立即說：「好高興啊，媽媽終於沒有讓你白來。」

她這句話的內涵，楊颯一定是理解的。這次西藏之行，是朋友們早就定的，但帶不帶楊颯，卓瑪並沒有確定。臨近出發時，她才和在西安讀書的女兒反覆商量時間，同時她又想和父親一起同行，這樣再三確定時間和航班，已沒有打折票了。卓瑪從廈門、楊颯從北京、卓瑪的父親從漢中，她們在同一天彙聚到了西寧，她們三代人同行，路費比同行的人幾乎多出一倍。此行的花銷幾萬元，對一個家庭來說，不能不說是一筆不小的開支。

當然，這還不是主要的。現代交通工具的發達，似乎出遠門已經不是問題。但對大多數中國人來說，事情遠沒有那麼簡單。徹底放下手頭的事，心安理得地去旅行，還不是一件隨心所欲的事。出門闖蕩這麼多年，生活和工作的壓力，早就使她的母親飽受艱辛。那些過去的日子，對於小楊颯來說，似乎是模糊的，但總有一些細節的積累是強烈的，它是歲月深處蘊藏的生命結晶，總會在合適的時間釋放出光亮，點燃心靈的火花。也許楊颯在青藏高原的靜默中，突然與母親心心相印，所以，她的筆下才會流出在別人看來平常，但對她們母女來說無異於是溝通心靈的箴言。也許，生命的一大困惑在於一句平常的世間道理，往往需要一個人用生命的積累去開啓，遺憾在於許多人明白的時候已經晚了。

正如卓瑪所言，楊颯的青藏之行沒有白來。有了感悟，生命的品質就會昇華。

隨後幾天，楊颯對媽媽的說話語氣有了細微的變化，也許只有她們母女才能感覺到其中的深情。就在我寫這段文字的時候，楊颯已經遠赴國外，爲她的學業奮鬥了，她媽媽打電話告訴我們，她們母女每週都會上網見面，女兒的牽掛，使母親的生活充滿了樂趣。生命的色彩變得飽滿。這些看似平常的細節，卻是一個中國標準型的三口之家多了對未來的憧憬。

何況，近七十歲的老父親，竟然硬朗地走完西藏全程，幾乎沒有出現高原反應。這位退休多年的老人，說他終於了卻了長久以來的一大心願。

卓瑪一再說，要感謝青藏的朝聖之旅。

四

正是基於強烈的感受，我打算在結束西藏之行前，一定再來一次瑪姬阿米。我想探尋，三百年前的倉央嘉措何以有如此大的魅力，也許瑪姬阿米是一個窗口，在這裏可以感受到世道人心的溫度。冷熱是人心的感應，佛法的無邊慈愛改變的就是人心，她的根基深扎在人間。我一直想寫出我心目中的倉央嘉措，瑪姬阿米是我心中的一個謎團。因爲說法太多，猜測太多，那個小小的茶館，無疑連接著三百年前的密碼。

令我失望的是，第三天下午，當我們從桑耶寺返回，匆匆吃完晚飯，趕往八角街時，瑪姬阿米的門口掛著一個牌子，上寫：雪頓節，休息一天。再看八角街，人流比平時稀少，各家店鋪正在紛紛關門。

雪頓節起源於西元十一世紀中葉，來源於佛教的慈悲。由於夏季天氣變暖，草木滋長，百蟲驚蟄，萬物復蘇，如果僧人外出活動難免踩殺生命，有違「不殺生」的戒律。因此，在格魯派的戒律中，規定藏曆四月至六月期間，喇嘛們只能在寺院關門靜修，稱為「雅勒」，意即「夏日安居」，直到六月底方可開禁。待到解制開禁之日，僧人紛紛出寺下山，世俗老百姓為了犒勞僧人，備釀酸奶，為他們舉行郊遊野宴，並在歡慶會上表演藏戲。從而形成了雪頓節。在藏語中，「雪」是酸奶子的意思，「頓」是「吃」、「宴」的意思，雪頓節按藏語解釋就是吃酸奶的節日，因此又叫「酸奶節」。

隨著時代的發展，雪頓節的內容更加豐富。節日期間，拉薩附近的群眾，三五成群，老少相攙，背著各色包袱，手提青稞酒桶，湧入羅布林卡內。節日時，除本地西藏藏戲劇團外，還有青海、甘肅、四川、雲南等省的藏戲劇團來到聖城拉薩切磋戲藝。人們除了觀看藏戲外，還在樹蔭下搭起色彩斑斕的帳篷，在地上鋪上卡墊、地毯，擺上果酒，菜肴等節日食品。有的邊談邊飲，有的邊舞邊唱，許多文藝團體也來表演民族歌舞，以此助興。商業部門把各種物資和節日食品運到羅布林卡內，擺攤設棚，供應遊人。雪頓節已成為西藏人的重大節日。

今天是八月十六日，是二〇一〇年雪頓節的閉幕日。從政府到民間，都有隆重的慶祝，人們要去看藏戲，觀煙花，喝美酒，跳個舞，自然紛紛關門了。

明天我們就要離開拉薩了，只有將遺憾留待下一次西藏之行了。

我記下這段經歷，本來的題目叫《西藏的愛》，覺得淡而無味，於是想起去過瑪姬阿米的第二天，在去林芝的路上，向師父請教這一話題，我說，世人對倉央嘉措的誤解太深。師父說：「瑪姬阿米的漢語翻譯爲『無生的天母』，它指的是大圓滿境界啊！可惜世人只當情歌看。你在尊者的詩中就能看到。」因在顛簸奔馳的汽車上，我沒有完全聽清師父的話，我立即聯想到西藏的天，那藍得出奇的天幕，將纏成團的雲塊拋向當頭，每使內地來的觀者以爲即刻就會掉下來，無不感嘆一句：離天真近！於是，我把師父的開示，誤聽成「無聲的天幕」。還連連說：無聲的天幕！意境真美。回家找來倉央嘉措的詩歌集再看一遍，才覺自己徹底搞錯了，猛然醒悟，師父說的是「無生的天母」，師父一語中的，境界自在其中，但這已不是本文所包含得了的，只有留作他文闡述。就算作歪打正著吧，無聲天幕用作此文的題目。

第十一章　無生天母——六世達賴喇嘛倉央嘉措情詩之謎

為了世間永恆的話題

二〇一〇年歲末，因馮小剛執導的影片《非誠勿擾2》中的插曲和一首朗誦詩，有關六世達賴喇嘛倉央嘉措的書籍突然走紅。人們之所以搶購這些書，自然是出自對於倉央嘉措詩歌的追捧。實際上，影片中李香山的女兒在告別會上朗誦的《見與不見》和插曲的歌詞，並非完全出自倉央嘉措之手。而是對倉央嘉措的詩歌進行了組合和改寫後的產物，其中還加進了他人的東西。但因爲被冠以倉央嘉措的名字，所以走紅了。

一位三百年前寫詩的西藏僧人，其詩作被于道泉先生於一九三〇年首次漢譯至今，已八十年有餘，何以被享受著高度物質文明的今人突然迷戀？似乎有些不可思議，實則，關於倉央嘉措的話題，從來就沒有間斷過。只不過在大眾媒體高度發達的今天，因特殊的機緣，其傳播速度加快了而已。

一九八〇年，青海人民出版社首先打破文革留下的禁忌，率先出版倉央嘉措的情詩選。我記得很清楚，那本書並不厚，只是一個薄薄的小冊子。然而，她的出版，依然引起很大反響，我正是在那個時候購得一冊。當年我只是一個二十多歲的熱血軍人，正是歌頌嚮往愛情的年齡，也正是我追求文學創作最狂熱的時候，一個轉世活佛寫的愛情詩，理所當然引起了我極大的閱讀欲望。但老實說，由於年齡和文化素養的關係，我不可能讀懂倉央嘉措的詩。現在已經記不清那個版本是誰譯的了，只是對其中多首詩不以爲然，遠遠不及當時那些流行的從國外翻譯過來的直白的愛情詩讀來讓人癡迷。

正因爲如此，倉央嘉措和他的詩，漸漸地被我淡忘了，然而時不時地會看到或聽到倉央嘉措的詩句，特別是不知何時何地，突然看到了一首叫做《信徒》的歌詞：

那一夜，我聽了一宿梵歌，不為參悟，只為尋你的一絲氣息。
那一月，我轉過所有經輪，不為超度，只為觸摸你的指紋。
那一年，我磕長頭擁抱塵埃，不為朝佛，只為貼著你的溫暖。
那一世，我翻遍十萬大山，不為修來世，只為路中能與你相遇。
那一瞬，我飛升成仙，不為長生，只為保佑你平安喜樂。

那一天，閉目在經殿香霧中，驀然聽見你誦經中的真言。
那一月，我搖動所有的轉經筒，不為超度，只為觸摸你的指尖。
那一年，磕長頭匍匐在山路，不為覲見，只為貼著你的溫暖。
那一世，轉山轉水轉佛塔啊，不為修來世，只為途中與你相見。
那一刻，我升起風馬，不為祈福，只為守候你的到來。

那一日，我壘起瑪尼堆，不為修德，只為投下心湖的石子。
那一月，我搖動所有的經筒，不為超度，只為觸摸你的指尖。
那一年，我磕長頭在山路，不為覲見，只為貼著你的溫暖。
那一世，轉山不為輪迴，只為途中與你相見。

這首被冠以倉央嘉措情詩的三段歌詞，充滿了塵世的溫暖和對愛情的執著，用詞巧妙甜美，平和深沉，深深地打動了我。在我的記憶裏留下了深深的烙印。於是倉央嘉措再一次走進我的視野，然而，當我閱讀了一些倉央嘉措的詩歌之後，很快知道了使我感動的《信徒》，並非倉央嘉措的作品，而是出自朱哲琴與何訓田合作的唱片。我在感謝作者優美文字的同時，明白了《信徒》無論其用詞或風格，與倉央嘉措原詩的境界相去甚遠。

但是，正因爲這首歌詞對我的影響，我涉獵了與倉央嘉措有關的書籍，幾乎翻閱了能見到的倉央嘉措詩歌的漢譯本。並對此產生了強烈的興趣。

二〇一〇年八月，我懷著虔誠之心，到了位於拉薩八角街的瑪姬阿米餐館，尋覓三百年前那位偉大詩人的聖跡。當我在那個明淨的夜晚，與師父益喜寧寶堪布和幾位朋友坐在瑪姬阿米餐館裏，我被狹小空間裏擁擠的人群和寂靜的環境感染了。四面八方的人們，在繁忙的生存空隙，從千里萬里之外來到這裏，尋找心靈的寄託。他們自發的在餐館提供的筆記簿上，記下自己的心跡。窗戶外並不寬敞的八角街，一個個圍繞大昭寺磕長頭的身影，在淡黃色的燈光裏上下起伏前行，在寧靜夜晚的虛空裏，塞滿了人們的渴求與希望。

我對師父說：不知他們來自何方？明日又去何地，也不知道他們姓甚名誰，但我相信，他們來到這裏，企圖追問生命的真相。師父笑笑說：可以這樣理解。然而，對於屋子裏的大多數人而言，他們的尋覓與安靜，是基於對生命真情的流露，記錄簿上更多的文字，是在表達情感的慰藉。這一刻，他們忘卻了物質世界的擠壓，升起對生命狀態回歸的渴求；他們把對真情的渴望和對寧靜的嚮往，銘刻在三百年前倉央嘉措的詩句裏。於是，瑪姬阿米成爲一個寄託，成爲一個永不消失的象徵。聽聽人們喜愛的詩句：

曾慮多情損梵行，
入山又恐別傾城，
世間安得雙全法，
不負如來不負卿。

《不負如來不負卿》一書的作者姚敏，在其著作的開卷引用西藏的民歌說：

莫怪活佛倉央嘉措
風流浪蕩
他想要的
和凡人沒有什麼兩樣

人們對這位三百年前聖人道歌的世俗化解讀，延續了大多數年代和大多數人的追尋，成全了無數人渴望世間美滿的情感世界。

這就是倉央嘉措和他的詩歌對於世間的魅力。

這種魅力，不會因時間的推移而褪色。這更激起了人們對這位聖者的追憶，和對他詩歌真相的解讀。我之所以加入這個已經熱鬧的行列，正是爲了尋求我的解讀和理解，並向這位聖者表達我的敬仰之情！同時也是了卻我在《無聲天幕》中關於這一話題的許諾。

愛是人與人之間生存行爲的基點，愛情更是世間人人嚮往的生命體驗，所以，愛情成爲幾乎所有文學作品的永恆主題。倉央嘉措以其獨特的表達方式，成爲人類大愛的一位歌者。然而，人們的誤解在於，將一位具有大愛精神的聖者的特殊表達，當做了離經叛道的產物，因爲，在世人的眼中，和尚是絕對的禁欲者，如同西方中世紀的黑暗，宗教磨滅了一切人性。豈不知，菩薩的大愛無所不在，佛家所說的無緣大慈，同體大悲，已經超越人類社會的一切分別，並擴展到一切生命體和宇宙空間。大愛無邊，情愛自在其中，正如大海無量，水珠自不例外。

倉央嘉措的表達正是如此，也只有如此，才能完整準確地理解這位聖者留給世人的文字和一顆永遠跳動的心。

世人嚮往的情迷境界

六世達賴喇嘛倉央嘉措被世人廣爲所知，並非達賴喇嘛至高無上的宗教領袖身分，而是因爲他的情詩。然而，客觀地說，人們又不得不承認，恰恰是達賴喇嘛的身分，使倉央嘉措的情詩產生了更大的影響。一個寫下許多膾炙人口情詩的詩人，居然是萬人朝拜的達賴喇嘛？一個被認爲是菩薩化身的活佛，居然是情真意切的詩人？這兩個原本沒有任何關聯的身分居然奇妙地統一於一身，難怪倉央嘉措對世人具有了非同一般的魅力。藏傳佛教因爲有了倉央嘉措，一向被人們認爲莊嚴的宗教，突然增添了許多浪漫，因爲有了浪漫，便被更多的人傳頌、追捧。

世人對倉央嘉措的理解，很容易使人們產生這樣的聯想：雄偉壯觀的布達拉宮，莊嚴神聖的大殿，一位講經的威儀莊嚴的活佛，無數虔誠匍匐在地的信徒；燈火通明的茶館，輕歌曼舞的場面，一位風流的翩翩少年，幾多圍繞的飛紅情侶。追逐神奇是人們的天性，嚮往浪漫是人們的渴望。於是，倉央嘉措被世人賦予了更多的世俗的意義，這位轉世活佛的所謂情欲表達，成爲人性的標誌和旗幟，被人們廣泛引用和讚揚。

有一個史實很能說明這一現象。當代著名作家汪曾祺著述不少，還是上個世紀七十年代樣板戲《沙家濱》的重要作者之一，劇情裏那些精妙對白，就是出自他的手。然而，給他帶來巨大名聲的，卻是萬把字的短篇小說《受戒》。《受戒》確是中國文壇一朵奇葩，構思巧妙，用字典雅，手法簡潔，堪稱絕筆。但令人遺憾的是，作者對佛氏門中情景的描述實爲大謬。那些構成小說的細節，全然不是出家人的所爲，更不用說對寺廟的描述，那裏不僅不像淨化人們心靈的場所，反而如同鄉鎮村落消遣的茶館。試想，即是一座鄉村小廟，如果變成休閒聊天消磨時日的地方，與鄉俗凡人無二，毫無神聖可言，人們還會去燒香敬佛嗎？如無香客，小廟自然不會存在了。像汪老這樣的文字大家，當然明白其中蹊蹺，所以，他在篇末注明：來自於四十三年前一個夢。夢者，泡影也，不可當真。汪老大聰明之人也，借一個笑話博得大名。

《受戒》何來如此大的魅力？把一個耕耘文字一輩子時年六十的老者名字，一夜之間送上了天。其作不但寫了廟裏和尚的情欲，還寫了小和尚海明的初戀。佛教兩千五百多年前就已傳入中國，早已成爲中國傳統文化的組成部分，但對相當多的人而言，對佛教的理解和對僧侶生活的瞭解，僅僅停留在表面的燒香磕頭和青燈獨處。於是，神秘意味中的情色更容易調動人們的窺探欲望，何況，離經叛道歷來就是人們高舉的旗幟。《受戒》走紅的秘密在此，一代高僧倉央嘉措的道歌被世人廣泛追捧也在此。

因而，關於倉央嘉措的故事被人們述說了三百年，相信還會繼續述說下去。

百度詞條說：「六世達賴喇嘛倉央嘉措（一六八三～一七〇六），門巴族人，西藏歷史上著名的人物，西元一六八三年（藏曆水豬年，康熙二十二年）生於西藏南部門隅納拉山下宇松地區烏堅林村的一戶農奴家庭，父親扎西丹增，母親次旦拉姆，家中世代信奉寧瑪派（紅教）佛教。

「一六八二年二月廿五日，五世達賴喇嘛羅桑嘉措在剛剛建成布達拉宮便與世長辭了。五世達賴的親信弟子桑結嘉措，爲了繼續利用達賴的權威掌管格魯派（黃教）事務，密不發喪，欺騙了廣大僧侶大眾和當時中央的康熙皇帝，時間長達十五年之久。

「一六九六年，康熙皇帝在平定準噶爾的叛亂中，偶然得知五世達賴已死多年，十分憤怒，並致書嚴厲責問桑結嘉措。桑結嘉措一方面向康熙承認錯誤，一面派人尋了一個十五歲的少年作爲五世達賴的轉世靈童。這個十五歲的少年，便是西藏歷史上有名的浪漫詩人、聞名一世的六世達賴喇嘛倉央嘉措。

「一六九七年（藏曆火兔年），倉央嘉措被選定爲五世達賴的『轉世靈童』，是年九月，自藏南迎到拉薩，途經朗卡子縣時，以五世班禪羅桑益喜（一六六三～一七三七）爲師，剃髮受沙彌戒，取法名羅桑仁欽倉央嘉措。同年十月廿五日，於拉薩布達拉宮舉行坐床典禮，成爲六世達賴喇嘛。六世達賴倉央嘉措雖然身居西藏政教首領的地位，卻不能掌握政教大權。實際上，只不過是桑結嘉措找來應付康熙皇帝的傀儡。

「此時的西藏，政局動盪。一七〇一年（藏曆金蛇年），固始汗的曾孫拉藏汗繼承汗位，與第巴（即藏王）桑結嘉措的矛盾日益尖銳。一七〇五年（藏曆木雞年），桑結嘉措買通汗府內侍，向拉藏汗飲食中下毒，被拉藏汗發覺，雙方爆發了戰爭，藏軍戰敗，桑結嘉措被處死。事變發生後，拉藏汗向康熙帝報告桑結嘉措『謀反』事件，並奏稱六世達賴倉央嘉措不守清規，是假達賴，請予『廢立』。康熙帝准奏，決定將倉央嘉措解送北京予以廢黜。火狗年（一七〇六年），倉央嘉措在押解途中，行至青海湖濱時去世，據《聖祖實錄》『拉藏送來假達賴喇嘛，行至西寧口外病故』，時年廿四歲。

「有的傳說他是捨棄名位，決然遁去，周遊蒙古、西藏、印度、尼泊爾等地，後來在內蒙古阿拉善去世，終年六十四歲。」

百度所載史實的時間大致準確，但在史實的敘述上，當屬一家之言。

百度在隨後的評說中言：倉央嘉措的世俗家中信奉寧瑪派（紅教）佛教，但這派教規並不禁止僧徒娶妻生子。而達賴所屬的格魯派（黃教）佛教則嚴禁僧侶結婚成家、接近婦女。對於這種清規戒律，倉央嘉措難以接受。十五年的鄉村生活，又使他有了大量塵世生活經歷及他本人對自然的熱愛，激發他詩的靈感。他不僅沒有以教規來約束自己的思想言行，反而根據自己獨立的思想意志，寫下了許多情意纏綿的「情歌」。

他的詩歌約六十六首，因其內容除幾首頌歌外，大多是描寫男女愛情的忠貞、歡樂，遭挫折時的哀怨，所以一般都譯成《情歌》。《情歌》的藏文原著廣泛流傳，有的以口頭形式流傳，有的以手抄本問世，有的以木刻本印出，足見藏族讀者喜愛之深。中文譯本海內外至少有十種，國外有英語、法語、日語、俄語、印地等文字譯本。可見，《情歌》不僅在西藏文學史上享有盛譽，而且在世界詩壇上也聲名顯赫。

通過這段文字，讀者獲得的強烈資訊有三個：第一，倉央嘉措家族祖輩信奉藏傳佛教寧瑪派，而寧瑪派是可以娶妻生子的，倉央嘉措自然受其影響；第二，藏傳佛教格魯派有嚴格的戒律，不允許接近婦女，作爲六世達賴喇嘛的倉央嘉措受到壓抑；第三，所以受到約束的倉央嘉措離經叛道，寫下了情歌。這些資訊給人的感覺，從邏輯上是成立的。所以有關倉央嘉措的書籍，大都取此之說。

至目前，在有關倉央嘉措的書籍中，楊志軍的《伏藏》是最爲特殊的一部巨著，說它特殊，是因爲它並非紀實，也不是一部論著，而是一部長達七十多萬的長篇小說。但倉央嘉措的詩歌作爲核心情節貫穿全篇。儘管作者採用了現代時尚的玄幻手法，其主要故事情節是表現當下時空的，但書中涉及到倉央嘉措的詩歌和其所處時代的歷史事實是基本有據可查的。因而，我以爲解讀倉央嘉措的「情歌」，《伏藏》不失爲一部重要的著作。《伏藏》囊括了藏民族幾乎所有的文化符號，具有極深厚的文化底蘊和極強的雪域高原的震撼力。

楊志軍在小說中，採用了倉央嘉措家族信奉寧瑪派之說，把倉央嘉措被認定爲六世達賴喇嘛轉世靈童後的童年生活，置於寧瑪派僧人守護的氛圍中。作爲小說，作者進行了合理想像，虛構了寧瑪派僧人將倉央嘉措封閉於密室的情節，並有年輕的女子陪伴修行。作爲佛教徒的楊志軍自然不會去做世俗的情欲描寫，但人們立刻會想到寧瑪派僧人娶妻生子，聯想到唐卡中和寺廟裏不爲大多數人所理解的歡喜佛、智悲雙運男女雙修圖。這位女子，自然成爲了倉央嘉措的第一個情人，倉央嘉措與她的感情，構成了以後歲月裏倉央嘉措情歌裏的基點。

當我閱讀完這部小說後，發手機簡訊向楊志軍表示我的祝賀時，楊志軍回簡訊說：「慈悲是我們的共同理想，倉央嘉措乘願再來，為的是讓無愛變成有愛，讓小愛變成大愛。」

楊志軍將倉央嘉措的情歌作爲小說的詩眼，不斷引用和延伸，在終篇時，以倉央嘉措的情歌爲開啓伏藏的密碼，將一代高僧倉央嘉措的大愛推向高潮，完成了作者的情感寄託和作品的主旨。

楊志軍將人們通常認定的倉央嘉措的情歌，用佛家的大慈大悲的情懷，作了自己的解讀。擴展了人們的視野和認知，令人信服和感佩。然而，大多數人的認知，是定位在對一個離經叛道者的情愛故事的窺探之上的。一如追捧一位出身帝王之家的王子，或生於名門望族的後代，衝破道德的牢籠，追求性愛自由一樣熱切。在眾人欣賞的故事裏，西方古典名著裏的人性釋放，情愛溫馨；現代潮流中的性解放，個性張揚，似乎無一不在倉央嘉措的故事裏找到鏈結，所以，眾人執迷於這個故事。在中國傳統文化被淡化甚至丟失的今天，實在是平常不過的事了。

縱觀有關倉央嘉措的史料，大致是說，倉央嘉措出生還不滿周歲，突然有一天，遠在拉薩的藏王五世達賴喇嘛的弟子桑結嘉措派人秘密尋訪，認定倉央嘉措爲五世達賴喇嘛的轉世靈童。因爲時局的原因，按照五世達賴喇嘛的遺言，桑結嘉措並未向外公佈五世達賴喇嘛圓寂的消息，一切都在秘密中進行。桑結嘉措需要足夠的時間來完成五世達賴喇嘛的重托，所以，倉央嘉措一直被安排在他的家鄉的寺院裏秘密培養。

一六九六年，康熙皇帝遠征蒙古葛爾丹，次年春天，從俘虜的藏兵口中知道了五世達賴喇嘛已圓寂多年的消息，這位強悍的帝國之王，豈能容忍權力之內發生這樣的事情？於是，這位大清帝國的皇上勃然大怒，立即興師問罪，下詔斥責。消息傳到拉薩，桑結嘉措知道問題的嚴重性，他立即與五世班禪商議對策，安排六世達賴坐床事宜，同時派特使進宮面見皇上，向康熙言明緣由，之所以匿而不報，沒有向世人公布，是因爲遵循五世達賴喇嘛的遺言。並說明五世達賴喇嘛的轉世靈童已經尋訪確認，請大清皇上認定。事已至此，加之連年征戰的大清王朝需要休養生息，安撫策略本來就是朝廷對待西藏的基本國策，康熙難得做一個順水人情，於是下詔，認可了既成的事實。

倉央嘉措就是在這種情況下，於一六九七年九月從藏南迎至拉薩，十月廿五日舉行了坐床典禮。從此，他名正言順地坐在了六世達賴的崇高位置上。從此，這個被秘密培養了十四年的少年，離開了度過了他童年少年時光的故鄉，走進了萬人敬仰的布達拉宮，頭頂上有了巨大的光環。這正是後人進行無限猜想的依據。《不負如來不負卿》一書的作者姚敏，用抒情的筆調記述這段經歷：「這個孩子已經十五歲了，和其他轉世靈童四五歲就坐床接受正式的教育培養不同，他在民風開化的邊遠民間生活得太久，雖然也安排了專人教導，但因爲要嚴守秘密，他本人並不知道這些安排的意義。少年心性，自然的一草一木，都遠比枯坐讀經有趣，山野的風已經將這孩子的心吹野了。」

接著，作者引用《六世達賴喇嘛秘傳》中倉央嘉措的自述：

——那時我正年少，少不更事，講法時常常坐不住，走來走去，不合聽經之規矩。每當這時，我那皤髮皓首的經師總是站起來規勸道：「您聖明！勞駕！請別這樣，請坐下來好好聽。如果尊者您不聽話，第巴就會責罵我了。」每當他這樣雙手合十規勸我的時候，我也就乖乖地坐下來。師父坐到我面前，繼續講解未完的功課。

姚敏用女性細膩抒情的筆觸，描寫了她心目中的倉央嘉措，構成了與楊志軍筆下不同風格的畫面，同樣具有一定的代表性。然而，正如大多數作者那樣，姚敏筆下所有動人的描寫，無一不在渲染這個走進布達拉宮的少年，失去了往日的快樂和自由，更失去了昔日陪伴的瑪姬阿米。一個被強行壓抑的靈魂，當有怎樣的表現？掙脫活佛光環的羈絆，還一個少年青春的自由，自然成爲大多數人的嚮往。因爲，衝出禁錮的牢籠，追求生命的張揚，迎合了眾多人的心理需求。

接下來的故事就順理成章了，所有著述者的描述大同小異，沒有生動的細節交代，只用詩化的語言推進情節。

於是，離莊嚴神聖的布達拉宮不遠的商業區，一座雖不起眼但熱鬧非凡的茶館裏，少男少女的歡笑聲，包圍著一位英俊少年，他能歌善舞，風流倜儻，很快成爲少女心中的偶像。她們崇拜他，希望親近他，更希望成爲他心心相印的瑪姬阿米。但她們並不知道他來自布達拉宮神聖的位置，是藏民族全民崇拜的轉世活佛。當然，她們並不想知道，他來自哪裏？是什麼身分？姓什名誰？這一切都不重要，令她們醉心的是站在眼前的英俊少年。情竇初開的少女，哪一個不懷春？更令她們意想不到的是，這位英俊少年，不但會唱，而且會寫。出自他之手的情歌，迅速被人們傳唱。

見齒微張笑靨開，
雙眸閃電座中來，
無端覷看晴朗面，
不覺紅渦暈兩腮。
情到濃時起致辭，
可能長作玉交枝，

除非死後當分散，
不遣生前有別離。

這樣充滿深情令人醉心的美麗辭藻，從英俊少年的手中流淌，然後變成甜蜜的歌兒，又從少年的唇間蹦出，怎能不讓人著迷？他的歌中不但有流不動化不開的甜美，更有落花流水共添悲的憂鬱。

我與伊人本一家，
情願雖盡莫咨嗟，
清明過了春歸去，
幾見狂風戀落花。

美人不是母胎生，
應是桃花樹長成，
已恨桃花容易落，
落花比汝尚多情。

這些讓少男少女們醉心的情歌，迅速走出茶館，飄向最廣大的民間。人們自然而然地注意起這位少年的身分，因為他的才情和容貌，還有他守口如瓶的身分，都包含了太多的秘密，令人們不得不探究。

為尋情侶去匆匆，
破曉歸來驥雪中，
就裏機關誰識得，
倉央嘉措布拉宮。

布達拉宮洞開的後門，在一個大雪天的黎明，留下了他歸來的腳印。這個保守了太久的秘密終於暴露了。

因爲倉央嘉措拒絕了五世班禪爲他受戒的安排，人們認定了他是一位違犯儀軌的轉世活佛。如果故事到此戛然而止，也許人們只有好奇或譴責。但世事的變故，將這個風靡一時的風流故事，變成了另一個結局。

一七〇五年，由於桑結嘉措在與蒙古汗王拉藏汗的鬥爭中落敗並喪生，拉藏汗不顧僧眾的反對，上書康熙，說倉央嘉措是假達賴，最終導致朝廷廢黜倉央嘉措，另立拉藏汗選定的六世達賴。

遭廢黜後的倉央嘉措，被拉藏汗派兵從拉薩起程押往北京。令拉藏汗想像不到的是，被廢黜的活佛，不但沒有遭到僧眾的背棄，而且受到了眾多僧眾的保護，人們對他的熱愛有增無減。一七〇六年五月十七日，當押解倉央嘉措的隊伍行至哲蚌寺附近，突然從山上衝來蜂擁而至的僧兵，將倉央嘉措搶走，牢牢保護在哲蚌寺裏。事件的雙方立即劍拔弩張，一場大戰在所難免。這件事，馬上就會釀成一場刀兵劫。危險時刻，倉央嘉措爲了平息事態，使僧眾免遭劫難，耐心規勸僧眾，毅然決然走出寺廟，回到押解他的蒙古兵之中。倉央嘉措的大義凜然，表現了這位轉世活佛慈悲為懷的高尚品德，為他再一次贏得了巨大聲譽。

而後，關於倉央嘉措命運的結局，出現了兩個版本：一個是說在青海湖邊因病而亡；一個說遠遁他方隱姓埋名，六十四歲圓寂於阿拉善。

不管取何種說法，對於一位在西藏擁有至高無上權力和聲望的達賴喇嘛，以非正常方式離世的結局，為倉央嘉措的故事增添了凝重的悲劇色彩，這更強化了人們對他的懷念和同情。

在姚敏的描述中，人們說，倉央嘉措離去之後，拉薩城裏所有熱戀過他的女子，都將自己的房子塗成了黃色，作為永遠的紀念。眼下八角街十分紅火的瑪姬阿米餐館，就是一座三層黃樓。

那個在人們心目中追求濃烈愛情、嚮往生命自由的倉央嘉措，成為一種象徵和符號，人們對他的熱愛和追捧，就成為一種必然。

曾緘不但譯《倉央嘉措情歌全集》六十六首，而且作《布達拉宮辭》，內有：「買絲不繡阿底峽，有酒不酹宗喀巴，盡回大地花萬千，供養情天一喇嘛。」如此的誤讀和感嘆可謂人間的千古絕唱。

撲朔迷離中的真相

當我們從民間的傳說和對倉央嘉措詩歌的誤讀中走出來，認真審視倉央嘉措和他的詩歌時，我們就會發現，支撐人們臆測和推論的歷史證據少得可憐。所謂的依據，一說是經常被人們提及的拒絕受戒的事件，出自五世班禪的傳記。

一七〇二年六月，桑結嘉措安排倉央嘉措去日喀則的扎什倫布寺，接受五世班禪給他授比丘戒。倉央嘉措到後，五世班禪首先請他給寺院全體僧人講經，被他拒絕了。對於倉央嘉措的拒絕，五世班禪並未強求。但當五世班禪希望他受戒時，也遭到了他的拒絕。

（他）皆不首肯，決然站起身來走出去，從日光殿外向我三叩首，說：「違背上師之命，實在感愧」，把這兩句話交替說著而去。當時弄得我束手無策。以後又多次呈書，懇切陳詞，但仍無效驗。（他）反而說：「若是不能交回以前所受出家戒及沙彌戒，我將面向扎什倫布寺而自殺，二者之中，請擇其一，清楚示知。休說受比丘戒。」就連原先受的出家戒也無法阻擋地拋棄了。最後，以我為首的眾人皆請求其不要換穿俗人服裝，以近事男戒而受比丘戒，再轉法輪，但終無效應。

從五世班禪的記述來看，倉央嘉措的態度是堅決的，沒有絲毫商量的餘地。他不但不受比丘戒，還要求將已受的沙彌戒也去掉。說明他不是一時性起，而是經過深思熟慮的。如果把他拒絕受戒和拒絕講經聯繫起來，我們得出的結論是：倉央嘉措完全不同意別人對他此次之行的安排。這種反抗出於什麼目的？五世班禪沒有明示，外人只是猜測而已。雖然，這段記載黑字白紙，又出自當事人之口，可看作爲證據來認定。但記載的只是發生事件的經過，背後的原因並未解釋，因而，猜測只能是猜測，不能作爲倉央嘉措不守教規的依據，更不能作爲解讀它詩歌的依據。

第二個被人們傳的似乎千真萬確的說法是，一個大雪天的黎明，留在布達拉宮後面雪地上的腳印。那是倉央嘉措夜不歸宿的證據。可是，它的來源，既無官方記載，也無野史印證，只依幾首被指認爲是倉央嘉措的詩歌爲證。除了上節引用的那首「破曉歸來臒雪中」外，在曾緘的《倉央嘉措情歌》譯本裏，還有兩首：

龍鍾黃犬老多髭，
鎮日司閽仗爾才，
莫道夜深吾出去，
莫言破曉我歸來。

為尋情侶去匆匆，
破曉歸來積雪中，
就裏機關誰識得，
倉央嘉措布拉宮。

這三首詩裏確實有人們希望的文字，足以說明倉央嘉措的風流不軌，但據專家研究。倉央嘉措的詩歌，在藏文的原文中，是道歌，並非情歌。道歌是佛教修行者對修持境界的描述或是經典中對某段講解的概括，佛經中有大量這樣的道歌。藏傳密宗薩迦派的祖師米拉日巴大師寫有號稱十萬首道歌。這些道歌無一不是對修行境界的開示。又據研究者稱，所謂倉央嘉措情歌的翻譯或整理中，只有最早的于道泉是根據藏文原文翻譯的，而且，原作並沒有分行，是一首長詩，這就使人想起藏族史詩《格薩王傳》。于道泉之所以分行，只是出於便於人們閱讀的原因。豈不知後人越翻越多。

百度說：「在『倉央嘉措情歌』的收集整理過程中，有一個明顯的趨勢：時間越往後，被說成是倉央嘉措所作的『情歌』就越多。據藏族文學研究者佟錦華（一九二八年～一九八九年）先生統計，集錄成冊的，有解放前即已流傳的拉薩藏式長條木刻本五十七首；于道泉教授一九三〇年的藏、漢、英對照本六十六節六十二首；解放後，西藏自治區文化局本六十六首；青海民族出版社一九八〇年本七十四首；北京民族出版社一九八一年本一百二十四首；還有一本四百四十多首的藏文手抄本，另有人說有一千多首，但沒見過本子。」

不要說今人爲了某種感情表達冒名倉央嘉措，或被人們誤傳而張冠李戴，就是倉央嘉措所謂情歌流傳的當時，不但有好心人加入創作的可能性，蒙古王拉藏汗爲了陷害倉央嘉措而仿照的僞作也不能排除。拉藏汗要在西藏政教合一的格魯派政權中說了算，扳倒藏傳佛教格魯派的代表人物倉央嘉措就成爲他不二的選擇。何況，一個在藏人信眾中具有崇高威望的轉世活佛，會把有可能成爲別人把柄的行爲寫入自己的詩歌嗎？所以撲朔迷離的所謂情歌不足爲證。

如果再看看拉藏汗在整個廢黜倉央嘉措事件的過程中的表演，就更加一目了然了。

五世達賴喇嘛在他經歷的西藏歲月裏，爲了腳下土地的永久安寧，他費盡心血，充分利用了蒙古王（拉藏汗之曾祖父固始汗）的力量，平息了各種紛爭。他的卓越貢獻和深謀遠慮，使西藏政教合一政權被格魯派掌控，但駐藏的強大軍隊卻掌握在蒙古國王的手中。由於對五世達賴的圓寂，第巴桑結嘉措秘而不宣，蒙古王基於對五世達賴的強大聲望和威懾力，不敢輕舉妄動。而此時，不但五世達賴喇嘛不在了，就連與蒙古人作對的第巴桑結嘉措也被幹掉了，唯一阻礙蒙古王拉藏汗獨攬西藏大權的絆腳石，只有倉央嘉措了，拉藏汗的下手就成爲必然。

他的第一個手段，就是在拉薩召開各寺院活佛參加的大會，以民間的流傳爲武器，向倉央嘉措進攻，以此證明這位轉世活佛不守教規，已不具備達賴喇嘛的資格，應於廢黜。拉藏汗以為他的淫威足以使參加會議者屈服，但他低估了倉央嘉措的影響力，也低估了僧人們堅守真理的力量。拉藏汗羅列的罪名，未能得到參加會議者的認同，僧人們並不認爲倉央嘉措的行爲已失去達賴喇嘛的威儀，只不過不守教規，是「迷失菩提」。說白了，格魯派的活佛們，只認爲倉央嘉措的某些行爲，不符合佛教的一些規矩，沒有更多的事實證明倉央嘉措有失達賴喇嘛的名號。僧人們的說法，也不過是給了拉藏汗一個臺階下，並非指責倉央嘉措。

拉藏汗發現此舉並不能達到目的，就來了更狠的，奏請康熙皇帝，說倉央嘉措「耽於酒色」，不守清規，是「假達賴」。明瞭拉藏汗表演的康熙佯裝不知，竟然准許了拉藏汗的奏請，罷黜倉央嘉措六世達賴喇嘛的名號。但是，康熙的准許，並不等於贊同拉藏汗的行爲，幾年後，康熙批准七世達賴喇嘛坐床，等於默認了六世達賴的事實，說明當時這位大清皇帝只是爲了平息事端，以利於國家連年征戰後的休養生息。因而，拉藏汗在奏章中對倉央嘉措的定性，只是一個對手的陷害，同樣不足爲證。

所有證據不但不能支撐倉央嘉措是一個離經叛道者的結論，反而證明了他是一位大慈大悲的轉世活佛。《七世達賴傳》記載，桑結嘉措戰敗被殺後，一七〇六年，拉藏汗將他「執獻京師」，「當走到哲蚌寺時，僧侶們含著眼淚，在一片祈禱聲中，捨命從蒙古人手中搶出他，迎至甘丹頗章，拉藏汗聞之，即調兵攻打。其時，倉央嘉措生起不忍之心，說『生死對我已無什麼損失』。言罷，無所畏懼地徑直前往蒙軍之中。」他的大義凜然恰恰表現了他對僧眾的無限大愛。

又據《倉央嘉措秘傳》說：當他被朝廷欽使迎往內地，受到康熙的嚴斥時，「金字使者及諸首領驚懼萬分，預感生命難保，乞請倉央嘉措遁身逃走，想以此卸責。但倉央嘉措怒斥道：『你等與拉藏汗當初是如何商議的?!如今我如不抵達文殊皇帝的金門檻親覲皇帝，我絕不返回』！」

對此，《倉央嘉措詩傳》一書的論說比較令人信服。作者馬輝和苗欣宇，一個是詩人，另一個是有修持的佛教徒，無論他們採用的論據，還是對倉央嘉措詩歌的解讀，都有勝人一籌的見解。

有文章認爲：「（倉央嘉措）面對自己與桑結嘉措之間的矛盾、桑結嘉措與拉藏汗之間的矛盾、拉藏汗與自己之間的矛盾，感到左右爲難，莫衷一是，只好在表面上寄情詩酒。但『作爲觀念形態的文藝作品，都是一定的社會生活在人類頭腦中的反映的產物』，因此，儘管他的詩歌，相當一部分好像是『談情說愛』，而實質上則是反映了政治鬥爭。拉藏汗一派也許知道他的用意，但爲了鬥爭的需要，不得不根據其詩歌的表面價值，更進一步指責其『行爲不檢』、『觸犯清規』，甚至『離經叛道』，勢必予以廢棄而後已。這是倉央嘉措的不幸，是他的悲劇所在；但他有幸的是，雖然處於政治鬥爭的漩渦之中，其『風流豔事』從來沒有真憑實據，儘管後來的處境十分險惡，他從未在這方面有過『懺悔』」（作者蕭蒂岩）。這篇文章儘管有值得商榷的地方，但他提供的兩個說法，值得注意，一個是其「風流韻事從來沒有真憑實據」，二是他從未在這方面有過「懺悔」。對倉央嘉措和他詩歌的解讀，就目前所見史料而言，更多的是人們的推論和猜想，沒有一件指名道姓的歷史事實（包括對其情人的記載）。沒有史料作支撐的推論和猜想，只能作爲茶餘飯後的閒談，自然不能作爲評價歷史人物的依據。

「懺悔」之說是值得認真探討的，因爲對於一個佛教修行者來講，所有的修行都是必須建立在懺悔的基礎之上的。每一個眾生，在他沒有成佛前，從歷世歷代輪迴以來，造就了無盡的罪業，這些罪業，只有通過懺悔才得以清淨。只有身口意清淨，才能達到自性明的境界。懺悔不但在佛教經典中有《三十五佛懺悔文》這樣的經文，《百字明》這樣的咒語，而且在佛經和修持中隨處可見。普賢菩薩的十大願中，懺悔業障是第四大願，「我昔所造諸惡業，皆由無始貪嗔癡，從身語意之所生，一切我今皆懺悔。」在藏傳密宗的修法中，金剛薩埵修法就是懺悔罪業消除罪障的殊勝法門。所以，懺悔是每一個佛教修行者必行的功課。沒有懺悔也就沒有修行，沒有修行也就沒有成佛之說。以倉央嘉措的身分和修持境界而言，如果確有其事，即使在他身處六世達賴喇嘛高位時不便當眾懺悔，也會在他被貶後有所流露，只有這樣，才符合他的身分和修持。然而，在所有史料包括《倉央嘉措秘傳》中，都沒有這方面的任何文字記載。對此，只能解釋爲，所謂倉央嘉措的風流韻事，純粹是子虛烏有。

如果結合當時的西藏歷史，我們就會毫不費力地得出這樣的結論：倉央嘉措是當時蒙古國王拉藏汗和西藏地方政府桑結嘉措以及朝廷三方政治勢力鬥爭的犧牲品。至於後世對他的認知和對他詩歌的解讀，只是出於後人的某種需要而已。

另一個不可忽視的解讀

在所有描述倉央嘉措的書籍中，幾乎都提及了倉央嘉措出身寧瑪派修行世家的身世。本文在前面也已提及。爲了消除人們的誤解或誤讀，我們有必要對寧瑪派進行必要的闡釋。寧瑪派俗稱「紅教」，是藏傳佛教的重要也是歷史最悠久的宗派之一。寧瑪派的祖師蓮花生大士，於西元八世紀，應藏王赤松德贊迎請入藏弘法，他以密宗法術一一收服藏地凶神邪祟，並與堪布菩提薩埵建立桑耶寺。他還從印度迎請無垢友等大德入藏，將重要顯密經論譯成藏文，創建顯密經院及密宗道場，發展在家、出家兩種的僧團制，奠定了西藏佛教的基礎。因此，蓮花生大士被認爲是藏傳佛教初興之時的大阿闍黎，開創了藏傳佛教。寧瑪派經過歷代大德的不懈努力，目前，其影響不但已遍及整個藏地，而且在漢地和海外也具有相當的影響力。四川甘孜地區的噶托寺、佐欽寺和白玉寺，以及西藏山南地區的多吉扎寺和敏珠林寺爲寧瑪派的根本道場和活動中心。

佛教要求聞思和實修並行。無聞思的修行是盲修，無修行的聞思是瞎忙。正因爲寧瑪派不但提倡聞思，而且注重實修，加上許多伏藏的殊勝法門，就容易被外人誤解。唐卡中被稱爲「雙運」的男女雙修造型和寺院裏的歡喜佛，常常使普通人感到神秘，有意無意間成了人們說事的根據。倉央嘉措出身寧瑪派的身世，就成爲人們推論他所謂風流行爲的一個佐證。

實際人們大大誤讀了這一表法的手段。

因爲印度原始宗教有性力崇拜，賦予性以重大意義，認爲性能創造最大能量，性的能量釋放可以和宇宙能量融爲一體，達到最高精神境界。就認爲密宗的「雙運」吸收了外道的成分。再者，在藏傳密宗傳承的過程中，由於各種複雜的因緣，在佛教內部也發生過爭議。正如宗喀巴大師所言：「後有許多不善巧者，純以己意雜之」。大海中不乏泛起的雜物，但誰也無法否認大海水力的深廣。不能因爲某些偏見和「己意雜之」的發生，就歪曲「雙運」的本來意義。中國藏學出版社出版的《雪域梵音》（作者姜安）第二四七頁指出：

「『樂空雙運』修持法與印度教性力崇拜本質上是有差別的。密宗在修持過程中強調先觀空，然後觀男女之事，由母尊生出諸佛，復觀空。歸結到『緣起性空』、『諸法皆空』，同時含有以貪（欲）治貪（欲），隨欲轉化之宗旨。而天女、空行母皆由心出。《維摩詰經》中說：『先以欲鉤牽，後令入佛智』。蓋食色天性，是正常人的天性，密宗順勢而導，究其目的，不外有二：一、修煉中脈臻達長壽，二、證悟『樂空不二』，令其身三密與本尊三密合一，而達即身成佛，絕非提倡縱欲。」

一個通達佛法，對藏傳密宗有充分理解者，絕不會對「雙運」生出邪見。然而，對於一個真正的修持者而言，可以不去理會，但一些偏見的傳播，確實會誤導人們。

四川色達五明佛學院的索達吉堪布在其著作《密宗斷惑論》中說：「有些人認爲：密宗裏的雙運與顯宗相違，讓人無法理解和接受。大凡沒有依止過具德善知識或未廣泛學習過佛法的人，難免對佛教中許多觀點感到無法理解。比如從來未學中觀的人看到《心經》中的『色不異空，空不異色，色即是空，空即是色』時，會對色與空這種關係感到矛盾，而已通達經綸的人，則知道不但不矛盾，而且揭示了諸法極爲深奧的本性。同樣，從未修學過密法的人，對雙運產生疑惑也實屬自然。但明智的人只要堅信佛陀聖言量的正確性，了知這些行爲雖不爲自己的分別念所理解，但必有其殊勝真實的含義，這樣自然可避免謗法的無邊罪惡。」雙運的真實含義是指樂空無二或智慧方便無別，《金剛密續》云：「世俗勝義諦，遠離二分別，何時正相合，說彼爲雙運。」

索達吉堪布還說：「雙運在顯宗中也有隱含式宣說，如《女身令佛歡喜經》云：『菩薩者，爲令諸佛生喜，將自身化爲女身，長行於善逝之前。』又說：『以大悲心降伏損法者等等。』《釋迦牟尼佛傳‧白蓮論》中論述：釋迦牟尼佛在因地時，曾經是一位名叫其吾嘎瑪的婆羅門，已出家修梵行多年，後來進城時，有一商人的女兒對他生起了貪愛之心，幾欲死去，爲此，婆羅門生起了極大的悲心，便捨戒與其結婚作不淨行，以此功德，頃刻圓滿四萬大劫的資糧。故此小乘中本爲根本重罪的淫業，只要由大乘的大悲心或由密乘的大智慧來攝受，也可稱爲積累資糧的殊勝法門。密宗有以方便法借助空行母而成就，也有直接依解脫道而成就，無論方便道還是解脫道，都是成佛的無上妙法，因此應切切注意，不要因一時誤聽他人錯誤言論而誹謗了正法。」

索達吉堪布強調說：「他們（成就者）的雙運等因以智慧攝受，故不成障礙，酒飲得再多，也不會對神智有絲毫的影響，但凡夫不能簡單地效仿，如孔雀吃毒物越多羽毛反而更加鮮豔，但烏鴉食毒只會喪失性命。」

如果我們依據獲得了一定證量的大德的開示，或至少借助於那些不懷偏見的真正的探討，就不會因倉央嘉措的出身而得出錯誤的結論。

姚敏在《不負如來不負卿》中說：「戒律森嚴，佛陀慈悲。佛法的真義，從來不是懲戒，而是引導。佛不否定愛情，相反，在某種意義上來看，愛情所具有的絢爛迷目卻轉瞬即逝的特徵，本質上是最接近佛法教義萬法皆空的聖諦，是通往了悟空性的最直接的路徑。」

接著，作者引用後世桑田吉美諾布對倉央嘉措的評價說：「倉央嘉措最根本的教誨，就在於生命的本身，不管它以什麼方式顯現在我們面前，都是我們最好的老師。」

姚敏的觀點，代表了相當一批好心人的理解。他們的好心在於對「雙運」的方便殊勝法門未作隨意的曲解，而是用一種詩意的語言，做了自己愜意的解讀。索達吉堪布「凡夫不能簡單的效仿」的開示，本身就包含了對常人理解有其局限和誤解的告誡，。正如一位活佛所言：「我們看到了一位修行者以『雙運』而成就了這個現實就行了，其他的我們說得清嗎？我們哪一個人可以把自己的爺爺說清楚？所有的說法只不過是一種猜測。」正如這位高僧所言，任何外人的理解只能是他自己的理解，猜測只是一個說法而已。除證悟者以其證量明瞭所證境界外，其他人的任何比喻，都無法抵達佛法的真諦。所謂愛情具有的絢爛迷目卻轉瞬即逝的特徵，如同一個吸毒者瞬間所體會到的極樂快感一樣，只是一個凡夫無明的「我執」，它永遠無法抵達真理的彼岸。因爲他缺乏智慧的攝受，本來只是欲望的追逐，即使這種欲望是以愛的名義。

道歌圓滿究竟的境界

當我們摒棄種種偏見，將倉央嘉措的所謂情詩，當做道歌來體味時，無疑會獲得一方燦爛的天空。當我們堅信佛法所要表達的是一種通向真理的路徑，就會對倉央嘉措獲得嶄新的認識。由於所流傳的倉央嘉措的詩歌難以一一確定，我們只能試著對基本無爭議的段落（按于道泉最早譯本的說法，所依據的藏文版本是一個並未分開的長詩，斷開並分成多首短詩，是譯者為了便於讀者閱讀而為之）進行分析，以探討倉央嘉措道歌的真正意義。

于道泉譯本（六十六節六十二首，影響最大的版本）

從東邊的山尖上，
白亮的月兒出來了。
「未生娘」的臉兒，
在心中已漸漸地顯現。

（原作注：「未生娘」係直譯藏文之ma-skyes-a-ma一詞，為「少女」之意。）

這首詩，出於于道泉譯本，其中藏文ma-skyes-a-ma一詞音譯爲「瑪姬阿米」的詩，被廣爲傳頌，被認爲是倉央嘉措的重要的作品，瑪姬阿米也被誤讀爲情人。再看曾緘六十六首譯本的同一首詩（七言絕句）：

心頭影事幻重重，
化作佳人絕代容，
恰似東山山上月，
輕輕走出最高峰。
（原文注：此言倩影之來心上，如明月之出東山。）

王沂暖的譯本將這首詩（七十四首）譯爲：

從那東方山頂
升起皎潔月亮
未嫁少女的面容
時時浮現我心上

在莊晶的譯本（一二四首）裏，這首詩爲：

在那東山頂上，
升起了皎潔的月亮。

嬌娘的臉蛋，
浮現在我的心上。

「瑪姬阿媽」一詞，有人譯作少女、佳人……，是對「未生」（瑪姬）一詞的誤解。這個詞並非指「沒生育過的母親」即少女，而是指情人對自己的恩情像母親一樣，雖然她沒生自己。這個概念很難用一個漢語的詞來表達。權且譯作「嬌娘」。

馬輝、苗欣宇在《倉央嘉措詩傳》裏這樣譯道：

心上的草
漸漸地枯了
心上的雜事、雜物……次第消失
我也隨之空下心來
這時，瑪姬阿米的臉
浮現在我的心頭
而月亮正在攀過東山
不留任何因果
……
此刻，除了這無邊的寧靜
還有什麼值得我擁有呢

（原文注：原文中，「瑪姬阿米」一詞分解如下：「瑪姬」直譯為「不是親生的」，「阿米」是「母親」的意思。全詞的意思是「不是親生的那個母親」或「親生之外的母親」。）

當我們對這些譯作進行比較後，就會發現，儘管譯者所用詞句有所變化，但譯文的意思幾乎是一樣的，就是把這首詩當作情詩看。其中，于道泉譯文應該更接近原意。可惜的是，譯者在注釋「瑪姬阿米」時，將「未生娘」直譯爲「少女」。這樣，讀者必然認爲，那個漸漸浮上心頭的臉兒，必定是情人的面容。而莊晶則在注釋裏，直接注明「瑪姬阿米」是指情人對自己的恩情像母親一樣。

馬輝和苗欣宇的翻譯，採用了意譯的手法，全詩的意思也接近了原詩的意境，問題是譯文的重心偏向於表達「寧靜的情景」，過多的意象，淹沒了關鍵的句子：「瑪姬阿米的臉，浮現在我的心頭」。譯文的注釋，也只是詞語表象的直譯。

我對眾多譯者心懷敬意，在此，絲毫不敢否認他們對倉央嘉措詩歌傳播所作出的巨大貢獻，我的努力，只是爲了能更加接近倉央嘉措詩歌的原意。爲此，我懇請大恩上師益喜寧寶堪布在萬忙中擠時間，根據二〇一〇年六月西藏人民出版社出版的《倉央嘉措情詩選》中所提供的藏文，翻譯了廿九首倉央嘉措的作品，我取與以上引用的幾位譯者同樣的一首詩來加以分析：

無生天母

東山皓月雖千里，

朗朗靜影沉玉璧，

無生天母絕代容，

悠然映在吾心意。

（原文注：澄清的皓月，縱橫乾坤，打破了明淨的夜晚，那千山萬水都在一輪皓月的照射下；無生的天母，穿越時空，立斷了今生與來世的界限，那三世一切因緣都在一顆心靈的懷抱裏！）

這首詩的詩眼，無疑是「無生天母」，所以益喜寧寶堪布給這首詩直接取名「無生天母」。這個詞究竟指什麼？不管是譯作「嬌娘」還是「少女」，顯然背離了原意。「無生」在此應該是「本身、本來、自然」之意，「天母」應爲「本來的母親」或「天然的母親」，如果我們把這首詩當作道歌來理解，當作一位修道者對於內心覺知境界的描述，那麼，益喜寧寶堪布給我們的譯文就顯出了它本來的意義。佛家所有的修行法門，其終極目的是爲了消除無明，證悟自性。自性即佛性。證悟了緣起性空，自性圓明，也就明瞭了不生不滅的人生宇宙真相。倉央嘉措出身的寧瑪派的最高法門爲大圓滿，它認爲本初元體自然智爲一切法源。無垢菩薩對於自性光明的描述爲「當你外觀虛空時，而心這時已無妄念起動之殘餘，你又再現自心時，亦無妄念之起動者，那麼，無染的心性清淨而光明，這就是你的本覺光明空寂之法身，好似無雲晴空升起的太陽，雖無形象卻能明確的知道。對此義悟與不悟差別極大。」

如果我們對無垢菩薩的這段描述感到抽象的話，我們再來看看另一位高僧的描述。寧瑪派的大成就者巴珠仁波切給他的弟子紐舒龍德傳承大圓滿法脈時，選擇在一個特別的夜晚。那時，他們住在佐欽寺。佐欽的夜晚，清靜美麗，巴珠仁波切仰臥在屋後的山坡上，他把紐舒龍德叫到身邊，說：「你說你不懂心性是嗎？」紐舒龍德回答：「是的，仁波切。」「實際上沒有什麼好知道的。」巴珠仁波切淡淡地說：「我的孩子，過來躺在這裏。」於是紐舒龍德挨著上師的身子躺下。巴珠仁波切問他：「你看到天上的星星嗎？」「看到了，仁波切。」「你聽到佐欽寺的狗叫聲嗎？」「聽到了。仁波切。」「你聽到我正在爲你講什麼嗎？」「聽到了，仁波切。」「好極了，大圓滿就是這樣，如此而已。」就在那一剎那，紐舒龍德豁然開悟了！他從染與淨、是與非的枷鎖中解脫了出來，體悟到本體的智慧，空性和本有的覺察力的純然統一。

「極密光明勝乘頂，不於外覓本來面。」（益喜寧寶堪布譯《祈請傳承上師》）當自性的光明如同皓月一樣顯現在心頭的時候，修證者豁然開朗，本來的面目如同朗朗的月兒，從來就沒有離開夜空，我們還必要到別處去尋找嗎？

益喜寧寶堪布的譯文，直至心性：那個被稱爲「自性」的無生天母的絕代容貌，自由來去心中的時候，就立斷了今生和來世的界限，獲得了解脫的生命，從此脫離了輪迴的痛苦。

像這樣通過對修持境界的描述，形象的表達佛法的詩句，在倉央嘉措的詩歌裏隨處可見。只要不帶任何主觀臆造和猜測，就文字看文字，倉央嘉措的許多詩歌，其表面的字義即是直至佛法。

不觀生滅與無常，
但逐輪迴向死亡，
絕頂聰明矜世智，
嘆他於此總茫茫。

（原文注：謂人不知佛法，不能觀死無常，雖智實愚。）

十地莊嚴住法王，
誓言訶護有金剛，
神通大力知無敵，
盡逐魔軍去八荒。

（原文注：此讚佛之詞。）

以上兩首取之曾緘譯本，譯者的注釋已說得明明白白，可惜人們基於所謂情歌一說的誤導，把它當作不是情歌的情歌來讀。如果我們用心去讀這樣的詩句，再把這些句子所表達的意思，與其他用隱喻比興的手法完成的詩句相比較，自然會得出接近作者原意的解讀，但是，修行者以巨大的努力去探究生命的真相，凡夫的習氣卻是情願接受合乎自己審美情趣的趨向。何況，讓一個人相信除去無明可以洞見生命真相何其難也，讓普通讀者去理解一位修行有道的大德的道行是不切合實際的，因而，誤讀倉央嘉措的詩歌也就顯得再正常不過了。

釋迦牟尼佛說：「除非我與同我者，無人能量他人心。」對於沒有修證的我來說，當我表述自己想法的時候，同樣成爲一種妄言，很難說離倉央嘉措詩歌的真實意境還有多少距離。

在此，我將上師益喜寧寶堪布譯的其他廿八首倉央嘉措的詩歌奉獻給讀者，以期有更多的人能通過這位修行有道的高僧譯筆，感受到三百年前那位偉大上師倉央嘉措的教誨，領會他無量的慈悲和良苦用心，從而理解生命的真正意義。

也許有人會說，既然倉央嘉措的道歌所表達的是一位大成就者的證悟境界，倉央嘉措本身自然是一位得道的高僧。那麼他不會不知道他的道歌可能引起的誤讀嗎？答案是肯定的。那麼因此又會引申出一個問題：他爲什麼要這麼做呢？

當我們對倉央嘉措所處時代的社會背景瞭解後，沿著《秘傳》的記載讀下去，自然會明瞭。儘管沒有任何證量的我，拼命說出的仍然是妄言。但我和許多人一樣堅信，倉央嘉措並沒有在廿四歲那年死於青海湖邊，而是以六十四歲圓寂於阿拉善。我相信，懷有這種信念的人們，不是爲了追求一個曲折的故事的完整性。這樣的理解，也不是僅僅因爲信仰或一種美好的願望，而是出於真正的理性選擇。

《倉央嘉措秘傳》是真實的。正如有人（蕭蒂岩）分析的那樣：如果倉央嘉措真的在青海死了，五十年後的一個蒙古喇嘛阿旺多爾吉，杜撰一本《秘傳》，無論從政治上、宗教上講，都是沒有任何價值的。而阿旺多爾吉要寫，正因爲倉央嘉措當時沒有斃命，有義務將他的自述和自己的見聞記錄下來，留諸後世，作爲一個虔誠的宗教徒，也沒有必要撒下彌天大謊，以公開違反佛戒；第五，如果說因爲倉央嘉措「不得好死」，有損達賴威望，而捏造一本《秘傳》，以「爲尊者諱」的話，則所描寫的艱難歷程，更多地顯示了凡人的災難，而不像活佛的生活，除去某些怪異而外，正好客觀地反映了倉央嘉措前後性格的一致性；《秘傳》中的倉央嘉措，遇見過許多重要人物，這些人物固然沒有文字記載，旁證他們確實活著，但也沒有著書進行否認，這多少懾於官方已說他「圓寂」、「道死」、「拋棄屍骸」不無關係；如果倉央嘉措確實不存在一個後半生問題，那麼，五臺山、甘肅省、特別是阿拉善旗一帶，就不會在民間流傳著關於六世達賴的傳說，何況根據解放後的調查，直到一九五八年還經久不衰，而且還有物證，又將怎樣解釋呢？如果倉央嘉措的後半生不存在，只是在有了《秘傳》以後，才出現其他故事，而且還能活在人們心裏，恐怕是不可思議的。

當我們確信倉央嘉措不會因爲他人的擺佈就認同邪惡，那麼，他的選擇就是基於那個時代背景下眾生的需要。試想，如果他捲進拉藏汗、桑結嘉措、朝廷三方的任何爭鬥，只能使西藏局勢更加混亂，對於眾生利益甚至他的人身安全不會有任何益處，只會帶來更大的損傷。所以，倉央嘉措選擇了自己的方式，菩薩的慈悲在於應機度化眾生。《華嚴經》所載善財童子五十三參，其中一參說：

善財參訪至險難國去參訪婆須密多女，聽到一個老者吟詩曰：「相逢相問有何緣，高行如來一寶錢。執手抱身心月淨，吻唇咂舌戒珠圓。人非人語皆隨現，天與天形應不偏。三德已明貪欲際，酒樓花洞醉神仙。」

見到婆須密多後，她將善財摟在懷裏，親吻咂舌。善財本是寡欲之人。經婆須密多挽手擁肩，似乎牽動俗情。待親吻後，善財才感覺一種高尚的慈愛，這不是夫妻的恩愛，而是睡在母親的懷抱裏，接收母親的撫愛。不單是母親，而是與廣大眾生的慈愛。

他看見婆須密多像一尊慈祥的菩薩，在教他離貪欲想，發願度眾生。為度眾生故，不捨離一切眾生，在世間為眾生造一切福田。善財清醒過來，尚坐在婆須密多懷裏，感覺心地清涼一絲不掛。回憶老者的詩：執手抱身心月淨，吻唇咂舌戒珠圓。善財此時更堅定了熱愛人間，不離人間，為人間廣作福田的意志。

婆須密多說：「這地方的人，多貪欲，樂妓藝，不思為人間作福田。我用吻唇咂舌，使他們離貪欲想，斷除情愛，多造人間福田。」

善財問：「我已發菩提心，造福人間，你使我離貪欲想而熱愛眾生，不離人間廣作福田。若淫穢眾生，被你吻唇擁抱，能不生欲情嗎？」

婆須密多道：「然也，正因欲情重，而吻唇咹舌度之。我已吻你，擁抱於你，你感受如何？」善財默然。

婆須密多道：「我念過去高行如來住世，我與丈夫一寶錢供養如來。當時文殊師利為佛侍者，勸我發菩提心，我以此成就無邊善巧方便智，專離眾生貪欲際海，隨其欲而現身，令離貪欲。」

菩薩的大愛無所不在，楊志軍的《伏藏》借助虛構的情節，排除了令人開啟伏藏的擔憂，倉央嘉措本來就沒有恨，眾生的愚癡恰恰留給了菩薩播撒大愛的機緣。無量的大成就者曾發宏願：結善緣即身成佛，結惡緣輪迴有終。

倉央嘉措的無量慈悲一直跟隨著我們，正如藏傳佛教高僧的開示：「六世達賴以世間法讓俗人看到了出世法中廣大的精神世界，他的詩歌和歌曲淨化了一代又一代人的心靈。他用最真誠的慈悲讓俗人感受到了佛法並不是高不可及，他的特立獨行讓我們領受到了真正的教益！」

參考書籍：

1.《普賢上師言教》，巴珠仁波切著，西藏人民出版社，二〇〇七年版。

2.《六世達賴情詩選》，西藏人民出版社二〇一〇年版。

3.《倉央嘉措詩傳》，作者：馬輝、苗欣宇，江蘇文藝出版社二〇〇九年版。
4.長篇小說《伏藏》，作者：楊志軍，人民文學出版社二〇一〇年版。
5.《不負如來不負卿》，作者：姚敏，文化藝術出版社二〇一〇年版。
6.《達賴喇嘛傳》，牙含張編著，人民出版社一九八四年版。
7.《唐卡的故事之男女雙修》，作者：吉布，陝西師範大學出版社二〇〇六年版。
8.《大圓滿虛幻休息論車釋……》，無垢菩薩著，劉立千譯，民族出版社二〇〇〇年版。
9.《善財童子五十三參的故事》，聞妙編寫，上海佛學書局一九九九年版。

第十二章　益喜寧寶堪布譯《倉央嘉措詩歌選》

說明：

益喜寧寶堪布的譯文，是以二〇一〇年六月西藏人民出版社出版的《倉央嘉措情詩選》中所提供的漢藏版本為藍本翻譯整理的，對有些譯文已接近藏文原意的，或接近佛法所要表達的密意，即取原文或進行了必要的修正，並加以注釋，目的只是提供另一種解讀。為了便於讀者閱讀理解，譯者給每一首詩加了題目。

無生天母

東山皓月雖千里，朗朗靜影沉玉璧。
無生天母絕代容，悠然映在吾心意。

（注：澄清的皓月，縱橫乾坤，打破了明淨的夜晚，那千山萬水都在一輪皓月的照射下；無生的天母，穿越時空，立斷了今生與來世的界限，那三世一切因緣都在一顆心靈的懷抱裏！）

自來

端坐靜觀師相應，何曾現於降靈台。
不念意中人倩影，栩栩未迎卻自來。

（注：兆靈有業。濳德無聲。除了佛祖，誰知其所以然？假如詩人的異想是一陣風，那麼一草一木的顫動便是他情感的真實流露。若沙門的境界是汪洋大海，那麼一滴一世界的妙用便是他內心的自然本真。）

若不見

當初若不見，省得意向誰。
再來不迷戀，亦免思相牽！

（注：一切緣起，始於看到，所以每一個人都是一名創世者，假若詩人，看庭前花開花落，榮辱不驚，望天上雲卷雲舒，去留無意。那麼從此你的世界便是一個更加真實，更加美麗的世界。）

足跡

薄暮出尋豔，清晨飛雪花。
行蹤隱不住，足跡雪中踏。

（注：一切既然開始了，從此便不再回頭，因為要尋找。無論是花草還是沙石，

在清淨佛剎，或者堪忍娑婆，每一個角落裏都留下了它們的腳印。）

悠悠苗

昔日播下悠悠苗，如今已成蓬飛草。
少年老去形骸在，恰似朽弓硬彎腰。

（注：殘留的尾聲，老翁的滄桑，都在用最後的一息傾吐些什麼？倘若詩人意留片刻，就會頓曉，那一刻屬於誰？）

自心所向

自心慕往知己人，若能結為永依親。
此生似歷茫茫海，得來摩尼有何別。

（注：世間為我所用，非我所有。像馬車乘珍寶伏藏，如是一切無復相隨。任何的因緣，包括你的伴侶，乃至自身，終一切究竟還是與你離別而去。）

相遇

途中邂逅妙女郎，冰肌蘭氣郁芳香。
恰似得來白松石，無奈拋下在路旁。

（注：花兒為誰開？鳥兒為誰歌？花開遇緣人，鳥歌為情人，相遇相別在夢中，

花謝鳥飛皆隨緣。）

枝頭紅

名門千金舞蹁躚，嬌豔嫵媚正當春。
恰似熟紅桃枝頭，懸垂園林綠葉間。

（注：古人說：日中而移，月盈而虧。世間一切因緣都在遵循著這個大自然的規則。）

思相牽

時時意向遠友廂，夜夜寤寐不斷忘。
白晝何曾得良機，誰知思君空斷腸。

（注：「但願人長久，千里共嬋娟」。但是，相遇相識，思相牽，匆匆相愛，匆匆別。來去隨緣，勿念舊，永恆不在，剎那間！）

皈命

至誠皈命上師前，直指心法為我宣。
無奈此心狂未歇，仍是馳神玉姝邊。

（注：水中魚，空中鳥，無一不是在尋找著生命的家園。一次次地錯過良機，無

所適從。東榆已逝，桑榆未晚，鳥魚若忪醒，哪裏不是生命的歸宿啊！）

風雪夾擊

秋至綠地寒夜霜，縱爾烈風積雪涼。
黃蜂散盡花落去，剎那因緣空一場。
（注：福不雙至，禍不單行。恩愛夫妻，枝頭巢，幾家歡樂，幾家愁。榮華富貴，夢一場，今生漏盡，來世窮。曇花一現，無常吞，回頭良機，勿錯過。）

叢蘆

飛來黃鴨戀叢蘆，本想蘆中小安住。
忽來冬寒漫天雪，層冰吹凍滿平湖。
（注：春夏秋冬示無常，酸甜苦辣破我執。選擇未必會準確，不過「山不轉水轉」，人只要有志向，如同大雁南來北往，一切因緣可以隨機應變。生命的每一個契機其實都是一個新的轉捩點。）

木馬回頭

莫道無情渡舟口，舟中木馬解回頭。
不知負義吾玉姝，尚解回頭一顧否？

（注：緣聚緣散皆有因，因緣一過愛枉然。分離聚合前世定，回頭船已渡江心。再美再好的因緣，終會有結束的時候，一切源於前世的緣分。當緣分已盡，就隨順自然莫再回頭，過去的就讓它過去吧！）

誓盟

我攜玉姝集市街，海誓山盟打語結。
如同花蛇盤結兒，匆匆相遇匆匆別。

（注：兩情相悅的情侶即使再情深意切，亦將瞬間分開，沒有片刻的停留，隨自身業力不同各分西東，這個世界上唯一不變的就是一切都在變。）

祥幡

青梅竹馬傾城愛，祥幡插在河柳邊。
守林阿哥須護惜，莫將飛石到幡前。

（注：一心為有緣的人，在默默地作祈禱，使有緣生靈悉得平安！無論善緣或惡緣。）

瑤函

墨寫瑤函被雨淋，只留殘影難再尋。

未寫意中畫玉姝，銘刻在心安能摸。
（注：因為有宿緣，才能相識，相愛，銘刻在心，直至成佛。）

阿識田

紙尾玉印黛色深，豈能暢訴沉吟意。
刻畫同心留義影，印入彼此阿識田。
（注：世間曾經的一切過往，哪怕一瞬間擦肩而過的緣分，亦都將留存在阿識田，百千萬劫如影隨形，猶如一滴水，滴入了大海，從此一萬年，一億年，乃至海枯石爛與海共存。）

哈羅花

盛顏哈羅雖有毒，淨心供養亦殊勝，
逆緣轉為增上緣，亦成佛道善助力。
（注：當毒藥用來解毒、攻毒的時候，它便是善藥、妙藥，同樣地，無論何等因緣，若能巧用成為修行助緣，那便是善緣。）

阿蘭若

倘若情牽意中人，遁入空門心向法，

捨愛吾亦不戀塵，趨向清淨阿蘭若。

（注：萬般因緣，隨順為貴。）

花落

暑往寒來顏花謝，秋零雖至蜂莫愁，
匆匆玉姝塵緣盡，我卻未曾傷意懷。

（注：遇到了學會面對，緣盡了學會放下。）

甘露良藥

雪山化為參露珠，智女引作甜美酒，
戒行適度善飲用，何由墮入三惡道。

（注：一切行持，適度為善行，同樣是美酒，不同的人飲用，就起不同的作用。）

意向

倩影晝夜隨入意，若能轉心向如來。
了卻剎那過客緣，即生成佛有何難。

（注：倘若以今生的一半力來修學佛法，必定早已解脫。）

蝶夢宴

風馬騰雲飛向天，豎起風讀祈福幡，
潛德無聲兆喜運，玉姝迎君蝶夢宴。
（注：種什麼樣的因，就會得什麼樣的果，一切苦樂因緣都不離因果。）

傳私意

玉姝貝齒微笑顏，迎來宴客誘君歡，
目挑眉語傳相思，唯獨我知傾城意。
（注：茫茫人海中，只遇有緣人。匆匆宴客中，只見相愛人。）

允諾

日久生來依附意，問妹可否常伴隨，
允諾若非壽數盡，與君不分永相依。
（注：心願無限，情緣有限。但願有情人終成眷屬，白頭偕老。）

無負

曾慮多情損梵行，入山又恐別傾城，

世間安得雙全法，不負如來不負卿。
（注：專心是做事的一種涵養，堅持是成功的必備秘訣。）

究竟

工布少年不定意，猶如蜂兒落入網，
蝶夢圓成方三夜，又想佛家自在身。
（注：世界要是沒有光，也就沒有楊花飛絮的春天，也就沒有百花爭豔的夏天，也就沒有金果滿園的秋天，也就沒有大雪紛飛的冬天。眾生要是沒有靈光，也就沒有火燒贖罪的地獄，也就沒有富麗堂皇的天堂，也就沒有堪忍娑婆的苦難，也就沒有清淨佛剎的安樂。）

頂髻珠

蜜意隨君永相依，倘若玉姝背信義，
伴隨唯有翠髻石，玉翠豈能洩私密。
（注：人生路上，難得糊塗。）

舉誓言

明眸皓齒傾城顏，少年欲醉癡相隨，

問姝能否永相依，請舉誓言與我知。

（注：無論做什麼，需要堅定不移的諾言，若果沒有了海誓山盟的決心，也就不會有很好的結果，更可能會前功盡棄，半途而廢。）

一種因緣，也許有萬般解讀，但它只有兩種循環，緣起與緣滅；一顆心靈，也許有無量造化，但它只有兩種趨向，光明與黑暗。希望你選擇光明！

第三部 知行普修

貢布才旦大師說：

「從宇宙到人都顯示了生命無常的道理，人的一生，年華易逝，應該幹些有意義的事。人最怕的就是死，佛學就解決了這個死的問題，就是修死的道路，這是佛學的最高層次。」

「印度的佛學大師，現在都變成了歷史的傳聞，在藏傳佛教中，出現過許多著名的大師，他們的本領都很大，可以扭轉乾坤，可以看出三世因果，透視功能無比，但最後都逝世了，向人們展示了人生無常的道理。」

「所以，我們在修行的時候，先要把人生無常作為入門的知識來認識。」

無常是懸在凡夫頭上的一把劍！

請教益喜寧寶師父，何為證悟？答：證得自性顯現。

修證過程，分為三個階段，首先是解悟，就是通過聞思，理解佛法的道理；再則覺悟，就是在師父的指導下，經過一定的修行，覺知見性；見性後就要靠功夫證悟。

根器好者，也有當下證悟的，一般人則要通過長期的修行而證悟。

但無論頓悟還是漸悟，直至自性才是根本。

正如禪宗的頓悟和漸悟，只有根器之別，沒有佛性之分。

第十三章 金剛上師

西元一九九八年五月（佛曆二五四一年），我陪幾位朋友去遊西部，說好在蘭州碰面。蘭州的初夏多是晴天，那天也一樣。多年前，我在青海省軍區政治部任職，臨時抽至蘭州軍區，去參加文學創作學習班，兩次加起來，住了有半年。每天除了寫東西，就是飯後散步，許多地方都走了，對蘭州很熟。這次因住一夜，明晨再出發，就登記了賓館，想轉轉故地，好友宋清海卻說：「我帶你去見一個老師，他是藏傳佛教寧瑪派的一個金剛上師，去拜拜，他有許多神奇。」

這之前，我對佛教的瞭解，僅僅局限於書本上的零星閱讀，還有民間的習俗。在大學裏上美學課，聽易中天教授講禪宗，也只是從凡夫所謂理性的角度推想，於真正的佛法並不明白。然而，佛教誕生兩千五百多年來，如李白、如蘇東坡、如范仲淹、如李清照等眾多文化鉅子，皆為居士。近代李叔同則直接出家，證悟佛法。我輩今生若能明理一二，也算有幸。於是，聽了清海的話，跟了他去見那位金剛上師。

上師叫吳新華，是位參加過抗日戰爭的老八路，退休前，是一家大型國企的領導，級別地市級。清海說，戰爭中，有多次戰友負傷，血流不止，上師念了從和尚師父哪兒學來的咒語，然後隨意拔了青草的葉子，嚼碎敷在傷口上，血立刻止住。一次兩次，大家不在意，次數多了，班長說，只說草藥醫治的，不能說念咒，那是迷信。所以，他早就認為，奇異是存在的，未必是迷信。於是，他退了休，就去拜了住在蘭州的藏傳佛教大活佛貢唐倉大師，又經貢唐倉大師指引，皈依了拉卜楞紅教寺法台貢布才旦大師。

吳老師住在城北的一條街上，路雖然遠些，但記準了地方很好找。約莫半小時，計程車就送到了我們。他住平房，有個院子，院子裏有花草，也有一塊空地。我們進去，院子裏有十多個人在練功，清海說，他們都是吳老師的弟子。

我和清海進門，清海叫一聲，吳老師從裏屋出來，清海介紹說：「吳老師，這是我的同學志鵬。」吳老師應著，和我握了手。

對我這個佛門之外的人來說，對藏傳佛教更是陌生，更不知寧瑪派的由來。印象深刻的只是穿軍裝時，在青海塔爾寺見到叩長頭的信徒和飛轉經輪的場面。見到吳老師，自然頗感神秘。看吳老師，面龐寬厚，臉頰紅潤，雙耳大，且身高，午後深沉的光線裏，更增加了幾分神秘。他七十多歲了，腿腳卻很好，走路拉凳子讓座，動作敏捷，不像一位老人。清海說，那是修行人的功夫。

坐定，師母白阿姨倒了茶水，我們隨意聊了一會，吳老師看看時間，就帶我們去了佛堂，做灌頂儀式。

吳老師家的佛堂，在靠東的一間南屋裏；窗戶光線很好，拉了老紅色的窗簾，光線透進來，佛堂流淌著淡淡的紅的光暈。暗紅色的空氣裏，佛堂顯得莊重而神秘。我進去就被打動了，眼睛潮潮的。

我是在灌頂儀式完畢後，才小心翼翼地頂禮佛堂裏的佛像的。經吳老師指點才知道，有釋迦牟尼佛，有蓮花生大士，有阿彌陀佛，有綠度母，有文殊菩薩，有普賢菩薩，還有大護法。佛像有印度的，也有尼泊爾的；有貼金的，也有宋代、明代和清代的古佛像。佛堂裏還響著佛教音樂，迭著「阿彌陀佛」的念佛聲，點著酥油燈，似有似無的檀香味。有我們常在寺院裏感覺的氛圍瀰漫著。

灌頂儀式開始，我跪在佛堂裏，面向著吳老師，清海也跪著。吳老師念了四皈依（皈依上師、皈依佛、皈依法、皈依僧），說了五戒，不殺生、不偷盜、不邪淫、不打誑語、不飲酒。然後叮嚀，能做到，在心裏默認；不能做到的或暫時做不到的，可以心裏不認，答應了的就一定要做到。受戒不守戒，如同知法犯法，罪加一等。吳老師特別強調不殺生，他說，對佛弟子來講，不殺生是至關重要的一條，所有眾生皆恐懼死亡，何況千百劫來，六道眾生互爲父母與兄弟姊妹。戒殺，是慈悲之心的第一要義。

吳老師說完了，讓我閉上眼，他站起來，拿了佛堂的法器銀鈴，一邊搖，一邊念密咒，接著在我的頭頂灑了淨水，那是從佛堂的淨水瓶裏倒出的水，涼涼的，滴在頭上，一時穿過心肺，有一種說不出的清涼感。末了，他用黃色的紙條，寫了兩個密咒給我，問我認識嗎？密咒是藏文的音譯，用漢字寫的。我說認識。他說，不出聲在心裏念一遍，我默念一遍，他說是。

我們出了佛堂。吳老師讓師母白阿姨拿出兩本書，是以甘肅省密宗氣功協會的名義印的，一本藍色的封面，一本黃色的封面，黃色的封面上，繪有釋迦摩尼佛祖的線條坐像。我翻開，看內容，是貢布才旦大師在蘭州甘肅密宗氣功學會組織的兩次學習班上的講話，根據錄音整理的。貢布才旦大師講的藏語，是甘肅民族學院的藏族學者多識教授翻譯的。

吳老師說，不是氣功，爲了方便借個名。佛家修行不是練氣功。這本冊子裏，貢布才旦大師講了藏傳佛教密宗大圓滿修法前行的準備，也就是資糧，是上路前備的乾糧。修行的前行四加行、五加行。先叩十萬個長頭，才有資格跨進修行的門檻。

貢布才旦大師說：「人身難得，佛法難聞。」

佛法是建立在「緣起性空」這一認識基礎上的。所以佛家認爲，任何事物的具相，都不是它的本來面目，也就是說不是它的自性。從不了義的世俗的角度講，任何事物都是眾緣和合而成，緣來即生，緣盡則滅。一件漂亮的瓷器，它之前需要高窯烈火的燒製；再之前，它是需要匠人們的精心製作；再之前，它是瓷泥；再向前推，它是組成瓷泥的另種元素；依此可無限的向前推，直至微塵，再至不可分，分即成空。這件瓷器當下還在變舊，還在氧化，還可能損壞，由此可無限的向後推。由此，可以說，瓷器這一具象，只是一刻不停、不斷變化環節中的暫短存在，就連「暫短」的本身也是無法描述的。任何暫短具象的存在都是因「緣」而生，「緣」盡則滅。所以，任何物體的本質爲空性。佛家用幾乎完美的定性說明了這種現象，叫生滅之間，其變化速度之快，生就是滅，滅就是生。現代科學對物質的研究與分析，證明這一描述的準確性。

佛家描述人身，不但有無數劫的前世，如未成佛，也有無數的後世，即使我們看到的今世，一個人從兒童變爲老者，其變化是何等之大，生與死這種相隔兩茫茫的頭等大事，佛家說其變化在呼吸之間。呼吸在即生，呼吸去即死。所以佛在《金剛經》上說：「凡所有相，皆爲虛妄。」

佛家認爲正因爲人有無數的前身後世，少兒老年，生離死別，人身同樣是假相，所謂的「我身」，只是前身後世、生死之間因「緣」而生的暫時存在，只是暫時寄居神識（靈魂）的場所。如一個限制了人出入自由的房子，一個關閉鳥兒飛向藍天的籠子。只有拋棄這個房子和籠子，才能獲得自由的飛翔。人生的真相不是「我身」，更不是我身之外的名利，人生的真相依然是性空。佛家就是要通過修行，實證性空，性空則自性顯現，也就是佛性顯現，那才是人生的真相。多識仁波切在《愛心中爆發的智慧》說：「人的心，是難以說清楚的，難道說人沒有心嗎（指的不是肉團心臟）？在紅教（寧瑪派）中第一步修就是找到自己的心。心是什麼東西？直到感到沒有了，就空了，本性沒有了才算入門。」

由於我們執迷，妄念不斷，迷失自性，無數劫來，在六道（地獄、惡鬼、畜生、人、阿修羅、天人）輪迴裏受盡苦難。即使富貴的人生，也無法擺脫生離死別、無盡煩惱之苦。

貢布才旦大師說：「從宇宙到人都顯示了生命無常的道理，人的一生，年華易逝，應該幹些有意義的事。人最怕的就是死，佛學就解決了這個死的問題，就是修死的道路，這是佛學的最高層次。所以，我們在修行的時候，先要把人生無常作爲入門的知識來認識。」他說：「印度的佛學大師，現在都變成了歷史的傳聞，在藏傳佛教中，出現過許多著名的大師，他們的本領都很大，可以扭轉乾坤，可以看出三世因果，透視功能無比，但最後都逝世了，向人們展示了人生無常的道理。」

貢布才旦大師說：「從佛到高功夫的大師，最後都進入了無常。那麼，作爲我們一個微小的生命，一個血肉之軀，更不用說，隨時都可能死亡，可能遭災。要想不死的話，唯一的道路就是修行。所以我們應該有一種緊迫感，應該抓緊時間，從內心出發來以自己的身、言、行等各方面修一條死後的道路。應該誠心的皈依佛門，修一條光明的道路。」他說：「人到死的時候沒有任何自由，生命一分鐘也留不住，權力擋不住，金錢買不下，心愛的人留不住，怎麼樣生來怎麼樣死去，赤身光體。生死問題任何人不可扭轉。所以人的生命寶貴，要珍惜生命，珍惜人身。在身體沒病的時候，有條件的抓緊時間修行。」

在那個年代，對於人生，這是我聽到的最爲振聾發聵的聲音，衝開了我生命堅冰似的迷茫。我應該去實踐，即使爲了對未知的神秘和對生命真相的追問。

針對四加行、五加行的具體修行方法，吳老師做了簡要的說明，並說：「不明白的時候，可以隨時打電話來問。」說著讓我記了他的電話號碼。

就在這時，清海提醒說：「志鵬，你不是說有腰肌勞損嗎，請吳老師治治。」

是的，我的腰肌勞損有十多年了，那是在部隊裏籌備省軍區一個重要會議寫資料，近十天坐著不抬頭，終致腰肌受損，每每寫東西或彎腰做事，時不時便覺腰脊酸痛，難以直起。即使稍有疲勞，也會難受。這對創作是極爲不利的。但找過許多醫生，效果不大。

吳老師聽了，問：「哪兒？」

我指著腰部說：「酸疼，稍累就直不起腰。」

他說：「你站好，成騎馬步，」他把我拉到房子裏的空處，「全身放鬆，閉眼，想像在空曠的地方，有青山，有流水，十分舒服。」

我照著做了。吳老師站在我的背後，我聽到他在念咒語。不一會，感覺他的手裏拿了什麼東西，有一股很強的氣流衝向腰間，我雖穿著夾克，仍感到氣感有一股強勁的力向前推，刹那間，氣感便湧向全身，在觀想中，人有了漂浮的感覺。

吳老師做完，對我說；「不要出聲，靜靜站著，收功時我叫你。」

吳老師又忙其他事了，我就站著。聽身旁有動靜，知道清海也站著。

時間似乎很長，也似乎很短，觀想著長河，卻突然看見了大海，身體便有些起伏，慢慢腿有些微抖。吳老師過來，說：「挺身，再站一會。」

我挺挺，身子穩了。

大約半個多小時，吳老師說：「收功吧！」他說了方法，念了一句咒語，我按他說的做了。收了功，睜開了眼，搖搖身子，腰間果然輕鬆。

「還痛嗎。」吳老師問。

我又搖了搖身體，又用雙拳捶了捶腰，過去經常酸困的腰，這時似乎沒有什麼感覺。我說：

「不疼了。」

吳老師說：「可不要把信佛當行醫。佛家修行不是爲了治病，而是爲了治命。」

當時，我雖不能明瞭佛法的要義，也不完全明白吳老師的意思，但還是點點頭，表示自己記住了。

此後，十年過去了，至今我不再有腰肌勞損的病痛。

第十四章 十萬長頭

幾個月後，我請吳老師在蘭州請了四尊尼泊爾造型的佛像，一尊釋迦摩尼佛祖，一尊蓮花生大士，一尊文殊菩薩，一尊護法。同時還請了法器金剛杵、鈴、銅鏡等。我在家中的書房安了佛龕，佈置了佛堂，在地板上鋪了地毯，照四加行的要求去做。

我是在安好佛堂的當晚開始叩長頭的。我點了香，打開了佛前的兩盞蓮花燈，屋子裏充溢了一種靜謐的氛圍，飄著淡淡的藏香的氣味。我口念著吳老師傳授的咒語「嗡啊吽」，雙手舉過頭頂，按身、口、意的順序雙手合十至心，接著身體在下蹲的同時，雙手分開落地向前，同時支撐著下伏的身體，身體前傾，撲向前去，頭觸地。此時全身已著地，五體投地。而後，再念咒語「嗡嘛尼叭咪吽」，雙手回收，雙膝跪地，前身揚起，再雙腿站起，全身直立。接著雙手舉過頭頂合十，再重複上一個動作，依次連續叩頭。除非有事，一般堅持每天不間斷。

叩長頭要全身用力，還要心念一致，觀想前方的虛空，有無數無量的諸佛菩薩，前方有歷世歷代的冤親債主，右邊是歷世歷代的父親，左邊是歷世歷代的母親，後面是歷世歷代的眷屬、親戚、朋友以及一切眾生，和我一起頂禮上師，頂禮諸佛菩薩，消除業障，增長智慧，整個叩頭的過程，是身體和心力的一次次洗禮。二十幾個長頭後，我已大汗淋漓。那伴隨汗水的是無言的激動。那激動裝滿了莊嚴與悲壯。人為什麼要這樣呢？那些高僧大德，那些追隨佛陀無以計數的信徒，都是這麼過來的嗎？人要揭開生命之謎是多麼的艱難，而這艱難對許多的人而言，也許永遠沒有答案。我流下了淚，我感到了從未有過的悲壯。但我想我不會放棄。

吳老師強調：「叩長頭對修大圓滿的前行，是至關重要的。」

貢布才旦大師開示大圓滿的前行時說：「叩長頭有兩個作用，一個是消除我們歷世歷代以來的業障，第二個通過叩長頭，排除身體和意念的毒素，打通中脈。」

看一位佛學教授的著作，知道打通中脈，身體呈透明狀了。那是證悟自性修行過程中的一個境界，作用到時自明。

隨後的三年多時間裏，大多數時間我堅持早晚兩次叩頭，每次一百、二百或幾十個不等，如果有事出差，便在賓館的房間裏叩。有時因忙耽誤了，但以十天、半月或一月計，總要把耽誤的補回來，力圖達到計畫的數字，十萬個長頭最後終於完成了。

這期間，我從藏傳佛教高僧的許多著作中，明白了叩長頭的作用。才知最初理解的僅僅是對佛菩薩的恭敬和禮拜是多麼的淺薄。佛說，所有衆生皆有佛性。修行並不是向外求什麼，而是去掉遮擋我們自性的無明，無明清除，自性自顯。而叩長頭即是去除無明的過程。

讓我吃驚的是，多年後，見益西寧寶師父，才知香赤寺許多修行者，平均每天叩頭達到了六千個，更使人吃驚的是，官秋仁青老堪布的侍者，最多時每天叩頭達一萬個，而官秋仁青仁波切一生，修大圓滿前行二十五遍，如以最基本的十萬來計算，修加行就叩了二百五十萬個長頭。

而在終南山住山時，遇一僧永諦法師，她中年出家，從寧夏到青海，在塔爾寺的大殿前，叩完四十萬長頭後，才拜師求法。

智者和大德的力行使我汗顏。自以爲修行還算入門的我，越來越感到自己與精進的距離相差甚遠。

當年，除叩長頭外，吳老師強調持咒的功德。他說：「持咒需捨得下功夫，每個咒念足十萬遍，必有感應。雖然不追求感應，但有感應是一種用功的表現，說明有進步。」

他叮嚀我備一小本，每次見面，總要傳密咒給我。有時一個，有時兩個，有時三個四個不等。他說：「藏傳佛教的咒語，是從蓮花生大士開始密傳的，口口相傳。咒是經中之經，具有無量的功德和威力。」他還說：「除少數咒語是公開的外，密咒只能心念，而不能出聲。」有時從書中，或者他處看到咒語的音譯有別，於是產生疑問。吳老師答：「持咒仍是一個『信』。」他說，信心是至關重要的。有一老婆子，每日轉經輪念六字真言，因「吽」（音轟）字不認識，誤讀為「牛」，因她心誠，讀億遍後，觀音菩薩顯靈，老婆子每日繞寺廟持咒轉經輪時，觀音菩薩即在經輪的上方。老婆子看得清楚，心生歡喜。一日，一喇嘛路過老婆子身旁，聽到她把「吽」字念成「牛」，就大聲提醒老婆子，「念錯了，不讀『牛』，讀『吽』。」老婆子聽了，不敢怠慢，唯恐念錯字對菩薩不恭，六字真言本來就是觀音菩薩的心咒，怎麼能念錯呢？老婆子立即糾正了，讀「嗡嘛呢叭咪吽」，音讀對了，然而觀音菩薩卻不再顯靈了。吳老師說的這段公案，是書上多處記載過的。是的，「信」為佛家修證之根本，也是修行之核心。

後聽淨空法師講經，說一個商人常去印度做生意，其母親是一位虔誠佛教徒。一日，母親囑咐他從印度回來時，給她請個佛牙。商人答應了母親，但兩次都忘記了，第三次啓程前，母親對兒子說，這次不帶回，我就當著你的面撞死。兒子聽了，當然立即答應。但他回來時又忘了，臨近家門，忽然記起，心想不好，這次帶不回，母親果真會撞牆，如何是好。於是他轉身，沿來路找尋，很快，他在路邊發現了一條死狗，他靈機一動，就掰下一顆狗牙回去給母親，說這是他帶回來的佛牙。母親一聽是佛牙十分高興，立即接過來供奉到佛龕裏，並每日虔誠的上香誦經，時間不久，狗牙上長出了舍利子。舍利子可是真正的佛家聖物啊！

可見信是第一位的。心誠則靈！

我按吳老師的教導，每日除了正常的工作外，空隙的時間即不停地持咒。有時只念一個咒，有時多個咒語連念，請教吳老師，他說，你覺得怎麼念方便就怎麼念，眾生各有根器，自有自己的感應。我常採取的方法是在晚飯後集中時間，繞著住的社區右繞持咒，每次大約半個小時至一小時不等。當然，白天坐車時，也擠著時間念。有時出差坐火車，可是一個好時機，多則可一次集中三四個小時念。因俗事多，顯得忙，也只能這樣。

打坐則在一個時期內很少間斷，早晚各一次，有時在佛堂裏，有時直接坐在床上，出差時則在賓館裏。

因過去無訓練，我的腳腿很硬，不能雙腿盤起，只能兩腿放下散座。我問吳老師，他說：「慢慢坐，時間長了，腿自然就軟了。」

吳老師說，佛陀打坐右手在下，左手在上，因凡夫未能降伏妄念，左手在下，右手在上，雙手拇指相碰，其餘手指自然放平，兩手輕輕相迭，這個姿勢叫定印。起降伏妄念的作用。

起初打坐，坐下，閉眼，念頭紛飛，真如高僧所描述，如浪頭一個一個打來，心隨境轉，人坐在那兒，心則隨念頭飛至千里之外。

吳老師說，念頭來了，不用管它，截是截不住的，攔也是攔不住的。來就來了，去就去了，不怨不恨，一句咒語持到底，以一念而止萬念，功到自然成。

學的久了，方知佛說眾生皆有佛性的含義。眾生既然皆有佛性，佛性顯則自然成佛。眾生的佛性哪去了呢?佛說，眾生因欲念而產生妄想、執著、分別。沒有了妄想、執著、分別，自然成佛。所以佛又說，求佛就是求己，去掉妄想、執著、分別，佛性則自顯。

因開始對修行時的次第不清楚，看到一些學佛感應的書籍，常常追求感應。慢慢實踐，慢慢體會，很快有了感應。

兩年後，一日隨朋友遊覽華山，至西峰，忽感覺應在此地坐坐。人言華山是難得的一塊靈秀寶地。那日，初春的華山還有幾分寒氣，但陽光明媚，山頂一片明朗，山谷裏也不見一絲霧氣。我們至西峰已是午後，太陽開始西下。

我對大家說，你們向前走，我在這兒坐坐。眾人向東峰，我在西峰的高處找了一塊平坦的地方坐下，身後是戰友喬宇峰的妻子呂玲，我叫她嫂子。她也是一個佛教信徒，皈依已經十多年了，有了一定的修行經驗。

她說：「志鵬，我陪你。」

我說，好。

坐下不久，即有入靜的感覺。無山，無樹，無它，寂靜虛空，一個不能言說的境地。

我呼觀音菩薩心咒，即見光芒萬丈，五彩繽紛，身心即與境界化爲一體，因之前無此經驗，猛一驚，誤以爲幻覺顯前。於是止咒，景象即刻消逝，片刻再呼，境界再來，金光盡顯虛空，情景不可描述。仍以爲有幻覺的可能，於是再停，眼前自暗，隨即又呼，但見燦爛復還，情景勝過前顯，感覺已不可說。如此重複七八遍之多，終確信非幻覺所致。

眾人歸，我起坐，問多久?眾人答:四十多分鐘。

感覺一瞬間，我說，真快。嫂子在身後說，感覺真好。我明白她的意思。

當時自鳴得意，以爲證得了某種東西，後請教益喜寧寶堪布，才知道過分追求感應，就已經走偏了，越是注重感應，離究竟的佛法越遠。佛在《金剛經》上說：凡所有相，皆爲虛妄。執著於任何相仍是妄想，凡夫所說境界仍然是相，而許多時候，無記入定，很可能是一種昏睡，昏睡之中的所見景象，並非修行者所要證的。只有當下清清楚楚，明明白白的覺知，才是正確的方法。

後請教寧寶師父，何爲證悟？答：證得自性顯現。修證過程，分爲三個階段，首先是解悟，就是通過聞思，理解了佛法的道理；再則覺悟，就是在師父的指導下，經過一定的修行，覺知見性；見性後就要靠功夫證悟。根器好者，也有當下證悟的，一般人則要通過長期的修行證悟。但無論頓悟還是漸悟，直至自性才是根本。正如禪宗的頓悟和漸悟，只有根器之別，沒有佛性之分。

又問：何爲自性？答：眾生具有的無二無染的本來面目。

再問：如何面對顯現的境界？答：不要管它，任它來去自由，不要去追逐就行了。

師父又說：佛性與自性是一不是二。佛家重在實證，大徹大悟者境界自明，非此切不可因見境界而自鳴開悟，任何推論都可能成爲妄言。

對打坐的認識，在很長的時間裏，我以爲打坐就是靜坐，坐禪就是以一定方法坐在那兒，如如不動。自己坐的有點感應了，就以爲掌握了打坐的方法。益喜寧寶師父告訴我：「專心幹一件事，就是打坐，上師曾對我們開示，如果你切菜，一心一意地切菜就是打坐。」在師父的多次開示下，自己總算明白了打坐的真正含義。打坐的目的在於清淨妄念，覺知當下，擺脫欲望的控制，最終證得自性，以清淨之心感知世界的真相。

明白了打坐的真正含義後，我做事或開車，總是力爭集中注意力，減少妄念，覺知當下，雖無大的收穫，但總算找到了入門的鑰匙。

第十五章 夢裏六趣

對我而言，持咒打坐兩年之後，是一個重要的階段，那時有許多奇異的感應。自己也常常津津樂道。

一次，去北京辦事，歸來，車至壽光，我本在半睡眠狀態，突然一驚，猛然清醒，忽見前面馬路倒立，堵住去路。明明車在疾行，何來如此。揉眼，睜大，方知剛才是一個幻覺，然而異常清晰，如同印在腦子裏，且心有惶恐，突然坐立不安，預感會有什麼不祥發生。於是我坐直身子，掏出佛珠持咒。僅過兩分鐘，前方一輛大卡車迎面撞來，右方又有一輛拖拉機，後面還有摩托車緊隨其後，我們無處躲避。

卡車對撞過來，只聽一聲巨響，左側的車門被撞掉，車頭的鐵皮捲了起來。回過神來，卡車已衝出幾十米，再看司機，阿彌陀佛，儘管車被撞壞了，我們皆毫髮未損。

交警處理的結果，責任在卡車。小車被拖到就近的修理廠，壞得不輕，二十多天後才從壽光開回青島。

除了這樣的感應，還常常夜間做的夢，白天即成現實。

青島的春天多霧，且很濃，環膠州灣的高速公路經常被霧鎖住，難以通行。

正是春天，受朋友委託去北京辦一件事，買好了機票，是第二天早班八點的航班。從住處去流亭機場要一個小時的路程，包括辦理登記手續，需提前兩個小時動身。

做好了安排，早六點出發，開車去機場，車放機場，下午辦完事再返回。

那晚做夢，忽見路面亂做一團，有許多的車連環相撞，頭尾咬在一起。遊歷夢境，身臨其中。正在驚訝之時，忽見天空有白布落下，撿起一看，上有毛筆書寫兩字：「死亡」。猛然一驚，出一身冷汗，夢醒，看表，凌晨三點，然再難入睡了。夢裏情景，一遍又一遍在眼前重顯，特別是那「死亡」二字，大而黑，在暗夜裏交替飛舞。等著時間，等著天明。我打定主意，起床後先去佛堂，如佛堂的燈亮即去北京，如燈滅，即取消當日行程。終於熬到五點二十分，起床，洗漱，去佛堂，佛堂兩盞長明燈異常明亮，那一刻，緊張的身心瞬間放鬆。第一個念頭便是無事，隨即決定立即出發。

出門，開車，天剛濛濛亮。遠處還不能看清，似乎是一個晴天。至高速公路入口，似有霧，然一切正常。領了計費卡，加速。車窗打開一條縫，立刻有風灌進來，很涼，立刻又關了，直奔而去。這時，車前不停有霧氣迎頭飛來，且越來越濃，打開車燈，光的空隙裏跳著水珠，密密麻麻閃著光暈。車的燈光終於難以穿透前面的霧障，能見度由五六十米，漸漸縮短爲二十米、十米，霧變做了浪頭，變做了一堵牆。行至膠州，只能看見前面五六米了，車幾乎是在爬行。猛地，前面豎起一座黑色的山沉重的壓來。我急踩剎車，因車速緩，車原地站住。停了下車看，一愣，隨即被眼前的情景驚呆了。一輛裝滿貨的大貨車與一輛小車追尾。卡車因躲避不及，撞翻了小車，進而衝向分隔島，車頭已完全扭曲。再前行幾步，即見追尾車輛一輛挨著一輛，路面已被完全堵死，似乎沒有盡頭。一切景象如昨晚夢境現前。我急忙轉身奔向大卡車，只見幾個人已用工具撬開了變形的車門，再看，卡車司機的一條腿從大腿部位被擠壓的車門切斷，人們手足無措。

我問：「怎麼不攔車？」有人答：「已叫了救護車。」我說：「不行，太慢。」我跳過防護欄，向過來的車輛招手示意停車。然而三輛過來的車均未停，我急了，幾乎跳到路中，用力招手，並大聲呼喊。

第四輛車終於停下，是一輛白色的麵包車。我說：「麻煩搶救受傷的人！」麵包車司機說：「車況不好，慢。」我說：「再慢總比等著強。」麵包車司機說：「是。」接著車上下來幾個人，我一招手，這邊的人開始抬，兩邊的人一起上，受傷的司機被迅速抬上了麵包車，那條斷了的腿也被送上了車，麵包車迅速離去。

只幾分鐘，我還未從剛才的情景中醒過來，忽有一救護車開到了跟前停下，問：「人呢？」我猛醒，說：「前面，追！」於是，我跳上救護車，只十分鐘，就追上了前面的麵包車，救護車搶到麵包車前面，我喊道：「把人換過來。」麵包車即刻停下，人們快速將傷者抬到了救護車上。

救護車隨即離去，我上了麵包車，請他們帶我到了高速公路口。

我打電話，叫來一輛兄弟單位的車。司機是一位很有經驗的老司機。我說了剛才的情景，他立即拉了我前去。

路口的霧還薄，仍有車輛進出，高速公路未封閉。我打了一二二報警，接電話的人說，已經知道了。車行二十多公里，路又被堵死了，下車看，又有許多車輛互相追尾，連環相撞。

怎麼了？我有些發懵，步行穿過相撞車輛的空間，向前趕去。不時見到有撞得嚴重的車翻到路面之下，路面上互撞的車輛橫七豎八，人與車亂做一團。趕至剛才我停車的地方，見車已被移位，鎖著車門，鑰匙我拿著，車是怎麼移位的呢？不解。打開車門，四周檢查，車無損。看前後，相隔不遠，相撞車輛無以計數，中間只有少數倖免者。

這時，要在高速上趕路已沒可能了，我看時間，還有一個多小時，我打電話，交代了司機，自己飛速跑出膠州出口，攔了一輛計程車，走國道趕機場去。在車上，我向青島晚報打了個電話，報社說立即派記者來。國道路遠，等我趕到機場，飛機已經起飛，我只好再搭計程車返回。此時，高速公路口已封閉，只出不進。直至下午四時才重新開放。

當日青島晚報在頭版用標題新聞的形式報導：環膠州灣高速公路因大霧天氣發生重大交通事故，一百多輛車追尾相撞，傷亡多人。

我打問那位斷腿的卡車司機，得到的訊息是因失血過多，時間過長，搶救無效死亡。

我一時無話。

請教多位上師，他們說，許多人在修行的過程中，或多或少都會出現不同的感應，不要刻意理睬它。感應無好壞之分，它只是一些人修行到某個階段身體氣脈的反應，它連神通都算不上，更不要說離佛法的究竟還有多遠，不應誇大這種感應，更不能裝神弄鬼的炫耀。

第十六章　夏河朝拜

夏河是個縣，在甘肅的南部，屬甘南藏簇自治州。藏傳佛教格魯派的六大寺院之一的拉卜楞寺就在夏河拉卜楞鎮。拉卜楞也有一座紅教寺。據藏族學者介紹，「拉卜楞的藏語意思是僧侶的宮殿。拉卜楞寺自從一七〇九年創建至今，經過發展，目前是包括六大學院、一百零八個屬寺和八大教區的大型寺院。」「拉卜楞寺是中國西藏以外藏傳佛教格魯派的又一中心和中國西北地方的最高佛教學府，朝聖者終年不斷，寺內僧侶最多時達四千人」。

貢布才旦大師圓寂前，是拉卜楞紅教寺的法台，同時任中國咒語學院院長。他在美國多年，曾在哈佛大學講過六年藏學，在美國有不少信徒，其中還有多位是其他宗教的教主。

依照傳承，貢布才旦大師應是我的師祖，他的舍利子供奉在夏河拉卜楞紅教寺，理應去朝拜的，何況，他是一位修行有道、影響巨大的高僧。

吳老師定了時間，叫了弟子，我們一行七人開車前往。

八月的夏河，是一年最好的季節，遠處的草地一片碧綠，點綴著叢叢的野花，有鮮紅的，也有黃色的，還有星星點點的白色。遠眺，遠山的頂端，有潔白的雪發著幽幽的光，山下則是綠如浮萍的草地了。

夏河確有一條河，叫大夏河，古名漓水。在這個季節裏水流不大，聽說有雨的時節，特別是滂沱大雨的時候，就成了一泱千里、巨浪澎湃的大河了。高原的雨少，所以大夏河很少有滔滔洪流的時候。

雨水少，莊稼並不薄，有一座百萬立方米的水庫，使大夏河的萬畝糧田成了極好的農耕地。然夏河仍是半農半牧的地方。不能算富裕，但如同大多數藏地一樣，信仰的力量是巨大的。我們去的日子，是一個普通的日子，不大的鎮子，佈滿了信徒，有藏地的，也有漢地的。從廣州、福州等地遠道而來的也不少，隨處可見一步一個長頭，用身體丈量而來的信徒。我們遇一位福建來的中年人，他說他在收集貢布才旦大師的資料，想寫《貢布才旦大師傳》，他說：「這樣的一位高僧，應有文字流傳。」吳老師聽說，答應提供相應的資料。

拉卜楞紅教寺離黃教寺大殿不遠，不大，但十分精到，處處可見獨具匠心。大殿的柱子和牆壁上，繪著色彩豐富的畫面，有經文中描繪的情景，有蓮花生大士在藏地傳法的歷程。細看，那些畫面如在眼前，又如遠古，時空交錯，一種神秘而寂靜的氛圍瀰漫開來，緊緊扣住了我的心。而大殿裏閃爍的酥油燈暖暖的，傳遞著少有的溫情。

佛菩薩就在我們跟前。

貢布才旦大師的舍利子——火化後的頭骨，供奉在蓮花生大士的塑像前的供臺上。通過鑲嵌了玻璃的金棺，貢布才旦大師的頭骨上，顯現出蓮花生大士的坐像。吳老師說，大師圓寂剛剛火化後，頭骨上顯現並排三尊蓮花生大士坐像，三個月後，三尊合為一尊。

問吳老師，如何理解這樣的顯聖。

吳老師說，修行是由人到佛的過程，是靈魂與肉體的脫胎換骨。去掉了那些不該有的欲望，沒有了妄想、執著、分別。心至清佛性自顯，舍利子和許多凡人認為的奇異，實際是修行者的結晶，並不神秘。如一把鋒利的寶劍，是經礦石、煉鐵、鋼化，再經技藝高超的匠人打造，淬火而成。常人只見其鋒利，並不見製作全過程，故而以爲寶劍神奇。吳老師說，有許多高僧大德圓寂後肉身不腐，探求其表面的神奇無異於刻舟求劍。

吳老師說，所有高僧大德顯聖，只是在表明，他們是由凡人經修行而成就的，正如釋迦摩尼佛祖示現人間修行，是在表示由凡入聖是真實的，所有眾生皆可成佛。

出了紅教寺，我們又去黃教寺的大殿。大殿確實宏偉，朱紅色的地毯上，放著僧人的坐墊。直立的柱子，挺拔堅忍，如凝固的火炬，內藏信仰的力量。

我們拜畢，出殿，在院子裏轉了六字真言的經桶。藏傳佛教認爲，六字真言「嗡嘛呢唄咪吽」，持咒功德，不可思議。有誦辭曰：

男女老幼，富貴貧賤，
皆可念誦，朝夕晝夜，
行住坐臥，無不適宜。
持咒遍數，越多越好。
百零八遍，一次為宜。
滿十萬遍，為一週期。
身須清淨，忌蔥酒肉。
發菩提心，生大慈悲。
至誠皈依，觀音菩薩。

心緣一境，不可散亂。
久久行之，災病悉免，
有所祈求，無不如願。
念誦此咒，能除魔障；
念誦此咒，能免損傷；
念誦此咒，能消業障；
念誦此咒，能生智慧；
念誦此咒，能得成就；
念誦此咒，能脫輪迴；
念誦此咒，能生極樂；

念誦此咒，功效殊勝。是佛經的精華，而轉一轉經桶，如同念了一萬遍六字真言的功德。返回的路上，吳老師講述了他與貢布才旦大師的結緣，又說了大師圓寂的不可思議的境界。隨著他的講述，我們彷彿走入了另一個時空。

八十年代，吳老師經藏傳佛教大活佛——甘肅省政協副主席貢唐倉大師的指點，帶著十多位弟子，去夏河朝拜剛從美國回來不久的貢布才旦大師。

那是個寒冷的冬天。這樣的季節裏，夏河的空氣也是結冰的，很硬，碰在鼻尖上、臉頰上，如同刀尖，即刻就有出血的疼痛。

正是在這樣的季節裏，僧人們不再出門傳法，而在寺院裏靜修。同樣，這樣的季節裏，對朝聖求法的信徒而言，可在寺院裏找到仰慕已久的高僧大德，又能在這樣的環境裏檢驗自己的毅力。

他們到了拉卜楞紅教寺，出來一位精瘦的僧人，個子不高，臉色黝黑，除了穿著的喇嘛服裝表明是個僧人，再看不出有任何特別的地方。這個老頭，有道行嗎？那一刻，吳老師竟有了輕慢大師的念頭。因來之前，貢唐倉大師告訴他，貢布才旦大師是紅教很少有的高僧，他先後到美國、印度、東南亞等國家和地區傳法，他在世界各地有眾多的弟子。國外的弟子用各種辦法挽留他，但大師說，他的成就之地在中國，在他的故鄉。他預知他在故鄉圓寂。所以他執意趕回了中國，回到了拉卜楞紅教寺出任法台，並兼任中國咒語學院院長。他還聽說，貢布才旦大師在百米之內念咒，可將巨石擊裂。這樣的功力了得。而眼前的這位僧人，相貌平常，完全不是他心中的大師形象。吳老師一時念起，居然拿出修行多年的功夫向貢布才旦大師施法。口中卻說，我來拜師。

貢布才旦大師並未多說，只說：「明天早上八點到我的住處吧。」說完就進了屋，把他們一行放在了門外。吳老師說，事後證明，第一眼，大師就已看出了他們之間的緣分，只是爲了降伏他的妄想、分別、執著，才安排第二天早晨讓他見識一下。

他們只好回到旅社。然而，還未進門，吳老師即感覺渾身發抖，如置身冰窟，難以忍受，他即悟到，這是大師在教訓他的輕慢！他立即對眾弟子說：「這是一位高僧，快準備準備，明天早上去拜師。」

言罷，嚴寒消逝，恢復常態。

那一夜，天氣雖冷，但吳老師睡得很香，他想，終於找到了一位高僧。

第二天早上，天剛亮，他們發現，夜晚一場大雪已把夏河變成了白色的世界，天地渾然一體。他們出門，腳踏進去，沒住了小腿，積雪竟有一尺多深。

他們剛進院子，離大師的住處還有一百多米，突然房門打開，大師從屋裏輕步走出，突然如飛一般，在距他們約三十米的地方停住了，撩起僧衣一甩，隨即坐下，片刻後起身，周圍二米之內，竟然積雪全無，且不見潮濕。

眾人見，大驚。吳老師知道，那叫拙火定。藏密的拙火定，是佛家地、風、火、水四大學說及人體經脈理論及修身實踐的寶貴結晶。所謂「拙火」，指臍下四指，小腹內的一個可以用「呀」（啞）字音表達的熱能團。拙火定是讓人們通過呼吸，脈搏，注意力都專注於這個部位的特有修行方法。產生身心功能的神異變化。八思巴、米拉日巴等藏密大師，就是拙火定的大成就者。能有如此功力，絕非三年五年的修行可以做到的。

吳老師立即跪拜叩頭，眾人緊跟其後。

「請大師給我們灌頂。」吳老師說。

大師招手，他們進了屋子。

隨即，貢布才旦大師為吳老師和眾弟子舉行了灌頂儀式，給了他們傳承。

隨後不久，吳老師為了讓更多的人接受貢布才旦大師的傳法，在蘭州登記註冊了甘肅省密宗氣功協會，多次請大師到蘭州傳法。大師所傳的「四加行」、「五加行」等大圓滿密宗法，被甘肅民族學院教授多次翻譯成冊，使眾多弟子受益無窮。

貢布才旦大師圓寂所呈現給世人的瑞相，更說明了他是一位佛教修行有道的高僧。

好友宇峰的妻子呂玲告訴我，她是在大師圓寂的第二天上午十時從蘭州趕到夏河的。她進大師的房間時，已有許多人在，美國的弟子也來了。大師在床上結跏趺坐。頭略低，臉色紅潤，雙目微閉，像是暫時的入靜。大家輕輕地，怕驚動了大師，依次叩頭，出屋，準備後事。

火化是在拉卜楞寺紅教寺進行的。夏河的秋天，天顯得格外的藍，但那天，一團一團的白雲漂浮在半空，更顯出天的高遠和地的凝重。

藍天和大地也給這位高僧送行。

火點燃了，瞬間便聽到了木柴燃燒的聲音，烈火映紅了寺院的牆壁，火苗在膨脹的空氣裏尋找寄託。大師保持著坐姿，迎接著火的擁抱。火光中，僧人與湧來的信眾助念著經文與咒語，低沉而深厚的聲音向大師送行。終於大師與火融爲一體，與天與地融爲一體，人們的聲音更強了。也就這時，突然有人叫了一聲，眾人抬頭，半空的白雲間，一朵盛開的白蓮，大師盤腿坐在白蓮上，周圍是耀眼的光暈，眾人當即跪下，向大師叩頭行禮。

大師走向了佛國淨土，完成了由凡入聖的歷程。

火化後，人們在現場發現了大量舍利子，米粒大小，呈咖啡色，在陽光裏，閃著一層聖潔的光。大師的頭骨上，顯出了蓮花生大士的坐像聖跡。

眾人說，那天，夏河的水很清，沒有了往日的渾濁。

第十七章 師兄師弟

二〇〇一年的冬天，臨近元旦，朋友小平要去菏澤投資房地產，就對我說，能不能把吳老師請來，我說試試看。

那個專案，實跟我有因。當年五月，我受當地政府的邀請，去參加牡丹花會。當時只想看看牡丹，並無實際投資的意向。菏澤的牡丹是和洛陽的牡丹齊名天下，那裏有號稱萬畝的牡丹園，有紅、綠、黑多種少見的品種，難得一見。不料去了，官方舉辦了相當隆重的專案洽談會，且各部門分了招商任務。我和同去的張輝等人被朋友拉去頂數，看了舊城一塊要改造的地方。位置佳，是一塊做房地產很難得的好地，於是，我們答應幫忙，找一位有實力的朋友來做，按會議的程序，張輝還代表投資商與政府簽了開發意向。這樣就介紹小平投資。小平不是當地人，怕不明白情況，就拉了本是菏澤的朋友李來發一起做。他們決策前，想請高人看看，於是找了我。

晚上，我給吳老師家裏撥了電話，我說，想請吳老師出來走走。吳老師不假思索的就答應了。事後才知，吳老師聽錯了聲音，以爲是蘭州的一位弟子，放下電話，師母提醒，是青島志鵬的電話。白阿姨剛才聽到了我的聲音，吳老師這才覺得搞錯了。可已經答應了，就只有成行。

說好，在濟南下車。

小平他們提前到了濟南，住在火車站的一個三星賓館裏。我是下午從青島出發，到濟南已晚上九點了。我去房間看小平，見他臥在床上，滿臉的痛苦表情。我問：「怎麼了？」「上午在菏澤賓館摔的。」

上午，他們去賓館吃飯，吃完飯，興頭不減，就在賓館的樓梯口聊天，來法說：「李總，這筆賺了，我倆各掏三百萬，在菏澤建個佛教寺院。」

小平說，「好。」言罷，就開起了玩笑，「和尚」、「尼姑」的沒完沒了亂說，語言裏沒了輕重，多有褻瀆。

說笑過之後，猛覺不對，忙說：「罪過罪過。」

話剛落下，小平突覺雙腿失重，收腳已來不及了，猛地從樓梯上摔了下來。頓時疼得失去了知覺。

旁邊的人忙扶起他，迅速送到醫院。拍片、看片，忙碌一陣，醫生的診斷是尾骨摔裂了，至少要臥床一百天。

因要接吳老師，他做了簡單的治療，拿了藥，就匆忙趕到了濟南。

言罷，他說：「吳老師能把我的摔傷治好，我就信他。」

我說：「佛家講緣分。」

火車是從蘭州開往青島的，到濟南凌晨一點多。

我對小平說：「你就不要出去了，我們去接。」來法也來了，有六七個人。

「那不行。」小平說，「對師父要表示尊重，我得去。」他堅持說，不去不恭敬，不是講緣嗎？緣分到了當然要心誠。

他在床上挪動一下身子都十分的困難，咧著嘴，咬著牙，一副痛苦不堪的表情，床鋪似乎都在呻吟。

「這樣的玩笑再不敢開。」他為上午的語言很後悔。

「菩薩懲罰你。」來法笑著說。

我說：「吳老師說，諸佛菩薩慈悲，可憐眾生，你亂說了不會把你怎麼著。但護法神是不饒的。他們是護持佛法的執法者，對犯法者怎能不追究？」我說罷，大家笑了。

勸不住小平，我們說好了時間，提前半小時起床，進站去接吳老師。

說定，各自去睡了。

手機的鬧鐘響了，賓館也有叫醒服務，我們起床，去小平的房間。幾個司機，都是二十多歲的小夥子，扶著小平從床上爬起來。我們七八個人一起進了站。

從入口到月臺，路不短，得走七八分鐘。我在前面，小平被扶著走在後面。

火車還未到，看看表，至少還有十分鐘。

濟南冬天的夜間，空氣十分硬，很冷。儘管沒有風，臉上還是感覺有針扎，大家都有些怕冷，縮著頭，想把臉藏進懷裏。

小平突然叫一聲，我回頭，他竟不讓人扶了。他跳起來，轉了幾個圈，說：「怪了，怪了，你看，全好了，不疼了。」

我問怎麼回事？來法說：「他進站一會，疼痛就突然消失了。他還不讓我告訴你。怕你說是吳老師的功力。結果他忍不住叫起來了。」

「這怎個回事？真的，怎回事？」小平興奮的連說，口中叫著，依然跳著，飛轉著身子，以證明確實好了。

我說：「高僧大德講，虔誠之心的力量是不可思議的，佛菩薩的加持力是不可思議的。等會你問吳老師吧！」

深夜，列車沒有鳴笛，便緩緩靠站。在軟臥車廂的門口，我們見到了吳老師。

吳老師穿棕色的皮夾克，身材魁梧，身體健壯，完全不像一個七十多歲的老人。我們圍上去，在很暗的燈光裏，吳老師走下車，師母白阿姨跟在身後。我做了介紹，吳老師和大家握手，我們很快就出了站。因夜深，到賓館的電梯裏說好早晨八點半起床，九點吃早餐。我們把吳老師送到房間就各自休息了。

八點我去見小平。他說：「昨晚，不知怎的，不敢抬頭看吳老師，好像很威嚴。」

「老人家很慈祥。」我說，「熟了就習慣了。」

說著，我撥了吳老師房間的電話，是白阿姨接的，她說：「吳老師早就起床了，在打坐，八點半下樓。」

吃早餐時，小平忍不住說了昨天的經歷，說：「很奇怪。」

吳老師並未回答他，卻說，「你的病不在尾骨，而在脖子上。」

這下，小平吃驚，我也睜大了眼睛。

小平很興奮地說：「是的，常常和人聊天或談判時，正說一件事，就忍不住搖脖子，因脖子硬，很難受，下意識搖，卻常被人誤以爲不同意正在說的事。」

「頸椎的毛病，有十多年了。」吳老師說。

小平年齡並不大，儘管做生意很順，掙了大錢，但也只三十五六歲。

「有辦法嗎？」小平問。

「到地方再說。」吳老師答。

我們吃過飯，就開車出發了。那時高速公路還在施工，走國道、省道，多處還在修路，五六個小時後才到菏澤。

下午，直奔那塊地，好多房子還沒有拆，不過能看出來離市中心不遠。吳老師下了車，找了塊空地，站在那，雙眼閉著，成騎馬步，雙手伸開成環抱狀，約莫五六分鐘，他出靜說：「地氣很旺。」他解釋說：「只要地氣旺的地方說明乾淨，一定是好地。」吳老師說：「不過人的行爲才是主要的。看好了就做！」

小平和來法滿臉喜氣，這件事就定了。

晚上八點多，在吳老師的房間，大家坐著聊天。不早了，吳老師對小平說：「看看你的脖子吧。」

小平求之不得。大家讓開，小平站在那裏，吳老師坐著，掏出一個相傳的木製金剛杵，對著小平的脖子念咒。

白阿姨說：「那是西藏的一位高僧給的。」

大家屏住呼吸，專注的看著。

我和白阿姨坐在吳老師對面的椅子上，相隔兩三米。房間暗黃色的燈光裏，空氣很靜。

白阿姨突然對我說：「志鵬，看你吳老師鬢角的光。」

我看，吳老師左側的鬢角，發著七彩的光暈，柔和的聚在一起，外圍是白的，中間則是彩色，如一朵盛開的花。我曾在描述佛家的神通的書上見過，親眼所見，這是第一次，真的不可思議。

這使我驚奇，其他的人也看到了。

一個小時後，吳老師問：「怎樣？」

小平搖搖頭，摸摸脖子，說：「怪，正常了，病症沒有了。」

以後又治幾次，吳老師說：「鞏固靠自己，要多念咒，常活動。再好的醫生，一劑藥也不能保一個人終生無病。」

吳老師的點化，終於使小平心悅誠服，當即就拜吳老師，皈依了佛門。以後他幫助別人，向寺院捐款，向學校捐款，常常放生，做了不少的功德。但身居商海，免不了為利益考慮，何況，在中國這樣一個並不規範的市場環境裏經商，做到戒律清淨是需要毅力的。

菏澤的房地產他最終做成了，也賺了錢。讓人心痛的是二〇〇六年八月十四日，在他的家產以億為單位計算，並且把企業做到國外時，他卻在北京的一家五星級酒店裏，因深夜嘔吐，一粒米飯嗆進氣管，窒息而亡，時年四十四歲。

他和許多當今商人一樣的習慣，喜歡夜生活，吃宵夜。那晚，吃完夜宵凌晨兩點了，熟睡中，未消化的食物反胃嘔吐，一粒米堵住氣管。他沒有來得及掙扎，也沒有能撥打求救電話，便走了。

他習慣是每天上午十一點起床，十二點吃飯。當天十一點，未起，員工們也不好叫，覺得昨晚是否累了，讓老闆多睡會。直至下午兩點，仍無動靜，眾人覺異樣，敲門，無應答，就叫服務員開門，進去看，人已僵硬。

他的亡故，使家裏的天塌了。他的兒子和女兒都還是少年。少年是不能沒有父愛的；他的妻子才三十多歲，正是需要家庭溫暖的時候；他的父母年近八十了，正是需要時常看見兒子的年齡。白髮人送黑髮人，這是人生之大不幸。按理說，誰也離不開他，但他走了。

他把巨額財富留給家人的同時，把生離死別的巨大傷痛也留給了最需要他的親人。

吳老師說過：「福報再大，卻不能代替命，這就是無常。」

可惜那時，吳老師以八十三歲高齡入滅一年多了，不然，他一定會超度弟子的。

小平的家人也皈依了佛門，他們請高僧給小平誦經，還把他的部分骨灰送到了西藏的寺院裏。

當我聽到他亡故的消息，不能接受，以至半年後，仍覺那不是事實。一年過後的一天，我突然接到小平弟弟的電話，說我熟悉他哥哥，能否爲小平寫篇碑文。因爲是同門兄弟，想起他的早逝，心裏總不是滋味，正好是一個紀念他的機會，我立即就答應了。我認真琢磨了幾天，寫了三四百字的碑文，因沒有留底稿，只記得其中一些句子：一個改變了家族命運的人，一個給許多人帶來財富的人，一個做了無數善行的人，一個皈依了佛門的人，一個讓朋友永遠懷念的人……不知我的碑文是否準確的表達了家人的懷念？發給小平的弟弟後，我們再沒有聯繫。

很長時間我不敢去見小平的妻子和孩子，我不知道面對他們時該怎麼說。過去見面，總是很高興，他的妻子和孩子跟我都很熟。直至兩年後，在參加青島即墨三合寺的開光儀式上，我才見到了他的妻子和女兒。見她們精神還好，對佛菩薩依舊的虔誠，我倒有了些寬慰。儀式後，我們一起請三合寺的藏傳佛教僧人桑但師父吃了頓飯。飯間我怕她們傷心就未提及小平，她們似乎也在有意回避。飯還算吃的愉快。飯後，看著她們母女乘車遠去的背影，心裏還是泛起深深地傷感。

無常是一把懸在凡夫頭上的劍！

第十八章　貢唐活佛

一九九九年十月，我受黃陵縣政府的邀請，去商討來年農曆二月二日黃帝聖誕祭陵的方案。事情大，我拉了戰友喬宇峰同行。老喬在部隊任職多年，雖未退下來，卻因任職的單位被撤銷，一時無事。他從事了多年的文化工作，同行當然是一個很好的事。

黃陵的十月，時節很好，滿目金色。黃陵的蘋果是出了名的，樹間的紅富士掛滿了枝頭，爲防農藥，包了紙套，於是，在發黃的金色樹葉間透出動搖的白點，在微風裏遠望，是一道很優美的風景。

事情進展得順利，方案很快通過。離開前多餘的時間，我們就在賓館裏閒聊過去的事情。因多年很少聯繫，這才知道，老喬在八十年代末，就認識了吳老師，妻子呂玲還皈依了佛門。因他先後任職的部門皆是文化單位，多有方便，就常參與吳老師舉辦的由貢布才旦大師傳法的法會。

「貢布才旦大師是一位真正的高僧。」老喬多次對我說。

說起貢唐倉活佛，才知他妻子呂玲，很早就皈依了這位大活佛，還參加過有四十多萬信眾朝拜的貢唐倉大師的傳法大法會。他們和大師關係密切，經常有聯繫。說時就撥通了電話，得知貢唐倉大師正在深圳傳法。

貢唐倉活佛是藏傳佛教有重大影響的大活佛之一。自一七二四年，繼承宗喀巴大師法位的根敦彭措圓寂，視為一世貢唐倉活佛，傳至一九二六年的轉世靈童，已是六世了。

第六世貢唐倉・丹貝旺旭於藏曆第十五繞迥火虎年（西元一九二六年）正月十三日誕生於阿壩若爾蓋的一個土司家裏，六歲時被認定爲第五世貢唐倉活佛的轉世靈童。

六世貢唐倉・丹貝旺旭活佛出世時，僕人見有火球在屋前的土臺上滾動，驚叫著飛進門，家人聞言出門，火球已到屋頂，隨即從屋頂灌進，這時聽見嬰兒的叫聲，六世貢唐倉活佛出生了。他從小聰明靈慧，被認定轉世靈童後，受到了高僧大德的傳授，修行有道，精進用功，很快成爲在甘南地區影響巨大的佛教大師。並與十世班禪大師相交甚深。

他的經歷，充滿傳奇。他坐了二十一年的牢，最後的結論是無罪，徹底平反。

貢唐倉大師接受記者採訪時，說得簡略，知情者的敘述卻很生動。

一九五八年五月廿二日深夜，被請到四川成都開會的貢唐倉大師，在熟睡中被叫醒，來人說，有重要的電話需大師接。大師聽了，就穿著內衣準備去接電話，來人又將外衣給大師披上，說穿著，外邊冷。很快，大師被領到一個陌生房間，他的隨行都在門外。來人交代，不許他人進入。屋子裏的沙發上坐著兩個腰間別著槍，手裏拿了手銬的人。轉眼，帶他來的人不見了，沙發上的兩個人站起來，說：「你反黨反社會主義，支持叛亂，立即逮捕。」說著，就拿出了手銬，卻不見出示任何逮捕手續。

屋子裏的燈光本來就暗，大師一時未看清那兩個人的面孔，只覺他們眼光生冷。實際大師來成都開會前，就對送行的僧人說：「此去凶多吉少，大家好自爲之。」外面很亂，一場風暴襲擊著草原，也襲擊著剛從黑暗中解放的民族。大師愛教，更愛這個國家，大師無愧。大師問：「兩位是哪裏的？」回答說：「公安局的。」他們不再說明，就要將大師帶走。

大師無言。他們抓住大師的雙手，將手銬拷了上去。這時，「喀」的一聲，鎖住的手銬開了，兩人吃驚，睜大了眼，不相信眼前發生的事，明明是鎖著了，無人開鎖，手銬怎麼會自己打開呢？他們又一次鎖住，可就在他們鬆手的同時，又是「喀」的一聲，手銬又開了。兩人對視，面面相覷，一時不知如何辦了。

大師笑了，將兩隻手腕靠在一起，兩個人這才把手銬拷上去。

大師那年三十二歲。從此，大師在監獄裏度過了二十一年的日子。一九八四年，甘肅省高等法院才宣布大師無罪，那時，他已經是全國政協委員了。

然而，正如十世班禪大師被關進監獄時說的，「我是佛，我不怕上西天。」二十一年的囚徒，並沒有使他產生絲毫的怨恨。他學會了鑄字、製版、印刷；還學會了刻章子、製鞋；又學會了圖案設計、錫焊等手藝，成爲當時監獄裏的技術多面手。他以特殊的方式，向社會、向人們傳達著佛的慈悲。

從八十年代初至九十年代末，近二十年的時間裏，他舉辦了十次大法會，每次都有十多萬信眾參加，最多時達四十萬信眾，一時成爲草原罕見的節日。他向信徒，他向腳下的土地，他向頭頂的藍天表達著無量的大愛。

他已置身甘肅省政協副主席、全國佛教協會副會長的高位，但他依然慈悲的面對每一個信眾。他的功德和影響波及海內外。

如能拜見這樣的高僧，如能得到他的加持和指教，確是三生有幸。

我就讓老喬約了時間，準備於來年開春後，去蘭州拜訪大師。

從黃陵回青島，路經西安，到老喬家中小坐，嫂子呂玲拿出貢唐倉活佛和十世班禪大師在飛機上的合影送我。嫂子說，這張照片是貢唐倉大師親自送給她的。

照片上，班禪大師和貢唐倉大師，眉目慈祥，眼光聖潔，面容端莊，光線柔和。確是一張難得的照片。

「這是貢唐倉大師送的。」嫂子說。

「按藏傳佛教之說，班禪大師是文殊菩薩的化身，貢唐倉大師是大護法。所以班禪大師每次出訪，都會有貢唐倉大師陪同。」老喬說。

回家後，我將貢唐倉大師和班禪大師的合影照，裝進了一個精緻的鏡框，放在佛龕裏，從此，每日上香，看著大師，與大師交流，希望冬天儘快過去，春天，可以在花開的季節裏去見大師，聆聽大師的教導。

其後雖然事忙，黃陵祭拜也是一件事接一件事的落實，時間擠得很緊，然而每日的持咒打坐中，總忘不了大師的身影。而每每在佛堂裏看到，就盼著日子快到。夜裏夢到大師，大師笑著看我，我相信，和大師有了感應。

二〇〇〇年三月一日夜，我睡得早，因第二天要啟程去西安，趕往黃陵參加並舉行庚辰年黃帝聖誕祭拜儀式。當晚做一夢，夢境異常清晰：在一間陌生的房間裏，空間很大，坐了許多的人，光線有些發暗，貢唐倉大師坐在前面，離門口約有十多米，他穿著日常穿的黃色的喇嘛服，神態莊嚴，但他的臉色卻沉沉的，顯出並不高興的樣子，他看著我，始終不說話。我站在門口，很著急，因爲我終於見到了大師，應立即上前頂禮。但我卻邁不動步子，大師就在眼前，卻離得很遠，我使出了渾身的勁，可就是不能近前。

屋子裏的其他人也不說話，空氣有些悶。我想伸手喊人，請旁邊的人助我一臂之力，但我喊不出聲，手不能動。

我很沮喪，猛然驚醒，看時間還是深夜。夢境如電影畫面在眼前閃動。我再無法入睡，推想夢境的寓意，但終於得不到答案。

我起床，洗漱畢，到佛堂供水、上香，再看一眼照片，貢唐倉大師依然那麼慈祥的看著我。我想，一定是思想過度，才有這個夢。於是，不再想，拿了行李出門，趕早班飛機。

到達西安咸陽機場已是中午時分，喬宇峰和另外一個部隊上的戰友來接我，汽車剛進城，老喬接到蘭州電話。電話說的很短，只兩句。老喬答應兩聲便扣了手機。

「貢唐倉大師昨晚在拉卜楞寺圓寂了。」他說。

一聲驚雷，我懵了。昨夜的夢境立時現前，我明白，大師告訴我了，今世再無緣相見！

我說了夢，情緒十分的低落。

老喬聽了，說：「雖然無緣相見，但大師已感知，結緣了，這已是大福報了。」

我說是的。

第十九章 尋訪神通

佛家認爲：神通的產生，大致有報得和修得兩種。報得者：凡夫、外道或菩薩、佛依各自的果報自然感得；修得者：凡夫、外道修持世間禪定，佛教徒修持戒定慧，均能得到。佛家同時認爲，神通抵不過業力。即使最究竟神通的佛，有三種事是無法辦到的：不能度無緣眾生，不能令眾生界空，不能滅眾生定業。何況神通不是佛法的究竟，故佛教反對一味追求和隨便示現神通。認爲解脫的根本方法是修持戒定慧，神通只不過是「聖末邊事」。宣揚注重神通，反而會引人誤入歧途。但凡夫多認爲神通是功夫，那是修行人的真本事。

兒時在鄉下，常見有跳大神的，我們的老家人稱爲腳痲。這個詞的來歷是什麼，甚至兩個字怎麼寫，我也不甚了了。只是因爲跳的人，在靈異附體時，會不停地轉動身體，說著各式各樣平時說不出的話，有時聲音也是附體者的調子。有時可能是某個大仙，有時也可能是個冤鬼，總之是完全與常人不同的。所以我取腳痲二字，是推想不停地轉動，腳跳痲了，渾然不知。因爲剛入佛門，看許多藏傳佛教大師的傳記，有的上天入地，倒轉江河，確是不可思議，所以對神通就十分感興趣。

一日，宇峰告訴我說，他認識了寶雞一位高人，姓楊，都叫他楊師，能和靈異對話。還說他認識的更有奇異的人，於是，利用回老家的時間，我決定去尋訪。

那是二〇〇〇年初夏，天氣還不算太熱，但人們已穿了單衣。那天，我們在西安要了朋友的車，同一位從政的好友和宇峰一起去寶雞。那日的天氣十分地晴朗，多年的朋友相聚，又去找一位奇異的人，所以心情就好，車也開得快。那時的西寶高速並未貫通，所以大約開了四個小時的車，才至寶雞，先到了楊師的家，在街上簡單地吃了午飯，就趕往扶風，因爲那個奇人在扶風。

到了扶風，找到了鄉下，路是極不好走。離開國道，全是土路，塵土飛揚，路兩邊的地裏，有很厚的莊稼，農人們把路挖得很窄，有時只走在水渠的邊上，所以車開得很慢，好不容易到了奇人的家。

奇人是一中年婦女，略胖，穿戴整潔，一副農村婦女的樣子。她的家，有一個院子，院牆的牆皮是新抹的，院內有三間大房，還有兩間小偏房。一看就是鄉下家裏有點底子的殷實人家，與村子裏一般的人家，景象大不相同。聽說她在周圍百十里影響很大，人們既然有求，就必然會送東西或付報酬。她家的神龕裏供有觀音菩薩的像，依稀記得還有道家祖師老子的像。她見我們來，很熱情，因楊師與她多次見面，很熟，他們就很快說起了家常。

路上，楊師告訴我，說這個奇異的女人，姓馮，現在人們叫她馮師。原先家裏很窮，嫁了男人後，男人家裏也很窮，本想老老實實地種地過日子，不料她得了病，吃不起藥，日子很艱難，終於她不能承受了，於是她就想去自殺。她選了一個河道的深水處，準備跳江自盡。江邊有塊巨石，她在巨石旁作了長久的心理掙扎，終於決定跳下去。然而，就在她要跳時，面前突然站了一個白鬍子的老翁，老翁對她說：「再難也不能去死呀。」她說：「不死也沒法活。」

「爲什麼？」老翁問。於是她就講了自己的家境，又講了身上的病，說病和窮加到一起，是無論如何活不下去了。老翁聽了，很平靜，也沒有說寬慰勸說的話，卻掏出一包藥遞給她說：「回去吃了，如果病好了，要來感謝我，帶點禮就行了。」她有些疑惑，認爲這藥治不了她的病，卻又見老翁的口氣和眼神那麼堅決，她想，那就試試吧。

說來也怪，這時她已沒了自殺的決心，於是說了感謝老翁的話，就回到了家裏，吃過藥後，幾天，果然病好了。她的心情大變，有了生活的勇氣，就想乞食也要活下去，一定要改變命運的。可到了約定見老翁的時間，她犯了愁，拿什麼禮物去感謝老翁呢？自己的家，一間破房，四壁空空，拿不出一根線，更舀不出半碗米。她覺得無臉見老翁，就想到了躲避，於是，就沒有按約定的時間，到江邊的巨石旁見老翁。她反而向屋後的山裏躲，卻不料一轉身，老翁卻在她眼前，老翁也不生氣，說：「沒有東西，你說一聲就是了，爲何要躲呢？」她立時感到羞愧難當，就請求老翁原諒。老人家並未怪罪，卻說了些寬慰的話。她說：「病雖好了，但日子照樣的窮，不知道幹什麼行。」

老翁就拍她一下，說，去給人治病吧！於是就教了個方法給她。很簡單，說句咒語，向空中伸手去抓就可以。她還有點不相信，就這能治病？然而，她一抬頭，眼前的老翁不見了，跑也沒有這麼快呀，她相信，那是太上老君，是神仙給了她方法，這使她有了底氣。

可在很長的時間裏，她自己不敢去試著給人看病。直至一日，她家鄰居的女人，在門前的地裏幹活，唉聲嘆氣，淚流不止，她上前去問，才知女人的男人得了肝癌，已到了晚期，說西安城裏四醫大的醫生，下了無可救藥的結論，說：「回家能吃什麼，就儘量吃些好的吧。」言下之意就是等死。並說最長超不過三個月。女人幾乎用了絕望的口吻說：「家裏就靠男人，這往後的日子該怎麼過。」她就壯了膽子對女人說，「我給你點藥吧，你回去給男人吃吃看，能不能行。」女人用疑惑的眼光看她，這麼個過去病秧子似的女人，她有什麼好藥可治病呢？但也無別的辦法，就只好拿了回去試。

結果吃了藥三天後，男人居然說身上不痛了，那女人就又去要藥，只見她在觀世音菩薩的像前插了香，祈禱一會兒，伸手去空中抓，原來的空紙裏就包了藥，她說這藥是觀世音菩薩給的。那女人拿回去給男人吃，一個多月後，得肝癌的男人，竟沒了一點患病的跡象。爲了驗證，女人領了男人到四醫大去化驗，結果出來，令四醫大的醫生們大吃一驚，說癌細胞消逝的無影無蹤了。後來聽說，四醫大的大夫，拿了馮師的藥去化驗，竟化驗不出是什麼成分組成的。

因這家男人的癌症被治好了，馮師的影響就在周圍大起來，一傳十，十傳百，幾百里外的人聽了也趕來治病。一時，馮師的門前人來人往，小小的院子前的土路上，還常常停滿了轎車。於是，馮師的家慢慢富了起來，修了新房，收拾了新的院落。只是馮師物欲心並不重，四鄰八村的人去看病，她們都是些去不了大醫院又看不好的疑難雜症，且家裏都窮，就送點糧食或蔬菜，馮師並不以東西多少論報酬，來的人都無一例外地給看了病，給了藥。當然，也有在城裏有錢的人，信了找來看，病好了，就重重答謝，也有送匾的，叫「神仙下凡」，「菩薩在世」等等。我們去的時候，前面已有幾個人看完病剛出門。

我們去時，買了些水果。坐定，馮師倒了茶水，楊師就給馮師介紹我們。隨行的朋友有胃病，她就說等一會給些藥，一定會好的。我們尋訪的目的，也就想看個究竟，並無實際的用意。這時突然想起一件事：一位做官的同鄉，在一個縣裏爲政時，得罪了人，被對手告了，上面正在查處，看來是不會輕易收場的。實際上這個同鄉，大致說是一個好官，在爲縣官的時候做了許多利益老百姓的事，所以還有些朋友替他說話。我們就問馮師：「這個人結果如何？」馮師就問了名字，靜了一會，說了這個人的個頭和大致長相。說的還是相投的。又過一會，說：「這個人本來是要坐監獄的，只因幫忙的朋友多，監獄是不會坐了，但官是當不成了。」我們當場有些疑惑，認爲她說的不對。依我們瞭解的情況，不至於至此。就說：「能那麼嚴重嗎？」馮師答：「收拾他的人很厲害。」

這事也就作罷，只當玩笑。我們就說了求藥治病的事。她說馬上給我們拿藥。只見她給佛龕裏的觀世音菩薩和老子的像上了香，口中念叨了一陣，然後從桌子上拿起一張事先裁好了的紙，也就過去鄉村衛生室或診所裏包西藥的那樣大小的紙，長寬約五六釐米見方。她穿著短袖襯衫，身旁則無它物。她拿了紙，雙手舉過頭頂，然後將空著的紙，當著我們三人的面，將紙折成雙層，左手拿著，右手的兩根指頭敲了幾下，然後拿下來，展開紙，紙裏果然包了五六粒棕紅色的綠豆大小的藥粒，我拿了聞，有麝香的氣味。我們頓覺奇怪，就感覺她可能做了手腳。於是就又求一份，這次，我們更睜大了眼看，她所做的動作與前次無二，紙裏仍然包了藥。

為了再次證明她的藥的確是從空中取得，我又給我的母親和家人要了三份，她仍是如此操作。我們確信她沒有作假。當時就認為，馮師得了真傳，是神仙菩薩在幫她的忙。拿回去的藥，我們也未刻意去驗證，因求藥時也是臨時想起的，目的是為了驗證她取藥的能耐，至於藥的效力並不在意，何況我們拿回的藥，給了常年偶犯小病的家人服，檢驗不出什麼究竟來。但親眼所見取藥過程，覺得這個女人真是神奇。

多半年後，那個從政的同鄉的查處結果出來，被雙開了，沒了黨籍和公職，職務也降了幾級。從此閒賦在家，偶爾到處跑跑，做起了生意。事後證明，馮師的說法是應驗了的。

這之後，我看了一些關於神通的書，特別是在藏地一些高僧大德的傳記裏，一些高僧能使江河倒流，也能上天入地。也正是這些高僧大德通過實證，說明神通並不究竟，只是修行的過程中自然而然產生的，佛家反對表演神通的，因生眾的根器不同，容易被神通的力量所迷惑。神通並不能使人解脫，追求神通也就離開了佛法的根本。

當時，因馮師的取藥與吳老師的治病是有天壤之別的，吳老師持咒發功，是用不著藥的，就覺她的做法還屬小兒科，也就未在吳老師跟前提起。

但因受了此事的影響，一段時間我熱衷於神通和打卦，看了許多風水手相之類的書，遇事就打卦。因為有一些小靈驗，就越發的相信。二○○二年，朋友遇一大專案，拉我參與，能不能做成，心中實在無底，但又因可能的巨額利潤欲罷不能，只好借助於打卦，我先後給三位道行很高的風水先生打電話，請他們打卦，三個人的結果大同小異，有的口氣堅決，有的說小有障礙，但結論是一致的：這個案子可做！於是，我和朋友們下了決心，動員資金進入，先後投入一千多萬元。大家多次計算利潤，心想終於可抱一個金娃娃。

很快，因專案的巨大利潤引起合作方的變故，我們立即採取措施，準備撤出資金，但各方對風險的評估產生分歧，最後堅持不撤的意見占了上風，在萬不得已的情況下，只好選擇了資金繼續進入。到了專案的關鍵時刻，合作方終於毀約，所投資金陷入巨大的風險之中。在此危機關頭，被可能的利益沖昏頭腦的股東們，不是進行理性的判斷，而是借助於打卦算命，一位高人打卦後，反覆說卦象顯示，這事可成。我們只有孤注一擲，繼續深入。實際這時最佳的選擇是在無法把握中退卻，但我們採取的策略恰恰相反。

隨後我們動用各路人馬，展開了一張連我們自己也說不清的關係網。一個消息傳來，我們就打卦，然後繼續行動，中間人或說有高官介入，或說有高幹子弟參與，總有似是而非的好消息傳來，真假難辨，只好信以為真。付出的代價，是不斷地籌措現金支付酬勞費，每次二十萬、三十萬不等，眼看這個數字超過了百萬，卻絲毫不見結果，但已經欲罷不能。繼續打卦的結果，高人說卦象依然不錯，我們不得不繼續投入，終於一日，中間人說：「辦事的人說了，只要給了錢，一周之內就可辦妥。」雖然經過分析，認爲無用，但鑒於事情的進展，仍然將希望寄託於荒唐的遊戲之中，又籌五十多萬元投了進去，最終顆粒無收。整個事件的發展過程，如一部荒誕小說，任何一個作家的構思都不會如此精彩。

事後分析，打卦本無錯，卦象自有其道理，但真正的大道絕不是算出來的。把命運寄託於打卦，顯然是本末倒置。

多年後，吳老師圓寂，在與師父益喜寧寶堪布談起此事時，師父說：「佛陀說，你的行爲決定你的命運。大惡之人和大善之人是算不準的，因爲他的行爲隨時都可能改變命運的走向。這一點，《了凡四訓》說的很清楚了。」說起扶風的女人，師父說：「藏地和漢地都有靈異附體的現象。被靈異附體的人，他的言行並非他自己，而是靈異的聲音或行爲。這種事肯定是存在的。它如我們的日常生活，都是業力的顯現，是某種機緣的成熟，但它與真正的佛法相去甚遠。」

益喜寧寶師父說：「香赤寺住持才旺仁曾大師的一個弟子，修行了幾年後，突然有了給人治病的能力，於是他出去給人治病，表現他的神通，許多時候，他給人吹口氣，就治好了對方的病，所以找的人很多。他就忙治病，忙接待，當然供養也很多，他把師父和佛法忘一邊了。就這樣過了三年，有一天，他突然想起師父，就去寺裏看師父，他給師父磕了頭，師父把手放在他的頭上加持。他回去第二天，突然給人治病的能力全部喪失了，他猛然醒悟，就再去寺裏見師父，跪倒大哭，說他白白浪費了三年的時間，感謝師父的慈悲，使他驚醒。此後，他潛心修行，終於成就。」

我問益喜寧寶堪布：「師父，治病救人難道不是好事嗎？我在吳老師圓寂後的很長時間裏感到遺憾，當年爲什麼不學一點吳老師治病的功夫呢？那樣，可以減輕許多人的病痛，這該是慈悲心吧。」

師父說：「許多高僧大德給人治病，顯神通，那是給眾生以方便，讓你瞭解認識佛法。那些根器不同的眾生，見了神通，親近了善知識，從而領悟了佛法。這是那些成就者弘法利生的善巧方便。可如果把神通當飯吃甚至騙錢財，即使治了病，也沒有治命，更不要說解脫。很有可能你的治病，就是在造業。」師父又說：「佛法並不反對用神通給人治病。大乘佛法，就是要讓你抓緊時間修行，證悟佛法，成了佛菩薩，然後乘願再來，利益更多的眾生。那時你用什麼方法利益眾生都能如願，這難道不更好嗎？」

師父的話使我茅塞頓開，一個沒有證悟大道的人，他所做的功德很難達到真正的清淨，而只有清淨的功德才會徹底地利益眾生。

第二十章　九華鐘聲

二〇〇四年八月，我們一行五人，去看望九華山惠通寺本旺老和尚。同行的有李紅偉、張明曉，我在部隊時的戰友，剛退休移居青島的作家楊聞宇，還有司機劉祖建。我們一大早出發，直奔九華山。

天氣晴朗，一路又都是高速路，小劉車開得也穩，八九個小時，九華山已至眼前了。仲秋的九華山，也正是一年裏最好時節。樹木鬱鬱蔥蔥，青翠的顏色像要滴下來，濃了四周的山。我們是下午五六點鐘到的，太陽偏西了，但九華街上還是人來人往。我們找了人問問，很快就找到了惠通寺的位置。停了車，就叫了街面上經營佛具的小王，他也是本旺老和尚的弟子；見我們來很高興，就放下手中的事，給同伴說了一聲，帶我們去見老和尚。

惠通寺不大，是個小廟，在九華街半山的一處避靜處。它不是旅遊景點，是僧人的靜修處，院子的門，平時是從裏面鎖著的。我們輕輕叩了門，不大一會，門就開了。

開門的是本旺老和尚的女弟子了空師父。

了空師父穿灰色的僧袍，個子一米六多，年齡也就三十多歲，乾淨俐落，是個二僧師父。她說：「師父等你們很久了。」

她的聲音，十分的純淨，像是深井的甘泉水，不含半點雜質。她接了我們手中的一些東西，就引導我們到了屋裏。

老和尚迎上前來，待我們放下東西，就一一握手問好。佛家的禮儀，見高僧合雙手問安，是不握手的。但老和尚還是行方便迎了我們，伸出的手，一一握了。

我們坐了，李居士詢問老和尚的近況，老和尚說一切都好，身體也無大礙。我們要出去吃飯，老和尚不讓，了空師父說菜準備好了，這就做。說著就動手了，李居士就去幫手，兩人很快地做起來。

我們幾個幫不上手的，就坐了和老和尚說話。這時我才細瞧。老和尚的住處很簡單，也就一個低矮飯桌幾個凳子，都是木質的，也已很舊了。靠門的牆角，放了吃的菜和弟子們送的糧食，廚房裏也就一個鍋和幾套碗筷。用的是液化氣做飯，但並無平常人家的吸油煙機。灶房是與廳挨著的，也無隔擋。一樓的臥室，也就一張木床。通過廳的走道上樓，就到了二樓；二樓是佛堂，佛堂裏供奉了一尊地藏王菩薩的坐像。

門前一個小院，有半畝多的地；除了留出一處小路，其餘都種了青菜。院牆倒高些，站在外面看不見裏面。除非爬上南邊緊靠院牆的山，才能看清楚的。但南面的山，樹木很濃密，氣透不過，只有鳥兒的歡叫。

在這樣的環境裏，腦子裏立時閃出弘一大師的形象：在照片裏，他穿著百衲衣，躺在簡單的木板上，頭枕著手臂入滅了。面前只有一條凳子。

被旅遊的熱鬧包圍的惠通寺，實則是一座遠離塵世的深山。這時，我想起了看到過的兩句話：關門即是深山，心靜即是淨土。

我是第一次見本旺老和尚，過去只是聽李居士介紹。這時我就想多聽聽老和尚宣說佛法。所以就靜靜坐著聽老和尚開示。

老和尚七歲被領進佛門，至今已七十三年了，他皈依淨土宗，修的是地藏菩薩法門。他在多個廟裏，擔當過多種職事，但大多時是在九華山靜修的。他的弟子有近的，也有遠處的，有內地的，也有海外的。弟子們經常希望來看他，他對弟子們也是有求必應的，但更多時候是打個電話問問，常有弟子要爲親人或朋友消業，想請他放生，他一一答應，弟子不必親自去，就把錢寄去，老和尚帶著就近的弟子及時放生，爲眾生積累功德。

老和尚更多的時間是獨處靜修。每天凌晨四時即起床誦經打坐，至中午十二時吃飯，接聽各地的弟子的電話，回答疑問，或會客，下午再誦經打坐，如無別事打擾，靜修至深夜。

老和尚說了解經的重要，他說了一個公案，一高僧講經，遇一老者，滿頭白髮，常來聽經。一日待眾人離去，老者近前，問高僧說，自己是修行了一千年的白狐，因前世講經，說錯了一個字，墜爲畜牲，懇請高僧度他。高僧答應，老者問，高僧答，說對了經文，老者即獲解脫，當晚就在山裏脫生了。

話間，飯做好了。飯後，我們一行，在了空師父引領下，到不遠處的一家簡易旅館住了。

第二日，我們起得早，了空師父也到了，她說，今天師父放她的假，讓她陪我們走走。平日，老和尚管得很嚴格，了空師父很少有出門的時間。

了空師父，十六歲出家，她的母親和大姐二姐都出家了。老和尚是她母親的皈依師父。母親見老和尚年齡大了，就讓了空師父照顧老和尚，兩人如同祖孫。了空師父精心照料老和尚的生活，做飯、收拾衛生，幫老和尚聯繫弟子。老和尚則教了空佛法和修行。了空師父尊稱老和尚「師公」。

九華山是中國佛教的四大名山之一。開元七年（西元七一九年），新羅國王子金喬覺落髮出家，渡海參訪來到中國，在九華山苦修，於西元七九四年入滅，住世九十九年。因他為地藏王菩薩的化身，故九華山自此成為地藏王菩薩的道場，千年不衰，成為佛教徒心目中的聖地。它有九十九峰，十八景，歷史上曾有寺庵一百五十座，僧尼三四千眾。眼下的季節裏，更是信徒們朝拜的時候，眾人絡繹不絕，各條大道和小路幾乎都擠滿了人。

如沒有了空師父的引路，我們很難找準路線。我們去了華嚴洞，回香閣，地藏王石刻，五百羅漢堂，應身菩薩殿，古拜經台，甘露寺等。

在應身菩薩殿見到了應身菩薩的肉身，十分崇敬。供奉在大殿的肉身貼了金，熠熠生輝，面頰雖瘦，但微閉的雙眼仍射出撼人心魄的光芒，包含了無量的慈悲的力量。身上披了紅色和金色的披風。微微舉起雙臂，講述神奇的往事。

據記載：應身菩薩，即無瑕真身菩薩，也稱無瑕和尚。明代僧人，順天宛平（今北京）人，獨子，廿四歲出家至山西五臺山，法名海玉。曾遊歷名山，萬曆年間來九華山，時年廿六歲。他在九華山東崖摩空嶺結茅而居，以野果為食，用舌血和金粉抄寫的《大方廣佛華嚴經》，用時二十餘年，成八十一卷血經傳至後世，現存九華山文物館。海玉和尚圓寂於天啓三年，享年一百一十歲。徒眾將其遺體跏趺於缸中，三年後啓缸，但見其顏面與住世時無異，便將肉身塗金保護，在庵內供奉，其庵俗稱「百歲庵」。明毅宗于禎三年（西元一六三〇年）封海玉為「應身菩薩」。

據說，應身菩薩的肉身，雙臂原是放下的。在後來突遭的一次大火中，因火勢猛烈，弟子們無法及時移走菩薩肉身，眼見大火撲向大殿，眾弟子見無力保護菩薩的肉身免遭劫難，即紛紛跪下，言：弟子無能，祈求菩薩顯靈，熄滅大火，保護肉身。就在徒眾話音剛落，即見應身菩薩雙臂舉起，也就在那一刹那，燃燒的烈火突然熄滅了，大殿保住了，肉身也保住了。應身菩薩揚起的手臂卻再沒有放下來。

旅途中，說起素和葷，一般人認爲吃素影響體質，了空師父說：「馬是吃草的，可有千里馬；牛是吃草的，但牠可耕地。可見，不能依吃素還是吃葷決定動物的體質。」

了空師父還說：「人吃的許多動物都是吃草的。如牛，豬，羊等。這些動物在生長過程中，既長肉，也把不利於人身健康的毒素留在了體內，人吃牠們的肉再中毒。既然如此，爲什麼就不能直接吃素呢？」她說：「科學早已證明，許多素食的營養遠遠高於葷食。比如紫菜的蛋白質含量每百克是廿八點二克，河蝦才十七點五克；豆腐乾十九點二克，螃蟹才十四克；花生仁廿六點三克，甲魚才十七點三克，扁豆二十點四克，黃鱔才十八點八克。」

她說出了許多素比葷高的食物，使我吃驚，這些知識，我們平時有誰去在意呢？她鄭重地說：「人的許多病是吃出來的。所以叫病從口入。」

聽了了空師父的話，我驚愕了，我驚訝於她的記憶，驚訝於她對科學的留意。

地藏菩薩的肉身大殿終於到了，這是每個朝拜的信徒必到的地方，也是九華山之行的高潮。

唐貞元十年（西元七九四年）聖僧金喬覺入滅，依照浮屠之法，生殮於缸內，葬於神光嶺。三年後，僧眾依據各種瑞相，在神光嶺建造石塔，將金喬覺肉身供於石塔之中，尊爲金地藏。雖經一千多年的歲月滄桑，肉身寶殿依然雄偉莊嚴，氣魄非凡。進入殿內，需由地面攀登十八級臺階，才能進入建於高臺之上的大殿內，由肉身殿北大門進入殿內需攀登九十九級臺階。殿中央的地藏塔塔座由漢白玉砌成，整座塔由七層木質建成。

站在大殿內，面對肉身塔，地藏菩薩「度盡眾生方成菩提，地獄不空誓不成佛」的大願，和《地藏王菩薩本願經》中所載地藏菩薩多次救母的情景湧入心中，忽有電流穿過魂魄之感，心靈被深深地震撼了。我叩了三個長頭，淚水湧出眼眶。

片刻，即到鐘樓，一口巨大的鐘刻滿了銘文。我未及細看。了空師父告訴我：「這裏的鐘聲可直達地獄中，冥界眾生聽見鐘聲即能解脫。」

鐘聲向冥界傳遞慈悲之音。

像有力量推著我向前，我抓起撞鐘的槓子向鐘撞去，槓子接觸鐘的瞬間，即刻如大地搖動，發出厚重的巨響，如要衝破地殼，向地心而去。再撞去，聲音更爲洪重。也就這時，如同看見了冥界中痛苦的眾生，而自己卻如一個無力的看客，無力搭救他們，心中充滿了悲傷，而地藏菩薩此時此刻就在身邊，他伸出千萬隻手，加持弟子，救度眾生。而這時，地藏菩薩無邊慈悲的願力與眾生的苦交織在一起，向我腦際湧來。便有熱血衝向心間，頃刻間身心成爲一片空白。

待三聲鐘撞畢，我已淚流滿面。

下山，我已不能再吃葷。

返回青島，幾日後我參加政府召開的會議，飯間不便說明，也不願意給人添麻煩，上了葷的大鍋菜，就在其中夾了些白菜葉子吃，然而當日下午嗓子及胃裏像有手抓，痛苦難忍，至晚間用飯時，症狀才消失。自此，我完全吃素了。

後請益喜寧寶師父開示，他說：吃素是慈悲心的反應，能吃素更好，但仍不可執著。如果整日吃素，心卻不淨，仍是吃葷。他又說：藏傳佛教密宗的修行，打通氣脈是重要的一關，吃素也是氣脈的反應。

第四部　隨彼一切

我反覆述說的都是一些瑣碎的小事，
我想說明，所有的生命，大多數情況下，是在這種瑣碎中消耗殆盡的。
即使那些輝煌的生命，大多數時間仍然是瑣碎的。
這就為我們思考生命的真正意義提供了必要性。

一座鄉村廟宇，包含了太多的民俗文化的密碼，
它是中國傳統文化的重要組成部分，
而且越是地理位置獨特偏僻的小廟，越具有重要的歷史文化的認識價值。
中國作為傳統的農業社會，農人們的對天時、地利、人和以及精神的終極追求，
幾乎全部蘊含在這小小的廟宇之中。

恢復一個道場，是在恢復一所學校，佛教的精神實質是教育，
使凡塵中無明的眾生，通過修行，斷惡修善，最終證得宇宙人生的真相，
這是一個代代傳承的靈魂接力跑。
有了道場，就會聚集更多的人，就會使無數的人種下福田，
播下慧根，這是一件功德無量的事。

第二十一章 母子連心

一

失去娘是人生劇烈的痛；沒有娘的孩子，有的只是對母親永恆的思念。

母親留給我最後的一瞥，刻骨銘心。

半年前，我接到母親從老家打來的電話，是弟弟撥的號，母親拿著話筒，說好久沒有聽到我的聲音了，很想跟我說說話。我忙問母親身體怎麼樣？母親回答，年歲大了，哪裏都有毛病。不過她囑咐我，不要牽掛。末了又說，可能是那些年待客殺生多了，造的業，所以身體才這樣。母親嘆了一聲，說：什麼時候能還清啊，造業！

母親指的是十多年前，外出幾十年回老家的一位親戚來我家住，她好吃鱔魚。母親為了熱情招待，去田間捉，每次都能捉到幾條，然後殺了炒著給客人吃。客人說香，母親高興。在我童年的記憶裏，我們那裏很少有人吃鱔魚，只是出門在外的人見識廣了，說鱔魚是營養價值極高的美餐。一個多月裏，客人吃掉的肯定不是一個小數目。一條鱔魚即是一個生命，母親晚年皈依佛門，殺生是一大罪過。母親的心情是必然的。

母親嘆息，揪得我心一緊。我忙說，媽，不要想那麼多了，佛家講放下，過去的一切都過去了，萬念放下，不再做。接著我又趕緊說：「我正在誦《地藏菩薩本願經》，我發願在一年裏念一百遍，爲今世和歷世歷代的父母消業。」我又說：「媽，你一定要放心，一切都會過去的。」母親聽了我的話，心情或許平靜了。電話那頭的語氣平和了。

然而，母親的話語雖然平靜了，但我依然牽掛，除每天依照佛家的儀軌，誦讀《地藏菩薩本願經》外，就是催促自己早一點回老家一趟，和母親說說這件事，解開她的心結。

我忙裏偷閒，很快成行了。但回老家幾天，每天在外忙，很少有時間坐下來和母親說話，只是幾次吃飯時才能和母親坐在一起。臨走的先一天，我終於抽出幾個小時和母親、父親坐到了一起，和母親說開了長話。母親當著父親的面，回憶起年輕時的不是，說到傷心處淚流不止。母親說著那些該受和不該受的生活的磨難，聲音低沉，語調緩慢，合著寒冬侵入的涼風，再現著歲月留給一個老人的深深的烙印。

在我剛記事的五歲，那是上個世紀五十年代末，因父親身體不好，生活的重負落在了母親的身上。那時，我們生活在東漢蔡倫的封地龍亭小街上，住在街頭租來的一間小房子裏。那時的小街只是三天一個集市，小街上的人都以務農爲生。母親和小街上許多男人一樣，扛著尖擔，到幾十里外的南山砍柴。有一次，一條毒蛇爬過的刺扎進了母親左手的大拇指。回家後，母親去打針，據說針打錯了，母親的手指開始紅腫化膿，晝夜疼痛，母親難忍的叫聲，在寒冷的長夜裏超過了黑暗的可怕。我無法替代母親，童年的心裏充滿了悲傷。似乎這個世界上沒有醫生和藥物，母親的大拇指爛掉了一個骨節，疼才終於被止住。

長大後我才知道，那是因爲地域偏僻和貧窮的原因。母親的疼痛使我在五十年裏記憶猶新。

生病前的父親，身體健壯。正因爲健壯，他在縣城國營的運輸隊裏拉人力車。那時的一〇八國道都是土路，匱乏的物資交流，全憑人力車夫們在山路上奔忙來保障。父親常跑的那段路，經過金水、西水兩條河。年輕的父親只知道使力，卻不知道保護自己，每每在山路上因用力大汗淋漓時經過河流，趁機在河裏洗澡取涼。長期以往，短短幾年，便因中醫診斷寒氣入骨而大病一場，至少在幾年的時間裏，不但不能幹活，還得一定的休養。

那時，我們已弟兄姊妹三個，全部的吃喝拉撒睡，都落在了母親的負擔裏。

母親的艱辛是兒時的我難以覺察的，留給我的印象，只是吃飯時，母親把飯碗端到了我的面前，每到過年時，還能穿上新衣裳。

母親的敘述伴著淚水，不是在說自己吃了多少苦，而是在訴說人生的苦難。在母親訴說的空隙，我說，人生本來就苦，佛祖四十九年說法，就是教育眾生如何解脫人生的苦難。我說，佛陀讓我們活在當下，不但要放下過去，還要放下未來。眼前的團圓，眼前的平靜生活就是幸福。我與母親進行了長時間的對話，終於母親不再傷心，漸漸平靜了心緒。母親說她每天在念佛，我說念到沒有雜念了，過去的苦難就遠離了。我和母親緩緩地交流著，心裏充滿了暖意。

時間不早了，我該起身告辭了，還有些事要辦，第二天趕回青島。

我剛站起來，母親迷濛的眼光裏一瞬間充滿了淚光，屋子裏的光線雖然很暗，但我依然感受到了母親眼中的難捨之情和離別前的傷感。母親突然說：「你在外面好好幹，你會很好的，這話是你婆封的。」

母親的話像訣別，我的淚水忍不住在眼眶裏轉，我點點頭轉身走了。我明明感覺到身後母親的眼光追隨著我，但我怕轉身後淚水掉下來，我沒有回頭地走了，我想我會很快再回來看母親的。

然而，幾個月後，母親走了，母親那最後的一瞥成了真正的訣別。

二

臨別前母親的話，猛然掀開了我的記憶，那是祖母去世前最後的遺言。難道母親當時就有了不祥的預感？母親是在向兒子告別？

祖母在我們老家被稱爲婆。我的祖母也就是我的婆七十多歲時去世的。在祖母最後臥床不起的長時間裏，是母親照顧的。每天除了端湯餵飯外，還得翻身擦洗，吃喝拉撒全靠母親一人，母親的孝道令祖母感動。

祖母離開的當晚，我像往常一樣，去床前看她，祖母突然叫著我說；「孫子，端碗涼水來，婆心裏燒。」在我的老家有一個說法，久病之人要喝涼水，就是快要走了。我一驚，忙去外屋的暖瓶裏倒了水，在兩個碗裏反覆倒涼，遞給了祖母。祖母接過碗在口邊吭了一下，說：「娃哄我哩，這哪是涼水，是開水。」

我忙說：「涼了就是涼水。」祖母不再固執，喝了那碗涼開水。當我接過碗要走時，祖母突然喊住了我。

我站在床前問：「婆，有啥事？」

祖母支撐著一隻手，在母親的幫扶下坐了起來，她拉著我的手，混濁的雙眼裏滾動著少有的溫情，眼裏一剎那閃過一道光，她說：「娃，好好上學，你將來是到外面務事的人，你會很好的。」

母親當下說：「快給你婆磕頭，你婆給你封得多好！」老家的習俗是，老人去世前說的最後的話，具有神秘的權威性，如同皇帝的金口玉言，封侯拜將，一切都會成爲現實的。

我還不知該怎麼感謝祖母的這句話，我的小嬸子進來了。祖母的臥室門口朝著中堂，中堂的另一側住著小嬸子一家。路過的小嬸子聽到了祖母的話，立刻抱了兒子走了過來。她對祖母說：「媽，你也給你這個孫娃封一下。」很顯然，小嬸子是想借婆婆的吉言給兒子的未來討個吉利。

也許常在一個屋簷下，婆媳的過節是常有的，祖母居然臉色一沉，轉過臉去不再說話。小嬸子無趣地抱著兒子走了。祖母累了，很快躺下。大人們說，那是迴光返照，得趕快準備後事。

第二天上午，祖母就去世了。

祖母離開後，我讀了初中，又讀了高中，很快又參了軍，十多年後我考上了武漢大學，而後又到了青島。

然而，我的堂弟，也就是小嬸子抱著去討祖母吉言的大兒子，雖然學習成績優良，卻臨考失常，多次高考落榜。爲了出門掙錢，他約了村子裏的同伴，到千里之外的山西一家煤礦去打工，本來是會賺些錢的，但卻在一次開礦進洞查看啞炮時，被突然炸響的炮封在了礦井裏。

接到死訊，我大哥帶著十多人去山西領屍，當場查看的結果，分明不是自然死亡，很有可能是在重傷的情況下被礦主派人砸死的。那樣，礦主一次賠償，可少了以後的麻煩。

在人生地不熟的地方，大夥商議的結果，答應了礦家的賠償，拿了三萬元當晚逃離了，以免生事。

命運本來是凡夫無法預測和把握的。堂弟的命運是否與祖母不肯說出吉言有關，那只能是一個謎。但母親在與我分別的瞬間，顯然是在不祥預感中借祖母的話，向幾十年來聚少離多的兒子送上一份祝願。

三

農曆乙酉年（西元二〇〇六年）臘月廿五日晚十點多，我突然接到弟弟從老家打來的電話，他說：「媽恐怕不行了。」我一聽心裏咯登一下，幾天來總有一種心神不寧的感覺。我立即請他們叫救護車。我怕深夜醫院裏多有不備，就立即給朋友打電話請他關照，但當醫生趕到時，已搶救無望了。

母親是突發心臟病去世的。

這時已是年關，火車、飛機一票難求。我立即準備了簡單的行李，叫了兩個司機，和妻兒三人連夜開車回家去看母親。

十多個小時趕路，到達西安時已是大年二十六日上午十時多。家鄉朋友安排接我們的車已在西安等候。那時西漢高速未通，我們在西安換了車，從寶雞下高速，沿東漢時的陳倉道翻越秦嶺，到家已是晚上十一點了。

按老家的習俗，母親已停放在老屋的中堂。我從車上跳下來，幾乎沒有和任何人打招呼，直撲母親的靈前。我上了香，磕了頭，說了一聲：媽，我回來了！就再也說不出話來。

母親是佛教徒，我必須按佛家的儀軌去做。佛家認為，除大德者往生西方極樂世界或升天，亡後神識當即離去外，凡夫在四十九天內，神識也就是一般所說的靈魂並未離去，而是在亡者的上方看著自己。如果親人痛哭，神識能見卻不能言，他知道自己死了，卻不能與痛苦的家人對話，這情景將打亂亡者神識的平靜，影響四十九天內轉世的清醒選擇。

我輕輕揭開母親臉上的白紙，那一刻，母親在兒子心目中的形象剎那出現在我的眼前。母親睡著了，她閉著雙目，合著嘴唇，安詳而平和。只是臉頰的肌肉有些收緊，也許那是離開時的突然病疼造成的。

我想喊一聲媽，但我怕驚了母親，我終於忍住。問妹妹母親離世時的情景。妹妹說她一直抱著母親，她看母親突然不行了，就問母親難不難受，母親說，不難受。妹妹說母親是在平靜中走的。對佛教徒來說，這是至關重要的。

本來發願爲母親誦百遍《地藏菩薩本願經》的，但還沒有完成心願，母親就走了。我想我必須在母親走後的四十九天之內誦完一百遍。

我在靈堂坐下，身邊圍了被子，開始大聲誦經。雖然時處臘月，天寒地凍。但我不覺得冷，我知道母親給我溫暖，她就在前方看著我。她是希望我們母子間這樣交流的。

佛祖釋迦牟尼在《地藏菩薩本願經》中，講述了地藏王菩薩多世爲了救度母親永離地獄，而發大願：「地獄不空，誓不成佛；度盡眾生，方證菩提。」因地藏王菩薩的大願救度，其多世母親因而成爲菩薩，也因此機緣地藏王成就爲大菩薩。

母親給了兒子可以發心的機緣，這是遠去的母親對兒子的最後一個大愛。

夜，不再沉重，母親的靈堂裏也不冷。

第二晚，當我再誦《地藏菩薩本願經》時，母親的靈堂裏飄出一陣濃濃的檀香味。在火盆旁烤火守靈的兄弟姊妹聞到了，他們說奇怪，起身尋找淵源，證明不是點燃的香時，他們問：「怎回事？」

我說：「菩薩顯靈了。」

我這樣解釋。佛家認爲，自性清淨，香氣自顯。我相信那是母親的自性顯現。

菩薩是梵語，譯為：「覺有情。」覺悟了的有情者。在兒子的眼中，母親即是菩薩。

誦畢三遍《地藏菩薩本願經》，我輕輕揭開母親臉上的白紙，母親打皺的臉頰完全恢復了平時的舒展。

母親睡著了，慈祥安寧，如同兒時印在兒子心裏的形象。明天早上，母親定會醒來！

四

安葬了母親，我回到青島，生活似乎恢復了常態。然而我對母親的思念卻一日濃於一日。母親在時，偶爾想起，即使不能回去，撥通老家的號碼與母親說幾句話，心便平靜了。在兒子的心裏，從來沒有設想過母親一旦離去的思念會是什麼滋味。這時的思念才使我體會到一旦離別的思念之苦。

有時我從夢中驚醒，母親迎面走來，還是那樣的神態，還是那樣的慈愛。我坐起來，母親卻不見了。我知道人死不能復生，但我無法排遣我的思念。

思念更使我想知道母親去了哪裏。

我知道佛教徒最想去的地方是西方極樂世界，在那兒沒了世間的煩惱，可跟著阿彌陀佛帶業修持最終成佛。當他們乘願再來救度眾生時，已沒了人的妄想、分別、執著，便脫離了生死輪迴之苦。

我願母親往生西方極樂世界。

我盼望母親告訴我。

母子連心。晚上，母親在我的夢境裏，迎面向我走來，我問：「媽，你現在在什麼地方？」

母親說：「那地方用鐵鏃一挖就是金子。」我是從《彌陀經》上看到的，西方極樂世界是黃金建成的。歷代的高僧大德也是這麼講的。我正和母親說著話，眼見著一棵金樹冒出了地面，迅速成長，瞬間超過了一人高。葉子金燦燦的，樹桿也是明光閃閃的。這棵樹似曾相識，只是叫不出名字。我還想問母親，是不是西方極樂界，因爲據佛經講，天人居住的地方，也是有黃金鋪地的。但我又怕萬一問了不是西方極樂世界，打碎了我強烈的願望，那將是一個深深的失落！我終於沒有問。

夢醒了，剛才的情景歷歷在目。以佛教觀，那是神識見到了母親，是真實的境界而不是夢。

我後悔了，爲什麼不問呢？

我相信母親的虔誠和晚年的善行一定能使她往生西方極樂世界。

我還想問母親。

母親滿足了我的願望。

這次在我的夢境裏，母親躺著，我走近，母親坐了起來。我問：「媽，你在的地方是西方極樂世界嗎？」

母親說：「是。」

說話間，母親示現爲一張畫像，如人們常見的佛菩薩的畫像，慢慢升空，直向天際；天際無限的空曠遠大，如同海洋，藍得萬里無雲，母親畫像放射著耀眼的光芒，在升騰中漸漸遠去。

我夢醒，夢中的情景異常的清晰，每一個細節，都在眼前，在腦海裏一次次重現。人固有一死，但追尋生命的去向，永遠是人類對生命的詰問。

我堅信母親往生到了西方極樂世界。

阿彌陀佛！

第二十二章 遙望父親

一

二○○九年春節的前一個月，我回老家辦事，因待的時間長，就每天飯後或晚上，去父親住的地方，陪父親坐一會。因這時父親的耳朵已聽不見平常的聲音說話了，所以，除了很少的大聲交流幾句外，就很少言語了。在夕陽的餘暉中，發現父親蒼老了，這時才猛然想起，父親已八十五歲高齡了。看著老父親不再靈便的動作和有些遲鈍的反應，瞬間湧起一股淡淡的說不清道不明的心酸。

因過年要去看望同樣已快八十高齡的岳父岳母，就沒再回老家。故鄉的朋友，在大年三十代我去看老父親，給父親拜年祝福。他見了父親，忍不住當著父親的面，給我打來電話，說：「今年老叔怎麼突然這麼的蒼老了，還是要常回來看看的。」

我聽了朋友的話，一時語塞，竟不知如何應答。不是因為不好答，而是一剎那，父親由強壯變作蒼老的影像飛速在腦子裏變幻著，心裏就有了一種無名的悲涼。這悲涼，也許來自對生命的追憶，也許來自對生命自然衰退的無奈。

實際，這悲涼，在我年前回去見到父親的第一眼起，就已經有了，只是很短的時間裏在心頭劃過，迅速地被其他的話題遮擋了而已。一直照顧父親的妹妹說：「他的記性已完全不如從前了，有一天晚上睡覺不蓋被子，喊著說冷，我進屋一看，被子壓在身下，他全然不知。我說你沒蓋被子，他聽了笑著說，人怎成這樣了呢？」

我聽了妹妹的話，就說：「以後每晚爸爸睡覺時，要進去看看，蓋好了被子再出來。」

妹妹說：「是這樣的。」

父親看我們在說話，也許聽出了一句半句，就說：「剛做過的事情就忘了。」他說這話時，已全然沒有了年輕時的氣盛，而變得有些不好意思起來。

我大聲對父親說：「每天多念阿彌陀佛。」

父親聽見了，大聲應著說：「我有時坐著，有時睡著，就在念。」

我說：「好。」

父親聽了，居然顯出很少有的高興的樣子，對我說：「你還記得你婆嗎？」

當然記得。我們的老家，是把祖母叫婆的。我又大聲說：「我婆走時，還給我說了一大堆話，說我以後會到外面務事的。」我儘量找著過去的細節，以便使父親說起來心情高興。

父親果然有了話題，他說：「我們家有信佛的傳統。」他看著我，也大聲地說，「你婆當年去大爺山燒香，早上天不亮走，晚上還要走夜路才能到家。那麼遠的路，她小腳走著，很有精神。」

大爺山是縣城之西幾十里之外的一座山，而我的老家，卻在縣城東面的二十里之外的漢江邊的一座山村。這樣算來，一去一回，至少也得七八十里地，一個小腳的女人要走遠路，是需要巨大的勇氣的，那就是對佛菩薩的至信，才能辦到的。

父親說完這句話，就又沉默了。因是冬天，屋子裏開著電暖器，父親的眼光落在了發光的電暖絲上，一時竟有些喘氣，我問，才知這幾天有點輕微的感冒，氣管有些不好，妹妹就趕緊拿了藥來給他吃。

那藥是膠囊狀的，父親在吃藥時，竟一時吞咽不下去，無奈的臉上，立時顯出病弱的蒼老。

他與我印象中的父親判若兩人，就在去年母親兩周年的奠日裏，我回去，也不曾見到這麼蒼老的。就在去年五月，侄兒在千里之外舉行婚禮，他說是長孫，一定要來參加婚禮的。當孫媳給他行禮時，他還對著眾人講了話，那時，也沒有這樣的蒼老。

難道蒼老是一夜間生成的嗎？

父親在我兒時的記憶裏，是十分地強大。他在縣城的國營運輸隊裏拉車，那時的經濟落後，縣城和鄉下的物資交流，是完全靠國營的人力車完成的。父親因常年用力過度，又不注意保護自己的身體，終於病倒了，至少有三五年的時間裏幹不了重活，就常常養病在家。所有的農活和割柴、餵豬的活路，就幾乎壓在了母親的身上，三五歲的我，對父親的印象，就是一個龐大的身影常常在我的眼前晃。農村吃大食堂的一九五八年，一日因好玩，拿了生產隊的鑼，去村口的大樹下敲，告訴人們來吃飯，待我敲罷了回到食堂時，遭到了一直等在那兒的父親的訓斥，不知母親還是父親，打了我一頓，從此，對打鑼就有了膽怯。

這是我兒時關於父親唯一印象。

後來因上個世紀的五九、六〇、六一年連續三年的經濟困難，父親終於不能忍受貧窮，把自己的戶口從鎮上移到了十幾里外的山裏，那時的平川，土地全部歸公社，是農業社裏集體耕種收穫，而山裏是可以開荒的，荒地裏長的莊稼是可以歸自己。所以父親採取了行動。母親卻堅決地不從，她認爲，鎮上總比山裏好，有利孩子的讀書，所以帶我們兄妹三人，堅決地住在了鎮上的龍亭街租來的房子裏。所以，在長久的時間裏，父親的形象記憶很淡。只是長大了聽母親講，住在街上的時候，父親花了很大的氣力，備了木料，是準備在街上修房的。後來參加了一個會，半夜裏回來，父親說：「今後很快就會到共產主義了，住樓上樓下，電燈電話，是不用自己再修平房了。」於是，父親將準備修房的木料全部捐給了國家，在離我家租住的房子不遠處的公路上，修了一座橋。

母親說，幼年的我愛哭，而且哭起來常常是很難止住，與父親似乎有仇，堅決不讓父親抱，只要他抱我，必定大哭。無奈，父母就在一個黎明中，按老家的習俗，把我抱到了離我家不遠的一座橋下，認了三根石條鋪成的石橋爲乾爹，我的老家稱爲「乾大」。路過的第一個撞著我的人給我取名橋成，後因我的一個舅舅叫成娃，爲避諱，就給我改名叫三橋。認了乾爹，名字也改了，然而依然愛哭，與父親的關係也並未改善，他要抱，依舊是嚎啕大哭。這樣，童年的我，感覺裏父親的印象是十分地淡漠的。因爲他在運輸隊裏賣力，他曾被評爲陝西勞模，那個紅色的綢質的代表證，被他壓在鏡框裏許多年，在我長大後的許多年裏，看見掛在我家當門最顯著的位置的牆上，任何人只要一進門，抬頭就能看到的。這也許給他一生一個很重要的榮耀。

父母給我的生命以強烈影響的時候，我已到了上初中的年齡。那時，是住校的。我從家裏去學校，要走十多里山路，所以每週只回來一次，是取糧食和伙食費的。那是上個世紀六十年代末和七十年代初，中國的農村，已成了中國社會最窮的地方，我們老家，社員一天的全部工分只值九分錢，人們常常餓肚子。因此，我每週需要的糧食和兩角錢的伙食費，對我是一個大坎。所要的糧食，母親常常備好了，但錢有時是得向父親要的。在我的記憶裏，只有一個過年的晚上，父親掏出幾角錢，給了我一次壓歲錢，其餘時間，我是不敢在他的面前說起錢的。

記憶最爲深刻的一次，是初春的一個午後，我背起母親給我備的糧食——幾斤大米和一兜子紅薯，去向正在門前幹活的父親要錢。他正在低頭鋸木頭，聽了我要錢的聲音，許久不抬頭，我實在憋不住了，就又說一聲，他突然抬起頭，大吼一聲：「不知道幹活，只會要錢來找我。」

父親的發怒我是沒有料到的，儘管平日裏我不願見他，但他的發怒依然出乎我的意料，誰家的孩子上學不找家長要錢呢？我幼小的心靈受到了極大的傷害，當時是否要到了錢，已不記得了，只記得我是哭著走了十幾里山路，我發誓，待我日後掙了錢了，一定要拿著許多的錢讓父親見識的。而且我堅信，這一天會實現的。

那時學校的伙食，是每個同學抓兩把米放進自己的碗裏，再加一塊兩塊紅薯，蒸好了自己去籠裏拿，然後交兩分錢的飯票。菜是白菜土豆之類的大燴菜，交五分錢即可打一份，但我常常吃不起。一周裏能吃一兩次就算口福了。十幾歲的年齡，正是長身體的時候，一碗飯根本吃不飽，何況一天只有兩頓飯，所以，每天上午的最後一節課，常常餓得眼睛發花，腦子發暈。

在那樣的貧窮環境裏，儘管是文革的年代，但還是加緊學習，希望有朝一日走出黃土地，因那時已有了工農兵大學生，畢業就可以安排工作，成爲國家幹部。那樣環境裏，自然是無法理解父親的，只對貧窮有了切身的體會，並產生了仇恨。

一年的暑假，一〇八公路在佛坪縣動工了，我們大隊的民工是分在秦嶺大山的磨石溝段的。那年我十六歲，就報名參加了，我隨著大人們掄鐵錘，扶鋼釺，看著點炮眼，四十天時間終於掙得三塊多錢。我捨不得坐車，一天之內走了一百多里路，終於在離家二十多里地時實在走不動了，就花了兩毛錢，坐了一輛順路的大卡車，因肚子餓，下了車，就一頭扎在路邊，大約半個小時後才回過神來。但畢竟口袋裏掙了三塊多錢，所以掙扎著又走了十多里路，天黑前趕到了家。

當父親知道我掙了三塊多錢，當面並未說什麼，但在背後跟母親說，兒子能掙錢了，口氣之中充滿了興奮，母親悄悄把父親的話轉述給我時，我的心頭掠過一絲的快意，那是我記憶裏，父親第一次肯定我的存在。

高中畢業時，一度很盛的直升大學的說法被否定了，我只得回農村去等待鍛煉兩年之後的機會。雖然我曾一度被列爲民辦教師的對象，但正如路遙《人生》中描述的境遇，我被別人頂掉了。於是，在種地的日子裏，與父親發生著激烈的衝突。因我對農活不熟，常常做錯，會做也做得不徹底，父親就拿著工具在地裏打我，說我不像一個農民。因此，我與父親的隔閡不斷加深，最終導致我根本不想見到他。

這種日子大約持續了半年，因我被選派到大隊位於漢江邊的揚水站裏，大部分時間裏是不住在家裏的，所以這種父子衝突也就自然淡了。這段時間裏，父親給我最深的印象是他似乎擔任了大隊裏的支委，在批林批孔開始的時候，有一天晚上，他突然在隊裏的大喇叭上大喊，第二次文化大革命開始了。我聽了一驚，但我知道，那不是父親的發明，肯定是公社裏的住隊幹部說的。他是一個忠誠的共產黨員。

我是一九七三年的年底高中畢業的，一九七四年十月二十五日，我離開了生我養我十八年的陝南農村，參軍到了青海的八百里瀚海——柴達木盆地。由於貧窮造成的心靈創傷和與父親的隔閡，我決心不幹出個樣子提幹，我是絕不踏上故鄉土地一步的。

三年後，我以百倍的努力獲得部隊認可提幹後，我仍然沒有回家的願望，那時故鄉留給我的痛苦依然沒有離去，我需要時間的彌合。六年後，我才踏上故鄉的土地，但當時我見到父母的一剎那，成功的自豪感迅速地瓦解了，父母穿戴和衰老超出了我的想像，故鄉的貧窮依然沒有改變，與我所待的高原古城西寧似乎是兩重天，儘管我每年向家裏寄錢，但我並沒有改變父母的生活，他們依然在黃土地裏受窮，他們穿戴與鄉下的其他人無二，我的所謂的成功，並沒有帶來父母的榮耀，那樣的苦日子依然是要照樣地過的。

也就在這個時候，我似乎理解了父親過去的行爲。終年的勞累和五個子女的拖累，在那樣的窮日子裏，壓力是可想而知的。而在那樣的歲月裏，兩毛多錢對於一個農民是一個足夠讓他費力的收入，他對兒子的發怒自然是事出有因的。

在我的記憶裏，那樣的年月，所有來錢的路都被堵死了，只有農民家的雞蛋是可以在三天一逢的集上出售的。而我上學的大部分用錢，是母親用雞蛋換來的。

這以後，在許多年裏，我是用理性極力地理解父親的。探家的時候，我們常常坐在一起說話，父子的感情終於融合了。然後，我還會在偶爾的夢中驚醒，那是因爲夢見了童年時父親的棒打。但在父親那裏，兒子已不是少年時的頑童，是一個在外幹成了事的孝子。最典型的例子，莫過於一次我探家，他在背後對人說：「看我的兒子，不抽菸，不說拉腔吊文的話，做到了是不容易的。」話語充滿了自豪。因爲在我的老家，大約出門幹出了點出息的人，大都抽菸，也說洋話（故鄉土語之外的話均被鄉親們稱為洋話），對於我這個從不抽菸，而且至今不改的家鄉口音，故鄉的人表示了驚奇和讚揚。

大約在父親七十多歲的時候，那年我回去探家，一天和母親與兩個妹妹一起去縣城，當時是母親提議的，我們也就忽略了叫父親去。結果我們走後，父親一人，突然轉到了同在一個村子裏的妹妹的家裏，在火盆邊抱頭失聲痛哭，慌了神的妹夫問怎麼了？父親抽泣著說：「兒子是不管我了。」

我是在很久之後，由妹妹轉述我的，聽後我的心裏一酸，那個強大的父親已不復存在了。

隨著歲月的推移，我的工作不停地變動，我從青海到了青島，父親就常常想出來走一走，有時是和母親，有時是自己一個人，我就儘量陪著她們到處走一走，看一看，這其中，父親得過一次重病，還到醫院動了手術。此後，我能明顯地感覺到父親對我的親近，只要在一起，總想找些話說的。可惜我事情太多，真正坐下來和父親聊天的時間並不多，總覺以後有的是時間，從來沒有想到過父親年老得耳朵也有聽不見的時候。生存的壓力，常常使我們忽略當下，而佛陀的偉大教導，卻要我們活在當下的，因爲生命是無常的，我們不知道一年，一個月，一天，甚至一個小時後我們的生命會怎樣。許多人等來的恰恰是終生的遺憾，而我們又常常忽視了這種無常的存在。

母親突然離世，對我是巨大的打擊，而父親的快速衰老更是我想不到的。在相當的時間裏，妹妹打電話告訴我，說父親一刻也不能獨處，見不到她就到處找她。妹妹一直照顧著父母，我想母親的去世，對父親而言，失去了哪怕是爭吵了一輩子也早已不能分離的老伴，他的加速衰老是必然的。

去年，我的侄子在青島結婚，年已八十四歲的父親還是跟著親人們一起來了，面見了長孫的婚禮，向他們送去一個老人的祝福。老人那天表示出了少有的興奮，還當場說幾句快板書。

夏天，我利用回老家辦事的機會，在家住了三十多天，每天飯後，我都會坐在父親的身旁，偶爾大聲和他說幾句話，更多的時候，則是默坐，感受父子間的存在。

父親默坐的形象，在我的眼前成了一尊雕塑，這雕塑，超越了時空，成爲一座矗立在兒子眼前的永遠的山。

二

二〇〇九年七月十六日晚間十一時三十分，父親在老家的縣醫院悄然離世。他走得平靜，沒有痛苦，甚至沒有與守在身旁的兩個女兒說一句話，就如同平日晚間休息那樣，毫無痛苦地睡著了。

他睡過去的時候，還打著吊瓶，沒有任何異樣，下午的飯也是照常吃了的。大約晚間十一時，大妹妹看著父親深睡的樣子，有些擔心，就對小妹妹說：「巧娥，你看爸爸是不是有什麼問題。」小妹妹看了看，說：「平常就是這樣的。」

小妹妹常年照顧父親，對生活中的每一個細節都是熟知的。父親每晚看完電視後，上床很快就會睡著的。父親是昨晚到的醫院，醫院裏的診斷是，腦部有血栓，但父親卻沒有過激的反應，行動自如，在醫院做檢查時，也是自己走著去的。一個八十五歲的老人，不用別人攙扶，步子還是穩穩當當的。離開家門下樓時，他沒有讓小兒子背，也是自己走下來的。父親的這種狀態，像往常一樣，住幾天就會回家的，小妹妹再熟悉不過，所以，她以爲沒事。

但是，大妹妹仍然有些不放心，就用手試試父親的呼吸，沒有反應，大妹妹就說不好，她們就趕緊喊醫生。醫生過來了，檢查，說父親停止了呼吸，但心跳還在，於是，他們馬上搶救，打了強心針，並進行人工呼吸，但半個小時後，無力回天，父親的心臟停止了跳動。

我是先一天接到弟弟的電話，說父親起床晚，睡到了中午十一點，叫他起來時，他說渾身有些軟，沒有勁。父親體質較弱，有支氣管炎、慢性腸胃炎等多種慢性病，但總體沒有大的問題，平時不斷藥，偶爾進醫院，住幾天就出來了，生活無大礙。但畢竟八十五歲了，我對弟弟說，去醫院檢查一下。我當時懷疑是否上了年紀，器官衰退了，會不會是腎的問題。很快，弟弟將檢查的結果告訴了我。因父親的血壓、血脂一直是很正常的，我始終沒有向這方面去想。既然診斷清楚了，就趕緊用藥。而父親在去世前一個小時，還曾和兒女們說過話，問他有沒有什麼難受的感覺，他說沒有。突然間睡去了，身邊的人接受不了。我接到弟弟的電話，說在緊急搶救中，我說隨時給我打電話，並說了盡一切可能搶救之類的叮嚀。

我的心一直在懸著，等著消息，十一時三十多分，弟弟電話來了，弟弟告訴我，搶救無效，父親走了。這一刻的到來，儘管有預感，但還是一驚，身體似乎被抽去了筋骨一樣突然散架，鬆軟無力。我們簡單地商量了後事的處理，弟弟說他立即將父親的遺體，用冰棺運往鄉下的老屋。這是祖傳的習俗，去世的老人，一定要停放在老屋的中堂，供親戚朋友和鄉鄰追悼祭奠。

我和弟弟通完電話，已近十二點。因年初岳父去北京三〇一醫院動眼科手術，查出患了腎衰，考慮到照顧的方便，轉到了青島來治療了，盡了多方努力，終因治療效果不佳，已做了洗腎的準備。一個年近八十的人，換腎的排異風險很大，唯一的辦法就是洗腎。也就是用血液透析，或藥液透析的方法，代替部分腎功能。手術前的準備不能沒有人照應，上初中的兒子，也因報考了外語強化學習，我只能一人回家了。我通過網路，訂到了第二天早上八點飛往西安的飛機。

等我整理好了東西，已近凌晨二時。我一夜幾乎未合眼，五點三十分，我起身趕往機場。登機時，我給終南山的師父益喜寧寶堪布打了電話，報告了這個不幸的消息。一個多月前，我隨師父去看老家洋縣的鎮江寺，在縣城的家裏，師父見了父親，他和父親說了些話，還將隨身帶的一顆甘露丸讓我化開給父親吃了。我先包在紙裏，用桿杖碾碎，然後化在溫水中，端給父親。甘露丸又稱解脫丸，是由多種藏藥製成的，裏面還加有一些高僧活佛的舍利，又經許多高僧大德的加持，是藏傳佛教的一種聖物。蓮花生大師曾讚嘆甘露丸說：此藥可消除多種疾病，同時護佑受持者免於災禍等。我說了，父親高興地喝了，還講了我的祖母，在寒冷的冬天，抑或在炎熱的夏季，天不亮出門，天黑才能回家，來去百里朝聖拜佛的事。他說，信佛是我們家的傳統。

事後我去父親睡過的屋子，見桌子上放著皈依證，翻開一看，才知道父親於二〇〇四年就皈依了佛門。

我當下想，父親與師父是有緣分的。那次的洋縣之行，時間緊，事先並未考慮請師父他們到縣城留住，我只是吃飯前，趕回看了看父親，突然有事，我們不能馬上回西安，這樣，就在縣城住下來了。師父和兩個二僧師父——臺灣的見坤法師和寧夏的永諦法師，由我陪著，去了弟弟的家，於是父親就有了與師父說話的緣分。

父親那時雖有時糊塗，但身體看似無大礙，行動也自如。想不到離開一個多月，他卻走了，而那次竟是我與父親的最後一面。師父聽了我到達西安的時間和行程，立即問我：「需要我去嗎？」

師父能去，當然是求之不得。我立刻說：「師父如果能抽出時間，當然是再好不過了。」師父說：「這是大事，我去。」

掛了電話，我被師父的慈悲感動了。由於怕打擾別人，我沒有告訴西安的朋友。當我到達西安時，師父已下山在西安等著。而且多吉和江雪夫婦已訂好了吃飯的地方。居士天苑還開了車，說準備送我們去洋縣，因好友王若臣已安排車去機場接了我，等著吃完飯送我回老家。所以就不必再麻煩了，十分感激天苑的周到和熱心。吃飯時，師父告訴我，天苑和江雪要隨師父一起去洋縣，從廈門回來的卓瑪也一路同行，去爲我的父親助念。我聽了，很感動。

吃完飯，我們急忙趕路，走西漢高速，用了兩個多小時，就趕回了老家。父親的冰棺，停放在老屋的中堂，屋外已有多位朋友和親戚送來的花圈。

我在心裏呼喚一聲父親，便去父親腳下的盆中燒紙上香。

三

我的家族，並非名門，在與父親有限的關於家族的語言交流中，知道楊氏一門，是從外地遷入洋縣龍亭尖角村的，最初族裏的人，都住在靠近漢水的一條梁上，也許因爲住了姓楊的，那兒起名叫楊梁，平時人們都這麼叫，只是在官方的登記中，叫楊家梁。現在屬龍亭鎮鎮江村七組。

我的曾祖父時，因住的地方地勢低，遇到漢江發大水，房子和地都淹了，於是祖輩就決定再向高處遷，這樣，就選擇了現在我們住的廟溝這個地方。我小時候曾認爲，廟溝是因離我們家不遠的地方，有一座很小的土地廟，我認爲廟溝是由此而得名。長大後才知道，順溝而下，兩三里外的漢江邊，有座不小的古廟宇鎮江庵，廟溝是指庵後的一條溝。

廟溝雖不深，也不長，但兩邊都是山地，雖地勢高，離漢江遠了，可種地只能靠天吃飯，從溝底挑一擔水到住的地方，腿腳不硬朗的人，就成了負擔。從我兒時記事起，每天早上挑水，解決全家一天的生活用水，是一件大事，起床的大人們，揉揉眼，第一件事便是到溝裏的井裏挑水。

溝裏也有些水田，是一年四季不斷水的溝田，一年只種一季水稻。山上的坡地，土很薄，自然也不肥沃，無論是挑肥壯地，還是挑水澆地，都是很重的力氣活，一條扁擔在肩膀上吱吱呀呀叫，再壯實的小夥子也會磨出繭來。尤其夏天光了膀子挑，幾趟負重下來，肩膀就全磨紅了，磨破了。

這樣的山地，再好的年分，收成也是有限的。住在這種地方，長久的歲月裏，我的祖上是過著艱苦的生活的。也許基於此，我的祖父學了一門手藝，想在種地之外，找點活泛的事做。他是周圍山村裏有名的油匠。

陝南產油菜和棉花，油菜籽和棉籽，都是上等的油料資源。農人們在收成的季節，匆忙的收拾乾淨存放起來，到了冬季閒暇的時間，便挑到油坊裏打油。爲什麼叫打油而不叫榨油呢？大約是因爲工藝的原因。我的少年時期，老家還是用原始的方法榨油，所以，我目睹了榨油工藝的全過程。先將油菜籽或棉籽炒熟碾碎，然後上籠乾蒸，再用稻草打結包起來，然後再進榨油機。

所謂榨油機，實際是在一根巨木上開了槽，打油的人，在油匠的指揮下，將包好的菜籽或棉籽包放進木槽裏，大約每次也就二三十包，然後，將硬雜木做成楔，一個個楔進去，當塞不進去的時候，然後用油桿向裏撞，楔子越楔越多，工人們的用力也就越來越大，最後是喊著號子，一下又一下的猛烈撞擊。站在最前面掌握油桿方向的，是有經驗的油匠，他將碗口粗壯的油桿頂頭，握在手裏，工人們把油桿奮力拉起，然後猛地撞下，他牢牢掌握著方向，待油桿撞向楔頭的瞬間，他的手才會離開油桿頭，由於他的手有力地掌握著方向，所以油桿才會一下下穩準狠地撞向楔子。

也就在這個過程中，被擠壓得成了餅子的油餅，終於滴出了油。楔到極致，直至再也無法將楔子楔進去的時候，這一鍋油算完成了工序，工人們停下來，等著油一滴滴的流乾。這個等待的過程，需要三四個小時。目睹榨油的過程，最爲激動人心的場面，就是工人們喊著號子，有力擊打楔子的時候，所以榨油叫打油。

油滴乾了，開油閘，取出槽裏的油包，它已變成了圓形的很硬的餅了，我們老家叫它油渣，也就是打油剩下的渣滓。

那樣的年代，生活極度貧乏，去榨油的人，給油匠和油坊的報酬，大多時候是油渣，油是捨不得給的，更不用說給糧食之類的貴重東西了。油渣不能吃，但可以用來壯地或給豬當飼料，油匠用油渣去集上賣了，再買自己需要的東西。

我的祖父，在這種行當裏，不比種地強多少，只是在打油的時候，飯菜裏的油放的多些，比平常種地的人家，會多些油水的口福。可仍不會富家，所以，至二十世紀四十年代，我的祖屋仍是幾間不大的草房，四周是用土築成的牆，栓子和竹笆的上面，蓋的是夏天的麥草，抑或是秋天的稻草。

父親排行老二，生於一九二五年農曆十月十六日，小名潤生。家族輩分排「洪」字，所以父親大名叫楊洪生。他雖在兄弟中排行爲二，但前面還有一個姐姐。這樣，父親出生時，已給這個家庭添第三張吃飯的嘴了。這樣的家境，大多數的時間，是很難吃飽肚子的。父親八九歲時，就給大戶人家放牛了，父親童年的生活可想而知。平日吃飽肚子，在嚴寒的冬季，能在穿草鞋的腳上，套一雙棕片做成的襪子保暖，就是最大的享受了。

就在父親長成小夥子，可以真正幹活養家的時候，中國處在了最爲動盪的歲月，內戰的炮火，擊垮了政府的軍隊，抓壯丁補充兵員，成了常態，許多人家難逃噩運。我的父親，也是在那個時候被抓了壯丁。奶奶的呼喊和祖父的憤怒，終不能改變現實，看著父親的身影，在暮色中消失。

父親被拉到縣城關了一夜，吃了一頓飯，接著就被汽車拉到了山外（**我們老家，把出了秦嶺大山的關中，稱為山外**），穿上了軍裝，發了槍，成了一名軍人。在一個漆黑的夜晚，他們駐紮在一個小鎮，部隊要吃菜，班長就帶了身強力壯的父親，去農民的地裏偷菜。父親講起這段經歷時說，他記得很清楚，那夜不但黑，還下著小雨，他們帶著槍，披著雨衣出去的，大概出去的不止兩人，只不過分散行動，父親是新兵，就由班長帶著。天黑得看不見五指，地下很泥濘，他們只能用手去摸更黑的東西，也許是一棵白菜，也許是一個包菜。但那個歲月的日子，老百姓是不敢在地裏留太多的東西的，何況除了部隊的大偷，還有鄉下人的小偷，更不要說時不時下山的土匪。因而，老百姓地裏的東西不易偷到。

父親摸了好大一會，也沒能找到一棵菜，反而摔了一跤，跌得不輕，班長在前面聽見了，就問疼不疼，摔壞了沒有，父親爬起來，活動活動身子，似乎無大礙，就回答班長說沒事。而就這時，一直想家的念頭，湧上了父親的心裏，這麼黑的天，又離開了軍營，是逃跑的好機會。父親定了定神，想了想，終於下了決心，逃！但明人不做暗事，再說班長對他是不錯的。於是父親蹲下身子，繫緊了鞋帶，檢查了一下身子，好像挺利索，沒有什麼拖累。父親就瞅著前面不遠處的黑影，立正，說：「報告班長，我不幹了，要回家。」

班長也許一楞，沒有反應過來，父親就將槍的刺刀朝下，插進地裏，轉身向遠離軍營的大致方向奔跑。班長喊了一聲，就再沒有聲響，也許這樣的黑夜，跑掉一個人，派一個連的兵力也不一定能抓住，何況他就一個人，也許班長想到了自己的家，戰爭使無數像他這樣的兄弟被抓了壯丁，有許多還沒有明白過來時，就已經丟掉了性命，能跑掉的，算命大。

父親最擔心的是班長喊了人追，但身後卻沒有動靜，父親一刻也不敢停歇，朝著一個方向奔跑，跌了多少跤，他已記不清了，總之，只要不跌倒，爬不起來，他就不停腳步，跑累了，稍作慢步，喘口氣，接著又跑。

天亮時，他看到了一個村莊，因他身上穿的軍裝，這樣走下去，很不安全，會被人認出逃兵。他走到了一戶人家，那家的主人是個勤快的老實的莊稼人，起得早，正在拴牛的糞堆裏起糞，他上去，說：「大叔，我跑了一夜，能給點水喝嗎？」

主人抬頭一看父親的樣子，就知道了八九，他放下手裏的活，把父親讓到了屋裏。給了水喝，又給了東西吃。父親吃了喝了，告謝要走，主人說：「你這身衣服，跑不遠就會被人抓住。」

父親立時有些不知如何辦了。主人去裏屋，拿出一套破衣服，說：「如果不嫌氣，就換了。」父親很感激，極快地脫了外衣，換上了破衣服。因是秋天，天並不冷，身上除了外衣，裏面也就襯衣襯褲，不會被人輕易認出。父親的心情輕鬆了許多。

父親問明了去山裏的方向，就告謝了主人，出門趕路。

走出不遠，父親突然記起了什麼，他抬起右手看了看，有了幾分害怕，那年月，隨時都可能遇到部隊，就是被路過的村莊裏的保甲長看見了，說不定拉去頂自己村子裏的壯丁名額，唯一的辦法，就是你的手有殘疾，無法開槍，才能逃過此劫。父親就曾見到不少的人家，爲了保住兒子不被抓走，砍掉了兒子右手的食指。那樣雖然疼得難忍，但總比抓出去丟了性命強。父輩們都是含著淚，閉著眼睛下的刀。父親看看自己的手，心想只能自殘，否則很難保證不被再次抓住。於是，父親做出了決定，他找了兩塊光滑且硬度高的青石，選了一個人不常走的地方，將自己的右手的食指放在石頭上，左手拿起了另一個石頭，看準了放在石頭上的食指，用力砸下去。

當石頭落下時，父親感到了一種鑽心的巨痛，但可惜的是，因爲石頭不是刀，左手沒有右手力大，無法將食指的第一個骨節齊整的切下，只是砸得血肉模糊。

儘管父親已痛得渾身冒汗，但他知道，食指的第一個骨節不掉下來，養好了仍然能扣扳機開槍，還不能算一個殘疾人。父親只好冒著汗，咬著牙關，舉起石頭，又狠狠地砸了下去。這一下，使食指的第一個關骨節徹底地報廢了，連砸出的骨頭渣也是清楚的。

父親撿了一堆柴，燒成灰，按家鄉的土法，抓了一把灰，捂在了手指上，這樣止了血，也算消了毒。

父親用了一個多月的時間，討飯回到了家，他的手指沒有發炎，已結了疤。從此，他右手食指的第一個骨節，只剩下一個冒出頭的肉球。

四

父親說，他後來還依靠自己的力氣，做挑夫，憑兩隻腳，出山（到關中）下川（到四川），每天走百十里路才歇腳。那時無非挑些山裏山外、山上山下的土特產，或者針頭線腦之類的零碎，想來，那時沒有大路，更不要說汽車，物資的流通，就全憑挑夫的肩膀和腳板。

由於父親有這樣的經歷，所以一九四九年之後的新社會，就組織他們成立了運輸隊，從事鄉下至縣城的物資交流，不過一般路程不會超過漢中，也因跑的路段有了寬一些的道路，他們就將挑夫改為車夫，不過那時沒有馬，牛也是農人耕作的寶貴家產，社會的貧窮，還不足以改變人力的勞動，所以父親他們跑車，都是兩人一組，拉著架子車走，貨重的時候，一車超過千斤。裝得重了，平路無礙，上坡就累了，兩人肯定拉不動。這樣，往往是一個運輸行程，多人多架車結伴，遇到陡一些的上坡，大家停了車，一個人照看，其餘的人，少則七八個，多則十幾人，推著一輛車，喊著號子，一步一步向上推。到了梁頂，再留一個人看護，其餘的人下去，再推了另一輛車上來，這樣來去倒騰七八趟，大約一個行程結伴的車子就都上來了。遇到下坡，雖然不比上坡累人，但若坡陡，危險卻是極大的，站在車轅裏的人，需要用力將車把抬起，以便將車的後尾兩根拖梆磨在地上，以增加磨擦力，而站在旁邊的另一個人，身子則緊緊靠著車梆，雙腿向前撐著，把車用力向後靠，兩人力量一起使，才有可能保持車速，按人能控制的快慢，溜下坡。這種時候，往往比上坡令人擔心，萬一撐不住，或突然遇到石頭或下雨天打滑，就有可能翻車，如若盤山而行，滑坡就有可能車毀人亡。拉車的，有不少的人遇了難。秦巴山裏的道路，即使到了如今高速公路的時代，因山高路彎，每年都有為數不少的車輛衝出護欄，掉進深谷，車毀人亡。

在交通極不發達的年代，在陝南山地，架子車是極重要的交通工具，拉車是一件極費力氣又極危險的活。那時的父親，正值二十多歲的盛年歲月，身強力壯，又是太平的新社會，所以拼了命地工作，以此來感恩平安社會的恩德，同時也是為了日子過得更好，因為運輸隊的人算是公家人，是拿工資的。

由於父親的努力，還當上了省級勞模，五二年就加入了共產黨，這在那個年代裏，是十分光榮的一件事。但也因他的過度賣力和不知保護自己，大約是六零年前後大病一場，在家養了三年病，身體慢慢才恢復過來，能下地幹點不用費力的輕巧活。也就是這個時候，國家遇到了災年，當時說是三年自然災害，後來才知道是蘇聯逼中國還債，再後來才明白是三分天災、七分人禍造成的。總之，渾身是病的父親，聽從了國家的號召，下放回家，從此不但沒了工資，看病的錢也得自己掏。

這件事，改變了我們全家的命運。當時我們住在龍亭鎮的街頭，生活方便。但因山裏能開荒種地，山裏也有更多的野菜樹皮吃，父親堅持要全家遷回廟溝的老屋。母親當然不同意，當時母親承擔著全家的生活重擔，還當過婦女隊長之類的村幹部，所以母親有自己的見識，她強調兒女的教育，說孩子們上學，龍亭鎮的路要比山裏的路近得多，而且教學的條件也相對好些。那時我已六歲，在蔡倫祠上小學一年級。

母親的意見是對的，且有許多左鄰右舍來勸導。我家的鄰居中，有一個姓楊的奶奶，我叫她楊婆，對我們全家十分好，我的童年，在她那裏領受了不少的愛。我的母親和她的全家來往很勤，關係很好。楊婆的兒子好像在供銷社裏工作，她的兩個孫女和我年齡相仿，大的比我大兩歲，小的比我小兩歲，高中讀書時，我們還是校友。我們小時在一起玩得快樂，我當然不願離開。他們全家都勸我的母親不要離開龍亭街。父親無法說通我的母親，就一個人把戶口遷去廟溝的老屋。

我的爺爺，已在我們搬回老家的先一年去世了。因我只有五歲，記憶模糊，只大約記得，爺爺隔三差五要到龍亭街趕集。集日按農曆的日子排，三、六、九逢集，每到集日，平時清靜的一條街道一下子熱鬧起來。街頭一棵上千年的大櫟樹下，是牛市，那兒也有賣豬的。街道的中間，就順擺著各種農家產品，那年月，糧食統購統銷，賣的只有菜，或者是手工編織的各種筐籠之類的東西，偶見有人賣雞或雞蛋，那是集上除了牛市之外最值錢的。街尾則是賣柴草的，有深山出來的硬柴，也有淺山人家賣的草。

爺爺趕集賣的什麼東西，抑或買什麼東西，我都不知，只知道他每次趕集，都會來看我，還會帶來饅頭或水果之類的吃貨。因而，我的祖父去世後，我端著板凳，坐在路邊，學著大人們哭的聲調，說：「以後沒有人給我們送饃了。」哭著哭著，想起爺爺真的走了，就流下了淚。

老屋廟溝，與龍亭街雖屬一個公社，相距也就十多里路，但中間隔了兩架山，來去很不方便。一家人這樣也總不是辦法，而且父親回鄉，也終於開了荒地，身體也慢慢恢復了。母親帶著我們兄弟姊妹四人，堅持了一年，終於被現實逼迫得無奈，帶著我們一起遷回了鄉下。從此，我離開了給了我歡樂童年的龍亭街，也離開了那些小夥伴。

鄉下的生活，很快顯示出它的劣勢，我上學要跑四五里地，而且爬一面大坡。鄉下的作息時間，與街上的人是不同的，早飯是上午九點多鐘吃，叫上午飯，下午飯是下午五點左右吃，晚間九、十點吃的叫夜飯。而我上學，是需要六點多鐘到校的，到了九點放學，中間留一個小時的吃飯時間。如若我回家去吃飯，來往趕路會遲到，特別是在雨天或雪天，黃泥的土路泥濘一片，兩隻腳走不了幾步，鞋底的泥巴就足有二斤重，七八歲的少年，走幾步就黏得抬不起腳。這種境況裏，許多時候，我只好早晨起早，吃了飯再到學校去，中間不吃飯，直至下午五點放學回家。肚子常常餓得叫喚，但只能忍著。

而鄉下的生活，對於父親來說，僅僅開荒種地的那點優勢，很快喪失殆盡，因爲國家嚴厲地割資本主義尾巴，私自開荒種地，是嚴重的資本主義尾巴。父親不用別人動員，就自己罷手了，因爲他是黨員，他知道自己該有怎樣的覺悟。

這時，我的哥哥小學六年級畢業，回家放牛，可以幫家裏幹活，可我和大妹妹都在上學，小妹妹也已出生，全家七口人吃飯。生產隊裏分的糧食常常不夠吃，加之離街遠，交通閉塞，沒有其他變通的事做，日子越過越艱難，無奈之下，父親終於學了一門手藝，做起了鞋匠。農閒的時候，就挑起釘鞋的擔子走村串鄉，最遠的地方，則到了秦嶺大山裏的茅坪。縣城和平川的小鎮，一般都有固定的鞋攤，父親就揀遠路的偏僻鄉下和山裏不易到的村子。

那時的鄉下，絕無皮鞋可言，所謂的釘鞋，也就是布鞋的底子上，加一層橡膠的鞋掌。山裏人走路費鞋，一雙布鞋的鞋底，一個家庭主婦得幾天的功夫才能納好，鞋面的布，是上等的卡幾布。一雙鞋的成本，當年也許值不了啥錢，但也是家裏的一筆不小的開支，大多數的人，只是到了每年的春節，才會穿上這一年的新鞋的。所以，給鞋加掌，對鞋起到了很好的保護作用。鄉里人日子過得去的人家，這點錢還是肯花的。於是，父親出門走一趟，少則三五天，多則十天半月，不但自己混飽了肚子，總能拿回些紅薯片之類的吃的，好時還能換得到山裏柴草烘烤的豆腐乾和臘肉。

父親選擇的鞋掌的材料，是報廢了的人力車的輪胎，有時也用汽車輪胎，但那要磨快了刀，剝出幾層後才能用。每當有人拿鞋來釘，父親拿過一個凳子，讓人坐下，自己則拿起提前割出的輪胎膠片，按在要釘的鞋上，比好了大小，割下鞋掌，然後釘下一顆一顆鞋釘，如無雜事耽擱，與來人說著話，十多分鐘就能釘好一雙鞋，前掌後掌，一共四塊，連手工費在內，也就收兩毛錢。有的村子裏，可能整條村沒有一個顧客，有的村子裏可能有一兩個人，有時從能釘得起鞋的人家門前過，家裏的主人卻不在，等又不知道何時才回來，父親只好挑起擔子再找人家。有時，人家想釘，但拿不出錢或沒有東西交換，父親見人家可靠，又是善良之人，就賒賬，下次路過再要。

父親選擇的時間，大多是秋收之後的農閒季節，山裏已經很涼了，春節前的時節，更是冰冷三尺，走村串鄉，常常凍得渾身打顫，鑽進人家釘鞋的時間有限，許多的時間，是在走路中打發的。雨天，雪天，不但攬不到活，連走路也成了負擔，只好找走過幾次熟悉的人家，暫避一時，如果吃了人家的飯，不能白吃，這時就無論如何，也要過主人的一雙兩雙舊鞋，給人家釘了，不光頂了飯錢，也算對人家熱情的報答。

做鞋匠，收入大半是靠運氣了。

父親做得久了，走的地方也廣了，就選擇了較為固定的場所。茅坪是個他常去的地方。茅坪是洋縣東北方向秦嶺深山裏的一個公社，公社所在地是一條長不過幾百米的小街。茅坪街雖小，但聚集了山裏的人氣，除了固定的集市，平日裏山民日常買油鹽醬醋，也得到街上來，所以，這裏是個平時不斷人的地方。在我的記憶裏，有一次去茅坪的九池大山裏扛木頭，經過茅坪小街的街頭吃飯，飯是平常的紅薯玉米粥，我們的老家叫這種飯包穀拉拉，「拉」字的意思，大約是拉著石碾碾碎了的含意。因為包穀的生長環境和土質要求不高，容易生存，就成了人們的家常飯，每天必吃一頓，在沒有其他糧食可調節的日子，一天能吃上三頓包穀拉拉，就是上等人家的生活。儘管稀得可以照出影子，但裏面的紅苕（紅薯）可以充饑。我去的那一年，年景並不好，所以能吃上這樣的客飯，實屬不易了。

最讓我激動的是吃上了一種後來才知道叫「豆腐乳」的東西，是主人作爲吃飯時唯一的一個招待菜上的，是山裏人家自己製作的。之前，我是從沒見過這樣的東西，並不知它是豆腐製作的。我試著吃了一口，從未有過的味道立刻刺激了我的味覺，我當時覺得，它是世界上最好吃的，甚至比肉好吃。可惜主人只給了四小塊，一碗沒有吃完就沒有了，餘下兩碗飯，只能白吃了。

吃完飯上路，在歇腳的時候，父親告訴我，他常在這家的屋簷下擺攤釘鞋，所以就熟了。

大約是七〇年前後的一個青黃不接的二三月，家裏吃了上頓沒下頓，有紅苕吃，有菜湯喝，已是奢侈的生活，放學回家，常常揭開鍋是空的，盼望著大人的努力。有一天到家，母親突然揭開鍋，給我盛了一碗粉條豆腐乾湯，說是湯，乾得就是一碗飯，對過年也許都吃不到的口福，有一種巨大的幸福降臨的感覺。母親告訴我，是進山釘鞋的父親帶回來的。

那一刻，我崇拜起父親的手藝，所以，在我上初中的時候，我就學會了釘鞋。至今，我對路邊的鞋匠有種親切感。

五

在我少年之後，由於父親的嚴厲和脾氣，我很少和他說話，能躲則躲，避免遭到父親的訓斥。父親給我印象最深的有兩件事。

一件是關於村子裏一家修房選址的事。

這家人姓張，按張楊兩家通婚的遠房輩分排，我應叫他姨夫，他比父親的年齡大。他是縣裏供銷社職工，他的家屬和兒女還在農村裏，那時叫兩邊戶。姓張的姨夫雖屬供銷社的編制。具體工作卻是外派茅坪公社小街上，在商店當售貨員。那時商業由國家統一掌握，沒有個人敢做賣買的，吃飯的糧和穿衣的布，都是計畫的，城裏人發糧票布票，鄉下人只發布票，糧食是生產隊按人頭分的。這種社會背景下，在外工作的人，不管幹什麼，都是吃國家飯的，在村子裏屬於有頭有臉有地位的人家。我的父親不單和他有兄弟的情分，我的母親還是他兒子婚事的介紹人。他的兒媳，我叫姐姐，是遠方親戚。這樣一來，我們算是親上加親。更爲重要的是，我的父親曾從山裏九池我的姨家，要了些自留山裏的木頭，儘管是合法的，但要運下山是很麻煩的，中間得經歷縣林業局設在茅坪的木材檢查站。一般的人過不去，那些倒木頭的人，用人力車把木頭拉到木材檢查站還有一二里路的地方，停下來，然後換成人扛，走山上的小道過，只留一個人，拉著空車走大路。過了檢查後，再裝車運輸。這種辦法很快被木材檢查站的人識破，只要有空車過去，再漆黑的夜晚，他們也打著手電筒追查。夜間看不清路，在山上的小道走路，還扛著重木，不是一件容易的事，氣力支持不了多久，扛不多遠就下山裝車再走。然而，很快就被發現了，輕則沒收，罰款，重則抓人。

但也有例外，那就是和木材檢查站的人有關係，說好時間，他們在屋子裏睡覺，假裝不知，運木頭的大搖大擺的過去就是。能與木材檢查站有關係的人，要麼是領導，要麼是親戚，一般很難攀上的。我的父親要過路，就去找姓張的姨夫幫忙。姨夫與木材檢查站的人，同住在一條小街上，低頭不見抬頭見，何況都是公家人，這點面子一定要給的。在那個商品短缺的年代，供銷社是常有別人搞不到的緊俏東西，給誰不給誰，這是一個不小的分配權力。木材檢查站的人給姨夫的面子肯定是有回報的。所以，事情很順利，姨夫打聲招呼，一車的木材就順利過關了。這樣的事，至少給我的父親和我家的親戚辦過多次。

這是一個大面子，也是一個大人情。姓張的姨夫家，終於想修房了。他本可以把房修到平川的地方，但他是有點歷史感的人，他對我的父親說：「咱這地方好啊，那朝那代打過仗？再大的荒年，總有些吃的。」他還說起三年自然災害的年份，三斤紅薯就可以讓縣劇團最漂亮的花旦唱一晚上的戲，可紅薯對於鎮江人，對於廟溝人，遍地都是。

他說的意思，就是仍然要把新房修到村子裏，而他老屋所在的地點，前後左右都滿了，不可能找到地方，只有向上移，我家的前後，地方多的是。

父親因是黨員，好像還是大隊黨支部的支委，在村子裏說話有一定的分量，他對姨夫說：「你選，無論選擇在哪裏，都不會有問題。」

結果姓張的姨夫，把建新房的位置選在了我家的竹林裏。我家的竹林有三四畝大，竹子長得旺盛濃密，在亂砍亂伐的年代，我們家，包括四叔家，沒有一個隨意砍過。在當年的廟溝，我家的竹林是一大風景，儘管他在農人的眼裏再平常不過，但一旦要動它，那是於心不忍的，不僅是財產問題，更重要的是心理和風水的原因。

心理上接受不了的是，它在那長著沒人動，似乎無益，但總是自家的，別人砍了，掘了，占了，從此沒有了，這種突然消逝的空白感是家人難以接受的。從風水上講，我家的房子靠山，下面卻是空的，有了個竹林，不但實了，還有旺盛的生命，這是篤信風水的鄉下人認準的。而姓張的姨夫，偏偏選中竹林中央的平地，說那是新房的中堂所在地，他叫風水先生看過了，是一塊人丁興旺的好地方。如果按他的要求，房前屋後一算，竹林就得毀掉大半。

父親徵求了四叔的意見，四叔大概不樂意，他認爲是祖業，既然是先人留下的，就不要輕易毀壞。

父親不聽，毅然決定同意姓張姨父的要求。因竹林的財產權歸我家和四叔家，別人無權干涉，由於父親爲兄，當然說話分量重，加之他的支委身分，大隊裏的關係也早被姨夫打通了。這樣，姨夫家將三間瓦房和三房偏房，修到了我家的竹林裏。

多少年之後，我的兄弟們說起毀壞的竹林，心還疼，然而，父親當年說，要知恩圖報，張家對我們不光有人情，還有不小的恩。

父親另一件事給我印象深刻的是，他鮮明的階級立場。我家祖代貧農，這是那個年代引以爲豪的事，他又是中共黨員，所以在階級斗爭的年代，他是毫不含糊的。

六十年代搞「四清」運動，其中有一條就是「清產」，實際也就是現在的審計，只不過審計的對象不是政府的機關，而是生產隊。在運動進行過程中，生產隊隊長被清出了問題，那個年頭叫多吃多占。說到底就是多分點糧食，或賬目處理不清。但這是大事，多吃一斤吐十兩，絕不放過，這項處理叫「退賠」，不光退，還要賠，嚴重些的要坐牢。好像我們村的隊長，退賠並不多，但挨了批鬥。當時爲了擴大宣傳，動員更多的群眾參加，父親雖然沒有文化，只認得自己的名字，但他有天生的編順口溜的才能，也就是文人墨客所說的打油詩。父親編的順口溜，一口氣可以說半個小時，按語速計算，至少有一二百句之多，他不會寫字，全靠記憶，常常在大會上，或人多處，出口成章，引來一片喝彩。

順口溜對鄉下人而言，宣傳作用不說，老百姓聽了高興，是一種娛樂。因年久，我已記不起其中的句子，但有一點是確切無疑的，他是根據生產隊長的素材編的，其中有許多對生產隊長貶損的句子，口氣辛辣，用詞尖刻，達到了很好的批判效果。以我的感受，他與隊長已成了冤家。在我的記憶裏，在很長的時間裏，他們沒有來往，打了照面也不說話。我相信，父親的順口溜一定深深傷害了當年的隊長。我想，他們終生，即使不是對頭，也不會再有任何交往。但出乎我意料之外的是，在我參軍三年後，我接到一封家信，父親說，他把大女兒、我的大妹妹許配給隊長的兒子，並徵求我的意見。

由於我基於此前的印象，堅決地投了反對票，而且話說得很重。我當時的依據是，過去那樣的關係怎麼可以做親家呢？

我的信發出，我想父親應該尊重我的看法，但我沒有等來父親的回信，卻收到退伍回家的哥哥發來的信，他在信上說「都已經定了，你不要再得罪人了。」我聽了哥哥的話，對這件事保持了沉默。等我回家探親時，我發現兩親家關係很密切，老來常常在一起聊天。妹妹和妹夫的日子過得也不錯，妹夫接了他父親當年的班，當了二十多年的小組長了，妹妹則在村委會有一個職務，兩人忙裏忙外，日子過得挺幸福。

我事後反思，我反對時只不過是個二十三歲的小夥子，離成熟還差得遠。

當然，父親與曾被他嚴詞批判的原隊長成爲親家是「文革」結束後的事。之前，父親始終保持著高度的政治覺悟。

我上了中學，父親爲了教育我們，常常在家裏開家庭會議，參加的主要人員是我的母親哥哥和我，妹妹還小，坐在那兒也聽不懂父親說的話。所以父親的教訓是對著我和哥哥的。他的開場白，免不了讀一段、多段毛主席的語錄，然後就教育我們如何做人做事，做人要做正直的人，做事要勤快，只有勤快的人，才能辦成事，他說：「毛主席教導我們，下定決心，才可以排除萬難。」父親的大道理常常令我不屑，但我不敢吭聲，做出老實的樣子，他說完了，我也就忘了。

這段時間，是我們父子關係最爲緊張的時期。

父親有順口溜歌頌文化大革命，諸如「全體社員團結齊，牛鬼蛇神沒處去」之類的句子。

讓我記憶猶新的是，大約是七三年前後，批林批孔運動終於深入到了鄉村，參加完公社黨員學習的父親，在一天晚上，突然在生產隊的喇叭上喊：「第二次文化大革命開始了！」他讓人們聽毛主席的話，起來積極參加運動。父親的聲音很洪亮，也富有激情。我聽了一陣興奮，我沾了這場運動的光。一九七三年高中畢業後，我就參加了公社裏的批林批孔小組，因爲我寫的文章和詩歌上了縣文化館的油印刊物，公社書記王建平向徵兵的領導推薦了我，使我於一九七四年，順利地參了軍。

六

父親在很長一段時間裏引以爲自豪的事，是他娶兒媳婦幾乎沒有花錢。

在我們老家，給兒子娶媳婦要過三關。兒子到了說親的年齡，或有目標，或準備去找，都得請媒人做中間人。如果女方同意了，就進行第一個儀式——見屋。所謂的見屋，就是女方的母親或者再帶上姐妹，領著姑娘到婆家走一趟，先認認門，看看要嫁的人家的家庭狀況。一般人家，女方只要同意見屋，就算基本答應這門親事了，剩下的就是看男方家願不願意出手大的彩禮了，如果太摳門，可能就得罪了女方，這門婚事就有可能告吹。所以，見屋是第一關，男方要捨得花錢。不光捨得給未來的兒媳「見屋」的禮錢，隨去的人也不能少，隨行的女方的親屬，如姑姑、舅母、姐姐妹妹，人人有份。至於禮大禮小，禮重禮輕，隨家境而定，但要捨得花。見屋這一關過了，就說訂婚了，這一關是真正確定關係的一關，更要捨得花錢，前面兩關順利過了，才輪到最後一關——娶親結婚。三關加起來，在上個世紀的六七十年代我老家的農村，花掉的錢夠修幾間房子，所以，家窮些的人家，是娶不起媳婦的，山地的每個生產隊裏，都有幾個光棍漢。

我的哥哥說親時，我家六七口人，住著爺爺留下來分給我們兩間不大的房，其中一間的名份還是我三叔的，只因三叔在船運隊裡拉船，家又安在洋縣之西的城固縣，他暫不用，就由我們住著。父母養育五個兒女，吃飽穿暖都是問題，何來給兒子說婚事的錢。

那時哥哥才十七歲，雖不小了，也不算大，父母暫沒有打算。一日，父親晚間去看保管室，與後來的親家睡到一個床上說閒話，起了這門兒女親家的因。

大集體時，生產隊的糧食，收好是存放在集體保管室裏，保管室一般都位於一個村子的中央或重要的位置。保管室的安全，白天由保管員負責，晚上，則由村子裏的人家兩家一班輪流值班看管，爲了防止緊鄰之間做手腳，一般是從村子的兩頭排對，這樣排的結果，左鄰右舍很難排到一起。當時我家住在村子的東頭，那晚父親正好和村西頭的未來親家搭伴。

父親受人之托說媒，就對未來的親家說了男方的請求，請未來的親家考慮，未來的親家半天沒有說話，開口突然說：「他比起月德來差遠了。」

月德是我哥哥。父親一聽，就不再言語，一晚上百思不得其解，他不知道未來的親家表達的啥意思。因我家的家境使父親缺乏自信。天明回家，父親對母親說了未來親家的話，母親想了想，說，也許他就是看上我們月德了，先找人去說說。父母議論的結果，決定找人去說，抱著成更好、不成也可的態度。媒人定了我二爺的兒子，排行爲二的堂叔。因爲他是隊長，肯定有面子。二叔去說了，結果人家當場答應了。於是，這門親事加緊進行。

嫂子當年，正值十六七歲的姑娘，人長得漂亮，如果村子裏有村花一說，她肯定是村花，哥哥也是很樂意的。

見屋的那一天，我記得清楚，家裏做了幾桌席，就是農村裏叫作「一拼四盤」的宴席，一拼指一個大碗的湯菜，大約因碗大，抵得住一個小盆，農村人飯量大，吃飯用那種特大的碗，吃飯如拼命，吃得多，所以用「拼碗」這個詞給大碗起名字。四盤是用盤子裝的四個味道各異的炒、蒸、煮的菜。加到一起，大致是五個熱菜，再加上涼菜，總共也就七八個菜，但這是厚席了。給未來的兒媳的禮錢，是拾元人民幣整塊錢一張，隨來的姐妹，也就一人給了一雙襪子。但人家沒說虧欠，答應了這門親事。

那年的年底，也就是一九六八年，十八歲的哥哥參軍了，離開家門時，去縣城的照相館裏照了一張合影，五年後，他們結婚了，因哥哥在部隊，少了訂婚這一關。大致說起來，婚前，嫂子名正言順按禮數來說，確實只得了十塊錢的禮錢。

十塊錢要一門親，聽起來不可思議。所以，父親引以為豪。

我的母親對這門親事也滿意，一來近，二來親家也是厚道人。

我哥哥參軍五年後，利用回家探親的機會辦了婚事，我哥哥當的是鐵道兵，那陣國家正在修成渝鐵路，鐵道兵是主力，我哥哥所在的部隊，駐在四川的資陽縣。結婚後，我嫂子還到部隊上去探過一回親。那時，我哥哥的職務是代理排長，提幹的報告已送上去了，包括檢查身體在內的手續都已履行完了，等著提幹命令。然而，那時幹什麼都得過政審這一關，所謂的政審，就是政治審查，不僅查自己，還查當事人的直系親屬，看看有無政治問題。部隊上的提幹是大事，政審是極嚴格的。哥哥所在的部隊團政治處派人政審，查到了哥哥岳父的歷史，時光倒流回一九四九年，解放前夕，有多事者找哥哥的岳父在內的多位朋友吃飯，說共產黨要來到，天要變了，到時大家互相照應。說說就完了，既無文字記錄，更無綱領之類的，可是被人反映到了後來的土改工作隊那裏，就叫吃過飯的人去談話，作了記錄。因吃飯時確實說過對共產黨和未來新社會不滿的話，就把吃這頓飯定爲反動會道路門組織，叫什麼名字呢？辦案的人不能編，得從事實出發。因那頓飯最值得提及的好吃的，就是大塊的紅燒肉。於是，辦案人員就把這個反動會道門組織定名爲「吃大塊肉」。

因爲哥哥的岳父吃過大塊肉，所以哥哥提幹的政審未通過，第二年年底，也就是我入伍後的一九七五年三月份，哥哥退伍回家了。

對於這件事，父親沒有表示過明確的態度，一切似乎命運使然，不能歸咎爲這門親事。

七

父親年齡大了，話很少，聽力下降後，又輕易聽不到別人說什麼，他的話就更少了。大約是一九八六年，我剛從部隊轉業到《現代人》雜誌社當編輯，父親去了西寧，住了近一個月，那是我們父子間交流時間最長的一次。

父親到達西寧的當天下午，忽然說肚子疼，我以爲坐火車受了涼，就給他吃了點治肚子疼的藥，可吃下不一會就吐了，而且吐得很厲害。我著急了，就帶他到青海省第二人民醫院，醫生診斷說，無大礙，吃點藥就好了，於是開了些治受涼的藥，就讓我們離開了。結果父親下醫院的大樓時，疼得直不起腰，我一看，覺得醫院診斷未必正確，就匆忙給陸軍第四醫院的戰友打電話，請他準備好床位，我立即帶父親過去。戰友聽了情況，立時在內科登記好了床位，我這邊急忙問辦公室要了車，拉著父親，三十分鐘到了位於西寧樂家灣的軍醫院。緊急檢查和會診的結果，確診為急性闌尾炎。一個小時後，父親就進了手術室，三個小時才出來，開刀後，發現闌尾穿孔，如不及時動手術，就有可能要了人的命。

手術後躺在醫院裏，早飯由我戰友送，中午和晚上則由我送飯。父親大約在醫院裏住了十多天。那是我照顧父親最長的一次。父親出院後，因他患有風濕病，腿經常怕冷，我就安排他每天去醫院電療，流行的說法叫烤電。烤電十多分鐘後，父親就出汗，烤完了又涼下來，父親手術後身體未恢復正常，這樣一來，就經常感冒，我不懂其中原由，就覺父親的身體怎麼這麼差呢？父親也極不好意思，本來想到兒子工作的地方走走，看看，想不到給兒子找了這麼多的麻煩。平常他又見我忙出忙進，好像增加了負擔，所以，烤電兩個療程後停了下來，他堅決要回家，說地裏的活沒有人做，他看看，已經很高興了，應該早一點回去。

由於父親的堅持，我就叫來了弟弟，讓他陪著父親回了家。以後，父親多次給人講，說要不是兒子治得及時，他肯定沒命了。這話傳到我的耳朵，我實在是愧疚，父親是因看我得病的，我還差一點因誤診耽誤了父親的治療。

我到青島後，父親也來過幾次，有時和母親一起來，有時是一個人來，長則一個月，少則十多天，總之時間一定不會住得長久，他說不習慣，聽不懂周圍人講話，又沒有事做，所以心慌。父親辛勞了一輩子，形成了勞動的習慣，一旦閒了沒事做，總有些不習慣。當然，這只是一個說詞，我以為父親之所以待的時間短，完全是見我太忙，他的胃口又不是十分好，每頓得注意他的飲食，他怕給兒子添太多的麻煩。想見兒子一面，來看看，也就心裏滿足了，所以就走人。

父親最後一次來青島，是去世前一年的事。大哥的兒子到青島幾年了，找了對象要結婚，當爺爺的高興，雖然八十四歲高齡了，身體弱，不適宜長途旅行，兄弟們曾有心要勸，但父親熱心要來，長孫的婚禮，當爺爺的一定要到現場祝賀。

婚禮進行中，父親坐在桌前，他耳朵背，對周圍的音樂和說話沒有反應，但他的眼光一直是看著孫子和孫媳婦的。當孫子孫媳給他行禮時，他掏出早已準備好的禮錢遞給孫子，並激動地站起來，說了幾句現場誰也聽不懂的順口溜。他說的是土話，吐字不清，說得極快，連我也沒有聽清，但客人們被老人的神情逗樂了，大家給了熱烈的掌聲。

孫子婚禮後的第二天，父親多有傷感，似乎還有了不完的心思，母親去世後，他的世界沉默了，很少和人說話，常常一個人獨坐不語。他和我說起家裏的事，對小妹和幾個未成年的孫子輩多含牽掛。也許子孫的未來，是他唯一不能放心的事。他坐在沙發上，很多時只說一句，但連起來，他的心境做兒子的還能明白的。於是我說，孩子們長大了，路得他們走，你不用擔心了，何況現在大家的日子都能過得去，你的身體好，就是兒女的最大福氣。我說了兄妹幾個和孫子輩眼下的狀態，勸他放寬心。我的話也許起了作用，父親的眼光裏一時閃出輕鬆的神色。

想不到與父親的這次說話，成了記憶。小妹妹告訴我，父親走時，問我什麼時候回去，小妹妹說：「我哥哥馬上就回來了。」然而，我見父親的最後一面，竟不能再和他說話。小妹妹還告訴我，父親進醫院後，趁沒有打吊瓶前，也許他預感到了什麼，從口袋裏掏出一千塊錢，交給妹妹，說：「這是我積攢的一千塊錢，你替我拿著，等孫子、外孫們娶媳婦或出嫁時，代表我的心意。」父親說完這句話，像完成了一件大事，安然地躺下接受治療了。因父親年齡大了，記性差，常常忘事。生活由小妹妹專門照顧，生活費都交小妹安排，平日裏大家很少給父親錢。但他還是攢了些零用錢，不時還會掏出來數數。直至這時，兒女們才明白了父親的心思。

八

我們從西安開車走西漢高速，兩個多小時就到了洋縣，下午四點多鐘，就到家了。父親的冰棺停放在老屋的中堂裏，兩個妹妹已按老家的習俗穿了白色的孝衫。

我跪下，給父親上了香，叩了頭，隨來的江雪、天苑和卓瑪也上了香叩了頭，師父開始佈置壇城。母親去世時我請回的地藏王菩薩的像還在中堂的供桌上擺放著，我又去請了哥哥屋子裏的觀世音菩薩，採了些野花，還供了水及五穀雜糧，壇城就佈置好了。師父立即領著我們，按佛教儀規進行助念。我們讀誦了《心經》，祈請蓮花生大士，再念誦《喚醒無明祈請文》《寂怒百尊》《聽聞解脫》《祈免中陰恐怖善願頌》，最後念誦《普賢行願品》迴向。儀規大約需要進行兩個多小時，大家不喝水，不停歇，聲音洪亮，吐字清晰。我一時被聖潔的氣氛所感動，時不時留下淚水。

我按師父的囑咐，叫弟弟在縣城裏買回了各種餅乾、糖果，師父帶著我們捏碎，然後和了菜油，攪拌成粉，當晚就進行了火供。先將大些的木柴點燃，燒完剩下炭火後，將拌好的粉不停地撒上去，夾雜糧香的淡淡的焦煙味，很快瀰漫了周圍，隨著時不時的微風刮來，迎著風，火的燃點，閃著明亮的火光，焦煙如同一縷飄起的輕紗，扯向空中，隨著風向飄搖。師父不間斷地持咒誦經加持，我們則不時按著師父的引導念誦六字真言：「嗡嘛呢唄咪吽」。

藏傳佛教火供的功德是無量的，上供諸佛菩薩，下供六道眾生，《聽聞解脫》言：「已被加持之焦煙，此乃無盡勝妙食，亦乃無漏食解脫，請享切勿戀世親」。這是為亡者送行的殊勝法門。

火供連續進行了三天。

我們的助念，每天早晚各一次，每次兩個多小時，也連續進行了三天。師父、江雪和天苑住在我哥哥家，卓瑪的父母在縣城，所以她專門開了弟弟的車，早晨來，晚上回，來回跑。十九日是星期天，江雪和天苑要趕星期一早晨上班，所以，他們乘下午的班車回西安了。我和卓瑪隨師父繼續助念。

父親是第五天被送到墓地的，合棺時，我輕輕揭開了蒙在他臉上的白紙，父親的面容剎那呈現在我的眼前，他的臉色，稍有蒼白，但無比安詳，他的臉形沒有任何改變，也沒有任何痛苦或遺憾的痕跡。

直至此時，我才突然意識到，父親真的走了，如同三年前母親離別那樣，把一個巨大的空白留給了兒女。從此，父愛與母愛都成了回憶……

第二十三章　家族記憶

一

我第一次對大家族的強烈印象，始於二十多年前的曲阜行。一個延續了兩千多年的家族，子孫遍及海內外。在參觀現場，一個自稱是孔子七十六代孫子的白髮老人，當作道具與人合影賺錢，合影者絡繹不絕，可見孔家的影響力。隨後中國興起了祭祖熱，修祖墳續家譜十分昌盛；隨著傳統文化的漸漸復蘇，人們開始注重敬祖，我便開始注意那些大家族的歷史和家譜。

一個偶爾時間，我收到戰友喬宇峰送我的一本他們續的家譜，十幾代之多。上溯到一個最大的官，好像是清代的什麼縣級官員；當代最大的官，是我的戰友，團級。雖然他們不是名門望族，但有一本家譜，就有了家族的傳承，一目了然。更爲可貴的是家譜裏附帶了中國傳統文化中的《千字文》之類的精短文，很有教育意義。任何人拿了這本家譜，不但瞭解了家族的大致情況，也受到一定的傳統文化薰陶，無疑是一件有價值的事，何況，家譜是研究民俗文化和社會歷史的難得資料。

因此，我有了編撰自己家族歷史的興趣，於是，利用一次回老家的機會，向父親請教，靠他的記憶，列出了大約三代人的歷史沿襲，再向上說，父親就無能爲力了，由於父親不識字，只認識自己的名字，文字的記憶更不可能的。接著我訪問了未出五服（五代人）的堂哥楊逢時，他已經八十多歲了，是我的家族年齡長者中學問最大的一位。他學過道，會算卦；我兒時登臺唱戲，他還是導演。雖然唱的是文革中的樣板戲，但他導得並不離奇，受到了領導和群眾的歡迎，所以，村子裏的人認爲他是一個有本事的人。他的兒子叫楊喜弟，當過多年村支部書記，口碑很好。去問這樣一位老人，理所應當是訪問權威。

見了面，我叫聲老哥，就情切地交談起來。他認真告訴我，楊家來自山西洪洞縣大槐樹下。我問有什麼依據，因爲中國許多地方的人都說來自大槐樹下。據《洪洞縣誌》記載，明朝時，洪洞縣有一座廣濟寺，規模宏大，殿宇巍峨。山門左側有一棵「樹身數圍、蔭遮數畝」的古槐，陽關古道從大樹下通過。明初移民時，官府在廣濟寺和大槐樹下駐員，集中移民，編排隊伍，並發給「憑照川資」。據說，明初移民都不願離開自己的家，這時官府廣貼告示，欺騙百姓說：「不願遷移者，到大槐樹下集合，須在三天內趕到。願遷移者，可在家等待。」人們聽到消息，紛紛趕往古槐樹下，晉北、晉南、晉東南的人都來了。第三天，大槐樹四周集中了十幾萬人。突然，官兵包圍了百姓，官員宣布：「大明皇帝敕令，凡來大槐樹之下者，一律遷走。」百姓們都驚呆了，但一切都無濟於事。官兵強迫人們登記，發給憑照，每登記一個，就讓被遷的人脫掉鞋，用刀子在小腳趾上砍一刀作爲記號，以防逃跑。所以至今，許多明代移民後裔的腳小趾甲都是變形的，據說是砍了一刀的緣故。

老哥雖然八十多歲了，但口齒清晰，記憶力驚人。這個故事又有根有據，搞不好可以和山西的宋代名門楊繼業家族聯繫起來，那可是一代名臣良將，一家三代，忠君報國，最後十二寡婦征西。記載這個故事的歷史小說《楊家將》，可謂家喻戶曉。可惜，老哥楊逢時提供不了任何說明我們來自山西的證據。只有兩個傳說，一個說我們的腳小趾甲小；第二個是走路低頭背手，離家被官府綁了來的。傳說總歸是傳說，不能算作有力的證據。查洋縣《縣誌》無此記載。

一日，偶遇一個人閒話，他把我的陝西話聽成山西話，他說他的家就在洪洞縣的大槐樹下。他告訴我，那兒有個大祠堂，裏面詳細記載了當年移民的去向。我一聽，決定到那裏去查找。那時師父益喜寧寶堪布正好在青島，我說了我的想法，師父未作評價，只淡淡地說：「你挺認真的。」

聽了師父的話，我一愣，接著細想，幹什麼呢？自己是不是太執著了？名門望族自有名門望族的榮耀，家譜自有家譜的價值，然而，對於大多數的中國普通百姓來講，他們既無榮耀，又無家譜。如果要追尋先人的光輝，就要有足夠的理由；如果要找出一脈傳承，同樣要有充分的價值。如果僅僅爲了尋找而尋找，所有的努力便變得毫無意義。再者，追根溯源的目的，不僅僅是爲了找回家族的生存之脈。如果沿著人類的生存之流，按目前的科學而言，追溯到古人，再到猿人，進而到猿，最終追溯到宇宙誕生前的狀態。依據基督教的教理，則是由亞當夏娃到創造天地的上帝。而佛家則追溯到宇宙人生的真相「自性光明」。這樣的命題，對我而言，實在不是用尋找家族淵源這種努力所能承擔的。於是，我放棄了我的妄想，僅僅記下我所親歷的家族背景，以懷念先輩們的恩德。

然而，對於祖上的歷史，實在沒有資料，唯一的證據只有位於漢江邊，稱爲王八溝的半山腰的墳地。至今每年春節，我的家門的人還去上墳燒紙，幾代人相傳，幾代人交接，這是不會錯的。

據父親講，當年從外地遷來時，除留下一部分住在現在的楊梁外，一個部分姓楊的到了離楊梁五六十里外的山裏的槐樹關柳起溝安家。

父親說他記得，小時候，那裏的人還來祖墳祭祖。爲什麼後來不來了呢？父親說，他年輕時，每年都有幾十人來。不知誰想出的主意，要整治外來祭祖的。於是，每年來晚了，他們說不孝，專有人拿了棒子打，而且是真打。祭祖的無理辯解，誰讓自己來晚呢？甘願受罰！然而，來年他們就早早動身，結果早來了，這邊的人就說：來這麼早幹什麼？難道是來混飯吃！說著，又拿起棒子打。來者委屈，有口難辯，只好再吃棍子。就這樣一而再、再而三的整治，來者終於膽怯。雖然來拜祖宗，可這樣遭打，誰能受得了？於是，終有一年不來了。

任何事情都是這樣的，一旦開了頭，就不計後果了。何況，這是一件良心上的事，我不去，你能把我怎麼著？這邊的人傻了眼，帶話人家也不來。不來也就不來了，罵罵完事了。想想在宗法社會裏，一個並不榮耀的草根家族，也有正宗與淵流的之分，號稱正宗者耍威風好像不可避免，人類的歷史就是這樣構成的，我的祖先無法超脫。

有一年我去蘭州辦事，戰友招待吃飯，飯桌上遇到一位姓楊的二十多歲的年輕人，是酒店的負責人。因在座的戰友，幾個人的職務都到了師級，年輕人敬酒就稱首長，連我也包括在內。這樣就搭上了話。他說自己是洋縣人，我一聽頗感親切；再問，他叫楊心慶，洋縣槐樹關人。又打聽，槐樹關就柳起溝人姓楊，我立時說，我們是同門，而且不出五六代。他一聽也高興，只是人們很快轉移了話題，我沒有來得及說出這段歷史，不然我會代表所謂正宗的先輩給他的先輩道歉的，有可能邀請他們去祭祖。儘管這位同門每到節日總發簡訊祝福，我也回簡訊，但終沒有說出當時酒座上想說的話。

再說，說了又怎麼樣呢？過去的生活是無法復原的，任何的補救都無法契合當時的情景。

二

我的曾祖父，已無人說清。我的祖父叫楊德成，排行老大，我在《遙望父親》中寫到過，他是油匠。在那個兵荒馬亂的年代，油匠不是一個好營生。父親講，祖父的油坊開在榆樹溝，離我們家也就翻個梁頭，如果沒有波折，在和平的年景，這是個可以養家糊口的活。但那時，外面亂，收稅的也不是好對付的，直至一九四九年之後，老百姓有一句話叫：國民黨的稅多，共產黨的會多。山村一個小油坊，能掙多少錢？許多時候是等米下鍋。只有賣掉打油者留下作爲報酬的油，才能交稅。收稅的不管，到了攤位前就要，不交不客氣。終有一次，祖父交不上，一個叫何兆豐的收稅的官員，一腳踢了祖父的油攤，起了衝突，祖父從此不能再到龍亭街上賣油了，只好改到河對面的黃安街上去賣。平常天氣還可以，一下大雨，漢江漲水，不能開船，祖父就得等，這給艱難的生活又平添了許多麻煩。

我七歲隨父母從出生地洋縣龍亭街，遷到鄉下的老家廟溝時，祖父已經去世，聽父親講，祖父終年六十八歲。他大約去世於一九六〇年，這樣算來，他應該是一八九二年生人。由於祖父走得早，所以，在我的記憶裏，最大輩分的長者是祖母。祖母叫王列秀，她的娘家在龍亭的水磨溝，我母親的娘家也是水磨溝的，所以按娘家的輩分，我母親把我祖母叫姑姑。這種侄女隨姑姑嫁的情形，在我的老家是很多的，人說親上加親。

祖母的兄弟姊妹中，我記得一個舅爺，他是學道的，而且功夫似乎不淺，當年常常給周邊的鄉親治病看風水。我還記得，有一個雨夜，祖母咳嗽得厲害，似乎得了什麼重病，那時的鄉下，有些病是很少叫大夫的，多請陰陽先生治。我隨父親去請舅爺來家裏給祖母治病，我們那裏叫培治。從廟溝到水磨溝，雖屬一個公社，但來回得十幾里路，兩邊都是山路，天晴一個多小時即可到，下雨天可不是那麼好走，黃泥路一腳踩下去，整個腳腕子都被黃泥包住了，幾步過後，雙腳沉重，如拖鐵塊，十分費力。

那晚雨下得大，我和父親戴著雨帽出發，天下黑得伸手不見五指，我們打了一個手電筒，借著微熱的光線，一步一滑，走了大約兩個多小時，才到水磨溝。舅爺聽了，二話不說，背起褡褳就走，褡褳裏裝的是羅盤之類的器具。

終於趕到，舅爺快步到祖母的床前，叫聲姐姐，就隨手診脈。今天看來，舅爺是懂些中醫的。他看過病狀後，就在事先裁好的黃表紙上，畫了符，這符是一些並不好認的文字和圖形，以我當時小學一年級的認知，是無法理解的。舅爺畫好符，念了咒語，就叫我的父親劃根火柴點燃燒了，將燒過的灰，用開水沖了給我祖母喝。因夜已深，舅爺就住下了，第二天仍是雨天，舅爺在雨中走了。他又留下兩道符，祖母每晚一符，又喝了兩天，大概輕快了，這病也就算治好了。這種治病的方式，如今在我的老家仍然有，只是少得多了。

我的祖母給我印象最深的事，莫過於對於小姑的婚事。小姑叫楊水珍，有了兩個孩子後，中年喪夫。上個世紀六十年代，照相在我的老家是稀罕之事，我見過祖母唯一一張照片，是祖母抱著小姑的兒子照的。那時，祖母的孫子加外孫，不下十幾個，祖母的選擇可能有當時的背景，但仍可見小姑在祖母心中的位置。父親兄弟、姊妹七人，小姑最小，那自然是心頭肉。小姑的不幸自然是祖母的不幸，在很長的時間裏，祖母的臉是陰沉的。後來，小姑經人介紹，認識了鄰村的一個男人，身材、長相都好，就是身體不是很好。當時的情況我當然不可知，只是記得小姑結婚了，但沒有娘家人參加。據說我祖母不同意，我至今記得祖母拿來一根繩，準備到小姑嫁的人家上吊。祖母哭喊著，十分傷心。

那是一個大冬天，很冷，祖母穿著棉衣，腰裏紮了繩子，一副不達目的不甘休的樣子。出我們家，到小姑家的閆家嶺，得翻兩座山頭，路極不好走，祖母又是小腳，怎能在極端情緒下奔走？當即被追趕上的家人攔住了。

祖母哭得很傷心，是在家人一再堅決地請求下才返回。小姑未徵得娘家人同意，自己作主辦了婚事。那個年代，政治掛帥，已經很講婚姻自主，外人不得干預，祖母最終無奈，只得任其結果。不過以後多年裏，小姑沒有走過娘家。至少在五六年裏，我沒有見過小姑。直至祖母得了重病，經家人反覆勸說，祖母才又認了女兒。小姑上門，抱住祖母大哭。

一個女兒被母親隔斷多年來往，該有多少委屈要傾訴？一個母親，對多年不見的女兒，該有多少集積的情感需要表達？我只看見她們在日後親密無間，情感更加深厚。可惜時日不長，不久，我的祖母就去世了。在我的印象裏，直至祖母去世，我的小姑父也沒有上過岳母家的門，這是一個永久的遺憾。

小姑生了一個女兒後，姑父先她而去，小姑守寡把女兒養大。是不是祖母當年有某種預見，她對女兒的規勸以至於阻止，就是基於女兒以後的幸福？這已很難說清了，但命運對於普通人而言，永遠只能是個無法預知的黑洞。

離開老家後，由於我常年奔波在外，回家老是匆匆忙忙，見小姑的時候並不多。二〇〇九年，父親去世後，我約弟弟，說我們一起去看小姑。大伯走了，三叔走了，父親走了，大姑、二姑都走了，如今父輩弟兄姊妹七個，只有小大和小姑了，見到小姑，也就見到了父親和其他已故親人的影子。我們去了，小姑在家，表妹也在家。小姑見到我，說不出的高興，這個在外的侄子很少登門，她有些喜出望外，立即安排女兒給我們做飯。我趕忙說，飯吃過了。小姑又讓女兒給我們燒茶。在我的老家，來客一定要端碗的，如果沒有吃飯、喝茶，對不住客人，客人也對不住主人。所以我沒有再阻攔。

待茶燒好了，我見是一碗很稠的雞蛋湯。在我老家，茶並不是指開水或通常的喝茶，而是醪糟或沖雞蛋湯。我已經吃素多年，本不吃雞蛋，聞到雞蛋的氣味，就有嘔吐的感覺。但是，當我接過表妹遞過來的滿碗雞蛋湯時，我看到小姑熱切的目光。那一刻，站在我面前的小姑，分明是四十年前的祖母。她的眼神，她的佈滿皺紋的臉，包括她的神態，無一不是祖母的復活。那一刻，我看到了眾多故去的親人，人類也就是在這種一次次的相逢與告別中，走向了永遠的分離，這種分離之苦，是凡人無法超越的。我的眼淚不由得奔湧而出，我急忙接過碗，頭也不抬地一氣喝完。小姑的臉上溢出了笑意。我和弟弟還有小妹妹，又和小姑說了些話，就離開了。走時，我和弟弟給小姑留下一點錢，小姑不收，我說這是故去的父母的心意，請小姑一定收下。小姑聽了，收下，說了許多親切的告別話。想不到第二年小姑就去世了，上次的見面成了永別。

三

大伯叫楊洪基，小名林娃。他住得離我們遠些，不在一個生產隊，所以交往少，爲了感恩我當兵走時，他追趕幾里路送兩塊錢給我，我每次回家探親時，總會拿著禮物去看他，那時，他老人家已經六十多歲了。也就幾年光景，他就去世了。

我與大媽，更是生疏。他們的兒女中，只有老大狗蛋我熟，當過小隊長，我叫他狗蛋哥。他說的一句話，可以稱爲經典。他幹活急了，回家喝水，大媽趕緊燒了開水端上去，他喝了一口燙著了，就對大媽說：「燒開了就是了，燒這麼燙幹啥？」可見他是一個有意思的人，可惜我們沒有多交談過，但嫂子挺熟的，她姓張，叫張會如，未結婚前，我們住得很近，坡上坡下；會如嫂子娘家的嫂子叫青雲，是與我外婆有血緣關係的親戚，我叫她姐姐，所以親近。

我所瞭解的大伯的細節並不多。實際上，大伯不是老大，他把我大姑叫姐姐。大姑才是真正的老大。

大姑與祖母的年齡差距十八九歲，嫁到離縣城很近的貫溪樊家村，姑父是樸實的農人。祖母給我印象深刻的年齡，是七十歲的老人，所以大姑在我的記憶裏，就是一個五十歲的老太太。她有七兒一女，一共八個。想想，給七個兒子娶媳婦，就是一個浩繁的連串工程。斷斷續續，得進行幾十年。在我的老家，在那樣的歲月，能使七個兒子全都成家，需要財力，更需要在人前的口碑。大姑無疑是一個偉大的母親，她在親戚和周圍的人眼裏，是一個被人說起來豎大拇指的人。

大姑的兒子中，老大樊儒孔，小名叫海娃，年齡比我大哥還大，現在已經接近七十歲了。當年海娃哥是工作人，在縣裏的商業部門做售貨員，儘管崗位不在縣城，幾年一換，有時就在我們所在公社龍亭街，有時在漢江對岸黃安壩的街上，有時待的地方離我們遠。但這些都不要緊，親戚中有這麼個工作人，在那個商品緊缺的年代，具有不可替代的優勢，買東西是小事，更爲重要的是，通過海娃哥可以認識其他行當的人，當然也包括政府裏具體辦事的那些人。因此，給生活平添了些便利，這是我們親戚之間的榮耀。我雖不能記起什麼事，但他一定給我的父親辦過不少的事。我多次聽父親說，這事找海娃去！

海娃哥性格內向，不張揚，又是大孝子。可惜，因年齡的差距，我們很少交談，只在三十年前，有一次探家，我去黃安街上的百貨商店看過他，說過一些話，此後沒有更深的交往。

十多年前我回家，去看大姑。大姑八十多歲了，跌了一跤，胯骨摔斷了，因年齡過大，醫院裏不接，大姑躺在床上，不停呻吟，可以想見她的疼痛，我叫了一聲大姑，心酸，坐了一會，就走了。我無法減輕大姑的任何病痛，提的水果大姑也不可能吃，留下點錢，只是一種安慰，大姑還有放心不下的牽掛。

我走後不久，大姑就去世了。

四

父親叫楊洪生，小名叫潤生，我猜想他出生那年有閏月，我查了父親出生的民國十四年（一九二五年），果然有個閏四月！母親叫王存娃，原意大概我的外祖父太愛自己的女兒，怕有閃失，於是叫「存娃」，把「娃」存起來的意思。陝西人把孩子稱娃，帶有親暱的成分。我的母親，不僅是合格的母親，還有社會面貌，比如擔當過婦女隊長之類的社會角色。這樣，王存娃這個名字也許有點土，所以我見到有時母親讓人把名字寫作「王春香」，我聽外婆叫過「春香」。可惜，母親在世時，我沒有探究過。這篇家族記憶裏，最應該詳細的無疑是對父母親的記述，因為那是離我最近的人，資料最全。但事實不是這樣的，許多細節是後來回憶的，當初並不在意。另外，我對父母的追憶，已在《父子之間》《遙望父親》和《母子連心》中作了記述，在此不贅。

三叔楊洪祥，小名叫祥。他是漢中航運隊的工人，我在《守護生命》中記述了他的際遇和我與他的感情。三叔去世後，我雖然見過幾次三媽，終沒有很好地盡孝，後來她得了血栓之類的病，癱瘓在床，「幾年後，我和哥哥、弟弟去相鄰的城固縣去看她，她扶著牆勉強可以移動步子，但整個變得木訥，完全失去了當年的風趣和靈巧，已到風燭殘年了。她見了我們自然高興，但幾個小時內沒有說幾句話，我的心不由得一陣陣發酸。」

他的兒子叫楊小記，接了他的班，在漢中運輸公司當隊長，看見他如同看見了三叔，長得很像三叔，大約生命就是這樣延續的。

比三叔小的是二姑，二姑叫楊改女，和我們一個公社，屬吳家山大隊。二姑個子不高，幹活利索，因姑父在縣水利局管轄的水庫工作，家安在農村，就形成當年的半邊戶。姑父有自己的事，家裏的種地就得二姑承擔，只在播種收割時，姑父才會幫一把，家務的擔子主要落在二姑肩上。

因二姑夫是國家的工作人，我從小很羨慕。使我終生難忘的是，他帶我到洋縣城關區的機關食堂裏吃過一頓飯，一個饅頭加一碗雜燴。饅頭不必說，雜燴可不簡單，雖只是蘿蔔、豆腐、粉絲加幾片肉燉到一起，但那是一個少年生平第一次吃到的最香的一頓飯。

母親曾說，二姑夫對我從小表示出更多的喜愛。他沒有兒子，希望我過繼他家，大約三四歲的時候，曾讓我在他家住了幾天，結果我哭鬧不止，堅決不待，此事只好作罷。但一直以來，我能感覺到姑父對我的感情，過一段時間就會來看我，而且每次都會帶好吃的。我當兵走時，他一次給我五元錢，在那個縣長一月工資只有六十多元錢的年代，五塊錢是個大數。因此，我曾下決心，待我能掙錢了，一定報答二姑夫。可惜，我參軍離開家鄉的第四年，姑父就去世了，我是六年後探家時才知道，我只有默默懷念了。

二姑的女兒叫淑娥，比我小四五歲，兒時我們是很好的夥伴，後來她嫁給了關中的一個從部隊復員的小夥子，是她們村子裏在部隊當連長的一個人牽的線。她們有時在關中住，有時回老家來住，我與她們很少見面，只是在七八年前，突然接到一封二姑的來信，說孫子上學學費不夠，我一聽，趕忙按二姑說的錢數郵匯去，二姑回信說過一段時間還。我趕忙回信說，姑父當年的恩情無以回報，本來就不多，何來還錢這一說。我說的是真實感受，當年的親情、人情，不是今人的世道風氣可以比的。

最爲讓人痛心的是，六十多歲的二姑居然也在不知不覺中去世了，當年強壯的一代，就這樣如秋風中的落葉一樣，一片接著一片飄落，一代人的冬天到了。

過去的，永遠成了記憶。

五

我的老家把小叔叫小大，小大已不是當年的小大了。他的腰彎得令人心酸，走路幾乎成九十度。他當過兵打過仗，年輕時身強力壯，是一個真正從死人堆裏爬出來的人，但強壯的身體仍然無法抗拒歲月的蠶食。

小大叫楊青娃，他比二姑、小姑大，在兄弟中排行最小，自然成了祖母最愛的兒子。他不像其他幾個兄弟有大名，他只有一個名字，所以，大家喊他青蛙，聽起來讓人倍感親切。諧音的青蛙在我老家的農田裏到處都是，專吃蚊子，南方叫田雞。牠的形象可愛，我的老家從沒有人傷害這種動物。可是，小大的命運卻不是輕鬆。他十幾歲被國民黨的軍隊拉了壯丁，後被解放軍解放，接著就參加了淮海戰役。小時候我聽故事，他說他們急行軍幾天幾夜沒吃的，走著路都會睡著，半夜遞過來吃的，不知道什麼東西，既然別人能吃自己也就能吃，吃到口裏，鹹的，有一股腥味，天亮一看，居然吃的是蝦米。他噁心得立即吐了。在我們那裏，沒有人吃河裏的蝦，更不要說遠在天邊的海蝦。所以小大看了就吐。在我童年、少年的記憶裏，不要說蝦，就是鱔魚、河蟹、田螺、田雞也不曾見人吃，大概是尊重生命的緣故。這幾年開始有人吃，是出門掙錢的人帶回去的「見識」。

小大說，仗打得十分慘烈，一次他們急行軍到一個地方休息，支好鍋，米飯蒸了八分熟，大家實在餓了，剛揭鍋準備吃飯，國民黨的飛機來了，不知誰喊了一聲，大家慌忙躲藏。因為做飯冒煙，飛機轟炸目標明顯，大家明白，所以躲得離鍋灶遠些。一個呼嘯而過，落下一枚炸彈，不偏不斜，正中飯鍋。雖然人沒傷著，可比打著人還難受，因為一鍋飯沒有了！緊接著，集合號又響了，還得趕路。

一次仗打得實在累得堅持不住了，就在黑夜來臨後，栽倒就睡，一夜無戰事，一覺睡了個大天亮，睜眼一看，嚇了一跳，一條馬路，對面就是中央軍，接著就動了手，不過還沒有開槍，對方就投降了。什麼叫兵敗如山倒，那才叫兵敗如山倒，幾十萬軍隊，幾十天就沒了，蔣介石能不跑？

小大不但參加了解放戰爭，五二年還到了朝鮮，打完仗回國後，就回家當農民了。種地本來就是他盼望的，戰爭過後，解甲歸田是多少吃糧當兵人的願望啊！

在我少年的記憶裏，小大是生產隊餵牛的飼養員。那時，牛歸集體養，歸集體用。在不知道機械化為何物的年代，牛是農人的親人，養牛就是養勞力。飼養員的責任，就是把牛餵好。那時，生產隊有幾十頭牛，牛的草料是一個大事。一個冬天，牛吃的全是乾稻草，春天來時，該給牛改善伙食，再者，開春的農活也多起來，需要增加牛的餵養品質，於是就給牛餵青草。這時節，村子裏就有人專門割草，我也加入這個行列。每當有人將割下的草挑到飼養室，小大就過稱，記住分量，回家開收條。割草的人拿著小大開的收條，到記工員那裏記工分。一百斤青草十個工分，等於一個壯勞力一天掙的工分，活不算累，也不算輕鬆。

由於小大不識字，寫收條的事，就由我承擔。一般都是從本子上撕下一張紙，用刀裁成小條子，寫上收到某某的青草多少斤，然後蓋上小大的章子，再就是年月日。我從小學四年級開始給小大打條子，一直打到了高中。由於時間長了，我有時會給自己多開一些斤數，甚至給自己多開一張，或開好後，蓋上小大的章子。小大不識字，有時也不在意。小孩的鬼精靈，大人們有時不防備，有時防不勝防。但不敢做大了，怕被發現。可見，惡行佔據一個人的心靈，與年齡無關；根除一個人的無明，也與年齡無關。

我還記得一件讓我激動的事，是文革開展的一九六六年，我上小學五年級。由於毛主席在天安門城樓接見紅衛兵，毛主席像章一夜之間成爲聖物，誰擁有一枚毛主席像章，是莫大的幸福和光榮。小大不知從什麼地方得到一枚。小大是生產隊貧下中農小組主任，大概是到公社開貧協代表大會發的。我記得很清楚，是一枚金黃色的大拇指蓋大的頭像，我見了十分羨慕，就壯著膽子問小大：「這個有沒有賣的？」小大看我一眼，並不在意地問：「你要？」

我點點頭，立即說：「要！」

小大說：「八分錢。」

我聽這句話，馬上受到鼓舞，不知什麼時候，我的口袋裏裝了八分錢。一個五分，一個二分，一個一分，至今我想起來如在眼前。我立即掏出錢，這枚像章就歸我了。我在同學面前興奮了幾天。對這件事，我是十分感激小大的。

由於小大一九四九年就在部隊上，算是解放前參加革命的，又參加過抗美援朝，所以，按國家政策，每月有政府發的補助。老百姓最怕的是手中沒零錢花，小大有保障，所以，晚年的日子過得不錯。

六

我的祖父一輩，弟兄四個。二爺楊德成，我從沒見過，在我懂事時，他已經去世了。聽我父輩說，二爺終身未娶，大概是貧窮的原因。在我老家，村子裏每一代人，總因各種緣由，有一些終生沒有娶媳婦的人，人稱光棍漢。我的二爺大概屬於此列。雖然二爺未娶，但不能無後，於是我三爺將自己的第二個兒子過繼給了二爺。兒時，聽大人們說，二爺身體一向不錯，去世前並沒有得病。去世那日，中午時分了，仍不見二爺起床，隔屋的兄弟覺得奇怪，一向勤快的人，怎麼可能睡懶覺？於是趴在窗外大叫，聲聲呼喚，仍不應答，其中一人，找根棍子，捅開窗戶紙一看，人在床上，就是不應。大夥頓生疑問，於是破門而入，再看，人已經成了硬的，夜裏就已過世了。

當時人們並不知患的何病，以今天的醫學觀點看，大概是腦血栓或心臟病之類的突發疾病。不過古老鄉村裏的人，雖對生命沒有更深的思考，但對生死都很達觀。突然暴亡，不受罪，也不拖累別人，死得挺自在，是好事。按鄉村的習慣，富裕人家吃一頓有酒有肉的土席，窮人家做一頓乾飯待客，眾人吃完飯，埋了就算完事。二爺死的年代，中國剛剛經歷過全民吃食堂的運動，家家窮得連肚子都混不飽，這樣的年代，處理死人更簡單，二爺獨身，過繼的兒子也無多少牽掛，所以死得利索，埋得快當。因少了牽掛，也就沒有多少悲傷，生活於廟溝的小院，很快恢復了平常。

二爺的兒子，叫楊洪山，按老家的習慣，我叫他二大（二叔）。我上中學時，他當了我們龍亭公社鎮江大隊五小隊的隊長。那個年代，小隊長是生產隊的主心骨，種地收割都是集體行動。爲了便於聯繫，村子裏家家戶戶安了喇叭，喊話的話筒安在隊長家，上工、開會，或有重要事情，隊長在喇叭上一喊，全村集體行動，不像當今農人的散漫。童年的我，聽見隊長在喇叭上的喊聲，總覺有幾分威風，雖不羨慕，心裏想著外面的世界，但身在其中，還是切實能感覺到那個喊聲中的權威。但那個年代，集體行動固然整體，但幹活不出活，人人磨洋工。我上中學時，已經能參加農活了，但工分很低，全勞力每天十分工分，我只能算半個。鋤草時手中的鋤頭，用力不到位，活自然做得不細，這就遭受批評。好在我讀書記性好，許多故事聽過一遍便記下了，我就常常在工休的空間講故事，這就爲我贏得了一些喝彩，我在人們的心目中就有些威信。

但隊長二叔不太講情面，因爲他要爲生產隊的農活負責，我講故事，可能影響農活的進度，所以他並不歡迎我去隊裏幹活。我上初中時，與父親的矛盾很深，父親看不慣我的行爲，他認爲農民的兒子應該會幹農活，而我的心思並不在農活上，所以，我的父親以爲我是一個不成器的兒子，終於有一天不能忍受我的不用心，就用繩子捆住我的雙手，暴打一頓，還請來二叔做中間人，說要把我分開，讓我一個人過，那不就是分家嗎？我十分傷心，二叔幫著父親訴說了我一頓，他沒有主張分家。過後我想，是不是兩弟兄唱了個雙簧，目的在於教訓我。

我人雖不大，但還是要尊嚴，所以我就在挑糞那樣的重活上爭氣，十五六歲時，我就可光著膀子挑二百斤的擔子，掙得工分不比大人少。那種時候，二叔偶爾會投來讚許的目光，但在我的記憶裏，我們沒有認真的交流，也沒有什麼深刻的印象。

二叔的妻子我叫二媽，個子不高，也就一米六左右，略胖。她已去世多年，我已記不起她的名字了。二媽是一個善良的女人，她服侍男人很用心，我只見過二叔發火，並不見二媽還嘴。也許是因爲二叔是隊長的緣故，二媽讓他三分。我記憶最深刻的一件事，是在我少年的時候，有一天，母親不在家，由我照看小妹妹，那時小妹妹也就四五歲，中午我有事出門一趟，回家一問，小妹妹說她吃過飯了。我問在哪兒吃的？小妹妹說，在二媽家。我就有些生氣，並不是對二媽有什麼成見，而是從小受的教育，是不要隨便到別人家吃飯。是怕給人添麻煩。我就拿起一根棍子打妹妹。小妹妹當然馬上哭起來。我一邊打還一邊問，以後還吃別人家的東西嗎?!小妹妹不理解我的發怒，只哭不回答。

小妹妹的哭聲很容易被二媽聽見。她走過來，對我說，大人不在家，小娃吃口飯有啥事？莫非我在飯裏放了毒？二媽的聲音並不大，卻使我無言以對。我想我打小妹妹，並不針對第三人，可實際上傷害了二媽。

母親回來後，二媽對母親說了這件事，還有責怪的意思。母親說，他還是個小娃。事情過後，二媽果真沒有再當回事，仍然對我熱情。當我參軍六年回家探親時，他專門包了芝麻餡的疙瘩（餛飩）招待我。以後每次回家總是得到她的招待，老家的飯雖然簡單，但滿腔的親情是濃烈的。

只是不幸的是，我二叔和我二媽生了兩女一男，大女兒在我參軍前，已經八九歲了，我們在一起割柴、剜豬草，是一個很懂事的小妹妹。我爲了立志奮鬥離開黃土地，參軍六年沒探家，第一次回家時，才知道那個小妹妹已經去世了，傷心之餘，也不便再讓二媽傷心，也就沒有提起。想不到的是，二媽在五十多歲得了腦血栓，落下後遺症，從此走路不便，腦子也大不如從前，但還是幹一些力所能及的活，幾年後她就去世了。

我是回家看父母時，聽到這個消息，心裏很難受。她一生辛苦，好像沒有過多少好日子，農村慢慢富起來了，她卻走了。我想，她是否感到病痛的折磨，或許感到日子的勞累，抑或想她的大女兒了？她走了，像無數條小山溝裏一陣微風刮過，吹走了地上的一棵枯草，幾乎無聲無息，想來大多數的生命即是如此。

正是基於我對二媽的懷念，我回家探親時，知道二媽唯一的兒子進寶，要娶媳婦結婚了，說還差些錢。我問多少？說四五千塊錢。我說到青島去打工，三四個月掙夠這點錢回來結婚。青島不是一個適合年輕人打工的地方，工資不高，所以我很少答應老家的人出來打工，進寶是唯一一次我主動邀請來的人。那時，我下海不久，類似於皮包公司，只有老家來的葉平在幫忙打點（兩年後，葉平回家鄉進了縣文化館，後來寫出許多有分量的作品，成為了很有影響的作家）。

進寶到了青島，就和葉平住在辦公室裏，他除做些小活，大部分時間在我妻子所在單位發包乙方的工程隊裏幹小工。我妻子在辦公室當主任，她們的企業是一家很大的軍工房地產公司。儘管乙方的工程隊看在我妻子的面子，並不敢拖欠進寶的工資，但在進寶離開時，工資還是沒有發下來，我妻子也不願意利用職位的優勢去給工程隊施壓，只給進寶說，我給你要錢。實際她墊了自己的工資，讓進寶回家結婚，拖欠的工資是幾個月後才要回的。

慶幸的是，進寶一家過得還好，孩子已經很大了。二叔還能幹些力所能及的農活。

七

三爺楊德柱我沒有見過，從我記事起，就從沒有聽大人們談起過，所以我沒有任何資料記述他。家鄉的習慣，把三爺的妻子稱三婆。三婆給我的印象是很深的。我上初中時，文革轟轟烈烈，我的班主任是一個女老師，她叫李穀，當時的年齡也就三十多歲，雖然個子不高，但很有風度，長得也美，皮膚白皙。即使用今天的眼光來看，她的形象也是時尚的。就因爲長得美，人們關注，成了批鬥的理由。有革委會的年輕男老師鼓動，我們就加入了批鬥李老師的行列。

我記得很清楚，是一個學期剛開學不久，我們爲了表現階級覺悟，在教室裏對李穀老師進行批鬥。爲了打擊她的美麗，最佳的辦法是侮辱這種美麗。於是，我們在美麗的女人必定亂搞男女關係的理論指導下，脫下李穀老師的一雙鞋，將鞋帶抽出來繫在一起，掛在了李穀老師的脖子上。我們還找來磚頭，去砸李穀老師的背。

一個女人，如何受得了如此的武力威脅，我想，她受到了莫名其妙的圍攻和羞辱，還不知道對手是誰。這是我在那個年齡，僅僅因別人的鼓動，就參與的一起無知而又殘忍的武鬥。很長時間我都有無法釋懷的歉疚。

李穀在運動的後期，從她任教的洋縣三中，下放到了龍亭鎭江七隊，也就是我三婆所在的生產隊。因三婆的四個兒子都已娶妻生子單獨過了，三婆寡居，住了一間半房，睡房裏可以支兩張床，於是，李穀老師就與三婆住在了一個屋子裏。儘管李穀老師是下放鍛煉的，但我三婆把她當閨女看，三婆不能叫她李幹部，但也絕對不直呼其名，只叫李家。「李」當然是指姓，「家」是對一個獨立門戶者的肯定。因爲在中國的鄉村，獨立門戶是很重要的，一個人只有獨立門戶，才能稱其爲有了一個家。我不知道這是三婆無奈中的發明，還是受了李穀老師的提議，不管基於何種原因，這個稱呼從三婆的口中喊出，顯出少有的親切和尊重，在那個年代，親切也許有，但尊重是稀有的。三婆的聲音，在李穀老師聽來，一定有非同尋常的意義。

她們幾乎住在一起，吃在一起。一個六十多歲的老婆子，和一個三十多歲大學畢業的知識分子本沒有共同的志趣，但在那個非常的年代裏，她們非同一般的母女般的感情是感人的。可是，我在李穀老師下放的幾年中多次照面，卻從不敢抬頭看她一眼。

一九七四年冬季，我參軍入伍時，李穀老師還沒有離開三婆，當我六年後探家時，世事已經發生了翻天覆地的變化，李穀老師早已恢復工作教書了，我只是聽三婆講，李家還常來看她。

隨著歲月的流逝，三婆年齡越來越大，有時住在三兒子家，有時就到二兒子家。我每次回家看父母，總能見三婆幾面。上個世紀八十年代，物質供應不如如今發達，白糖、茶果之類雖不是稀罕物，但送人是重禮。當然我不僅僅送禮，而是爲了真正的看望三婆。那時，三婆已是輩分最高、年齡最長者，孝敬她老人家，是禮數。

令我感傷的是，我並沒有對三婆盡更好的孝心，總想還有機會，可是在我不知不覺中三婆過世了，當我又一年回家時，母親告訴我：你三婆走了！我當時沉悶了許久沒有說話，說什麼呢？任何的問話都不能表達我的心境。

三婆的幾個兒子中，大伯楊洪賢在城裏住，我們很少交往。四叔楊洪俊給我當過小學老師。他在村子裏的小學當過老師，後來分配，他是專科學校學地質專業的，所以到了陝西省地質隊。幾十年間我們沒有聯繫，只是在上個世紀九十年代的下崗潮中，他失去了工作後，給我來過一封信，我回家鄉時，專門約了堂弟紀元，去離漢中不遠的柳林鋪看他，他講了他有工傷，應該有政策照顧，我將情況告訴了漢中政界的朋友，終因不是一個系統，很難落實。想不到他是父輩中年齡最輕的，小媽卻早早的去世了，留下四叔獨過晚年。

三婆的兒子中，三叔楊洪理與我感情最深，我的第一次人生改變，與他有直接的關係。十八歲那年，我高中畢業在家蹲了一年，當教師的名額被人頂了後，我被大隊安排到漢江邊的揚水站當電工，雖然算是農村的技術活，但一心想到外面闖蕩世界的心，承受著難以承受之重，每天生活在壓抑之中，我想如果走不出黃土地，我不知道還有什麼活法。就在那年冬天，我報名參軍，第一關是大隊的幹部研究，包括大隊支書、革委會主任在內一共五名黨支部委員做決定。三叔當過兵，是大隊民兵連長，是一名支委，可他那天因事遲到了，其他四個支委就決定了，說我哥哥已經在當兵，我就不去了。原因不在此，實際是我父親當支委時得罪了人，人家報復。三叔趕到時，支委已經決定了，但三叔還是說：「橋（我的小名）應該去，他哥哥月德今年就回來。」三叔的話起了作用，因為三叔的輩分，在開會的幾個人中最高，平日裏工作也有威信，且是個說話有分量的人，他們不得不重新考慮。這樣，我僥倖被推薦，後在公社書記王建平和文化館館長張光文的舉薦下，我被接兵部隊的領導選中參了軍。如果沒有三叔當時的及時趕到，我命運可能因此而改寫。

我三媽也是一個極善良的人，每次見我，都會流淚。我去看她和三叔時，她總要給我做飯，說一定要端碗，不然她心裏過不去。我有時拿點吃的，更多時留下少許的錢，她總是拉著我的手不收，母親有時在旁說：「侄子的一點心思，收下。」母親為大，與三媽的感情很近，三媽聽了母親說，就不再推辭收下了，但還是千謝萬謝，使我十分感動。

不幸的是，這麼一對恩愛的夫妻，身體很健康，卻因冬天晚間睡覺煤氣中毒而昏迷，第二天才被人發現，三叔經搶救無效走了，留下神智不是很清的三媽，在哭哭淒淒幾個月後也走了。因我在外，家人怕耽誤我的工作，沒有告訴我。等我知道後，已經是幾個月之後的事了，我只能在做誦經時迴向給他們。

三叔生有兩男兩女，小兒子石頭、大女兒霞、小女兒小霞，因年齡差距大，沒有交往，只有大兒子紀元我們熟悉。紀元長得和他父親一樣高，一米八以上的個頭，也很帥氣。他是八十年代考上大學的，是我們楊氏家族第一個考上的正牌大學生，這就足以使我的家族榮耀。他性格內斂，為人低調，在大學裏先當老師，後來又搞行政工作，一副萬事不求人的架勢，很有中國知識分子的清高。我們來往不多，但常有電話聯繫，互相掛念，有事時，總先通報一聲，不僅是兄弟，也是很好的朋友。在我們十多個堂兄弟中，我倆聯繫是最多的。

八

我的四爺叫楊德娃，不但終身未娶，也未過繼兒女，很早就去世了，對於他的資料幾乎是零，但我仍然鄭重地寫下他的名字，以表示晚輩對祖輩的敬意。在人類生命存在的歷史長河中，那些輝煌的生命歷程固然值得紀念，但組成這歷史長河的巨流中，翻滾著無數的浪花，有許多浪花，只在翻起的當下，就被石頭或其他的障礙物粉碎了，從此再無聲息，但是，正因爲有無數被粉碎的浪花，才使巨流顯得厚實和有力。在中國有史以來的數千年的農耕文明中，有無數的像四爺這樣的人，他們或因貧窮，或因疾病，或因智障，或因殘疾，多種原因，使他們雖生爲人，卻享受不到人的福報。但這並不等於他們的生命只是陪襯，他們中的許多人，爲周圍的人提供了超值的勞動。我的大舅就是如此，由於他的智力障礙，他只會按別人的安排幹活，吃飽了就行，一生未患過病，以八十多歲的高齡，因偶然受傷幾個小時就去世了，他一生給別人的太多，利益自己的太少。我的童年，曾無數次感到他背的溫暖，只要他來接我去外婆家，我必定在他的背上度過那段距離。

像這樣的人，他們不僅爲社會提供了幫助，他們的際遇，也爲我們思考生命的意義提供了難以估量的價值。他們的輪迴轉世是我們的對境，足以使我們在紀念他們的同時，反思人類的行爲，在今天物欲橫流的時代尤爲重要。

我的家族，沒有大事，也沒有顯赫的人物，我反覆述說的都是一些瑣碎的小事，我想說明，所有的生命，大多數情況下，是在這種瑣碎中消耗殆盡的。即使那些輝煌的生命，大多數時間，仍然是瑣碎的。這就爲我們思考生命的真正意義提供了必要性。

第二十四章　鎮江古剎

一

二〇〇九年五月中旬，我陪兩位二僧師父——臺灣來的見坤法師和寧夏出家的永諦法師，隨上師益喜寧寶堪布去我們老家，考察坐落在漢江北岸一個山頭上的鎮江寺（庵）。

我們從西安開車，走西漢高速，經過近兩個多小時的奔波，接近上午十一點時，進入洋縣境內，爲了趕時間，我們直奔鎮江寺而去。早已等候在高速公路出口處的龍亭鎮鎮長楊玉善，和我們打過招呼，就在前面帶路，約莫二十分鐘，到了位於龐溝對面山梁上的鎮江寺。

我老家的村子叫鎮江，但它遠不如江蘇的鎮江有名，它屬陝西洋縣龍亭鎮管轄。古龍亭是東漢紙聖蔡倫的封地。由於造紙術是中國的四大發明之一，所以名氣很大。然而，在今日經濟發達的社會，那兒屬欠發達地區。說起蔡倫，世人皆知，說起封地龍亭，則知之者不多。龍亭鎮屬洋縣，洋縣的「洋」字，據說本是「羊」字，因最初造紙須經野外大面積曬晾這一關。由於滿山遍野曬晾著的白紙，路人以爲羊，故取地名爲「羊」。又因地處漢水之畔，漢水古稱天漢，《水經注》把它與長江、黃河、淮河列爲中國的四大河流，並稱「江河淮漢」。可見漢水的影響之大。因此，由於漢水之名，後人給「羊」加了水，便成了「洋」。

洋縣古稱洋州，改縣是後來的事。古洋州位於秦嶺巴山環抱的漢中盆地，氣候屬南北相間地帶，四季分明。雖屬陝西省，但它歷來被稱爲小江南，三國時屬蜀漢，諸葛亮六出祁山，姜維九伐中原，即屯兵漢中，它是蜀國除成都之外最大的根據地；漢中更是劉邦成就大漢王朝基業的地方。劉邦在此屯兵拜將，啓用韓信，最後明修棧道暗渡陳倉，挺進中原，一統天下。爲了感念漢中，劉邦給自己的王朝定名爲漢，從此開創了四百多年的中國歷史上第一個強盛的王朝。

漢中既無陝北高原的塵土飛揚，也沒有八百里秦川的乾燥。一道秦嶺，隔絕了北方冬季的嚴寒，也阻斷了夏日的乾熱。巴山又將南方的潮氣和大風攔截。所以，那兒是魚米之鄉，物產豐富。南方北方的糧食及水果，都可以在漢中生長。比如，桔子過了秦嶺便成了酸的臭的，故關中平原沒有它的蹤影，但在漢中，卻如四川一樣，香甜可口，是百姓最喜歡的水果之一。如今有號稱萬畝桔園的生產基地，我曾光顧那兒，一眼望去，山上山下，一望無際，滿目的綠色中夾著金黃，令人詫異，以爲到了另一番天地。

漢中因漢水得名，漢水發源於漢中寧強縣塚山，流經漢中盆地，水面平緩，水流清澈。兒時，我常常擔了在南山砍的柴走近路，脫了褲子，光著身子過河，平緩處行至河心，水也只達到胸口，因平緩而無浪，所以就不用擔心危險。這時低了頭看，由於光線的折射，下身變短了，腳腿變小了，然而腳趾卻看得十分清楚，腳的肉色，在水波的光線裏雖有些發虛，但十指清晰可見，連流過腳面的細沙，也能看清流動的沙粒。那時的漢江，是一條處女河，猶如成長中的少女，充滿了清純的透明。漢水的清澈使我終生難忘。

當然，平和的漢水，也有發怒的時候，那就是夏季的暴雨季節裏，隨著電閃雷鳴，就有瓢潑大雨從天而降，雖沒有大風跟隨，雷聲的吼叫和雨聲的稠密，還使人感到了天地的淫威，特別是在夜間，躺在隔擋不嚴的屋子裏，一道道閃電從屋簷下、山牆邊、窗縫裏衝進來，一瞬間屋子裏透明，接著便是一聲驚天的雷聲，閃電過後的黑暗，便像在雷鳴中被全部粉碎了，被裝進一個漂流瓶，扔出了無邊無際的宇宙，在茫茫黑暗中遊蕩，我的童年常常在這樣的雷聲中，感受著人生的恐懼和孤獨，產生了與年齡極不相符的生命的無助和絕望。

這樣的夜雨，如果下了一整夜，不等天明，就能聽到黑暗中的山洪。天亮走出家門，向四周的山上望去，每一條山梁，都在山洪的搖撼中顫抖；山溝的水渠裏已是濁浪滾滾，平日的小橋多被沖毀。這時的小孩是不能輕易出門的，往日的溪流，已變成了可以吞噬生命的虎口。

群山的洪流，很快就匯入漢水，一夜之間，平緩的江流，便成了洶湧澎湃、巨浪滔天的大江大河。也許正因爲此，漢中人從不把漢水稱爲漢水，而稱爲漢江。

二

我的童年與少年，曾與漢江有過兩次生死之交。一次是在我六七歲的時候，漢江發大水，兩岸的沙壩已全部淹沒，混濁的巨浪中，有拔起的樹木，也有上游被沖毀的人家的衣物、傢俱及房梁和木栓。那日，我與十三歲的哥哥，與同姓的村子裏的兄弟去割柴。到了江邊，便見滿目的濁流，平河兩岸，兩邊的山巒成了河堤，河面不時漂過些木頭之類的東西，也許哥哥見了激動，就一手抓住了山邊的藤條，身子前傾，用另一隻手去江裏撈東西，誰知藤條的根突然斷了，只聽撲通一聲，哥哥就掉進了江裏，一眨眼工夫，他被一個浪頭捲進了深處，只有頭髮在江面上漂動。

六七歲的我，還不足以判斷眼前的危險，哭喊著跳進了江裏，迅速就被浪頭吞沒了，接著一口冰涼的水，灌進了我的嗓子裏，我還沒有換過氣的時候，就一口接著一口喝起來。幼小的我，立時想到了死亡，而距我跳下去的地方，大約一百多里外，便是大人們傳說中十分恐懼的老河口，說那裏有許多水怪和妖精，到了那裏，就會立時被吃掉。我想，天黑前，我必定會被沖到老河口，也就此再也見不到家人和媽媽了。

就在我絕望的時候，我被一隻手抓住頭髮提了起來，一會兒我被扔到了岸邊的山坡上。那時，我已全然不知了，當我蘇醒過來的時候，我爬起來，大哭著順江而跑，企圖尋找江中的哥哥。當我跑疼了雙腳，哭啞了嗓子，終於在江面的寬闊處的岸邊，見著了坐在那裏大哭的哥哥。是同姓的家門兄弟救了我們，他是一個游泳很好的二十多歲的小夥子。

我們慶幸撿回了一條命，肚子卻被洪水灌滿了，中午回家吃飯，遇到了一頓平日裏很難吃到的菜豆腐，它是在下了大米的粥裏煮上豆漿，然後點了醋或一種叫漿水的酸液而成的特色飯。熟了的米沉在下面，放進去的菜葉，與點了酸液而結成塊的豆腐腦纏成一團，在鐵鍋裏形成上下兩層不同的食物。若想多吃米飯，就從鍋底舀起，乾乾的黏成一團，不但透著米香，而且散發著豆漿的味道，吃起來口感極佳，過口難忘。而要想多吃菜豆腐，只要勺子稍向上舀，便滿碗儘是青菜葉與豆腐腦形成的鬆散嫩滑的豆腐團，味道同樣散發著米香與豆漿的甜美。在我童年和少年的印象裏，只有過年或家裏來了重要的客人，才會做這樣的飯，平日裏根本見不著的。那日不知爲什麼，家裏卻做了這樣好吃的百日不遇的一頓好飯。媽媽給我舀了滿滿一大碗，我卻害怕被大人發現溺水，就偷偷地與哥哥一起，端到屋前竹林旁的豬圈裏，倒進石槽餵了豬。多日後想到倒掉的那碗菜豆腐，仍然心痛。

第二次與漢江的生死之交，是在上初中的一個夏天，大約是上個世紀七十年代初，那時的農村是大集體，全隊的社員集體出工，集體記工分，特別是遇到夏收和秋收的大忙季節，更是全村力量出動。我們村在漢江的江北，由於歷史的原因，江南有我們生產隊的一大片土地，且是十分平坦的難得的肥沃的土地，是一塊種麥的好地。那年的夏天，麥收的季節到了，但天卻連降暴雨，漢江已成怒吼的洪流，翻滾的江水，夾雜著各種物體傾瀉而下，形成一波又一波的大浪。而麥地早已成熟，如不搶收，便成了發芽的小麥，麵的品質和口感，就要大打折扣了。無奈中，生產隊組織全隊的人過江搶收。

到了江邊，但見翻滾的江河淹沒了平日的渡口，乘船的人，必須將渡船拉出上游幾里地，然後乘坐，並奮力划槳，使船在急流中順江而下的同時，渡過寬闊的江面，到達對岸。由於水流過急，浪頭太大，過渡的船到了對岸，往往被沖到下游很長一段，以至站在對岸等待上船的人，只能看到一個斑點，而渡口上的人，幾乎看不見了。這時，只能等到上船的人多了，便又將船拉至上游幾里地，然而，再順著濁流和浪頭搶渡，到了對岸，依然被沖出很遠。再過江的人，只能重複著前面人的方法去做。

我們到達江邊的時候，渡船剛過去，由於浪太大，江水吼聲震天，對岸既聽不到我們的叫喊，我們也只能在吼聲中看到對岸下游一個黑點，那必定是渡船無疑。這樣的天色裏，很少有人過江。這種時候過河，渡船在浪頭上顛簸，所有人的心都會提起來，因爲隨時都有翻船的可能。這樣的大浪裏，不知葬送過多少人的性命，毀壞過多少隻船。當時的渡船，早已從個人的手中收到大隊裏，作爲公共過渡工具使用的。我們住在江北，江北的人過江是不收船錢的，江南的人到江北，除非是江北人家的親戚，一律都收五分錢的過渡費。

此刻，船在江的南岸，一個小時過去仍沒有動靜。看來，江南大概無人過江的了。不是農人怕掏五分錢的過渡費，而是此時性命更值錢。如無非得冒著生命危險去做的天大的事，過江是沒有必要的。

江北岸邊等急了的人們躁動起來，大家雖然帶了乾糧，但時間再拖下去，地裏的活當天肯定幹不完了。帶隊的小隊長，是我叫哥哥的遠方親戚，姓張。因張楊兩家長期通婚，一個村裏雖然兩個姓，但基本都是親戚。他看了看我們幾個愛下河洗澡的人說，誰能過去呢？意思是必須有人過去把渡船拉到上游，幫撐船的人將渡船擺過來。因我自從那次被水淹之後，便對游泳產生了很濃的興趣。我上小學五年級起，至高中畢業，是在離家十多里的龍亭街上的學校裏讀書的，上學的路上途經一座水庫，那兒就成了我們游泳的好場所，特別是在夏日炎熱的時候，幾乎每日經過時必然下水。慢慢的，就練出了水性，一般下水，四十分鐘至一個小時，不停地在冒過頭的深水裏撲騰，雖不是正規的游泳方法，但不管怎麼折騰，人是沉不了水的，人們就說這是水裏的功夫好。

面對滔滔的江水，不知深淺的我們，早就躍躍欲試了。這時聽了小隊長的話，我和另一位要好的叫新慶的夥伴，就脫了衣服準備下水，也許當時人們等急了，並未對十五六歲的少年有可能遇到的危險擔憂，只是我的母親問我「可行」？我說行，母親不再說什麼，也許母親希望兒子在這樣的大浪裏鍛煉鍛煉。我的母親是一位十分要強的母親，儘管我們家裏窮，但兒子的學習是母親值得自豪的一件事。她自然也希望自己的兒子在學習之外，仍然能給村裏人證明，是一個能幹的孩子。

確切說，那年我十五歲，我初中剛剛畢業，那一天，大概是等待升高中的暑假裏。我夥伴比我大一歲，他走在前面，第一個跳下水，立時順著水流，被一個浪頭掀出一丈多遠。我立即跟著跳了下去，立即便覺身不由己，一個又一個的浪頭打來，幾次口裏灌進了水。那時我清晰地記起大人們說過，腦袋應該隨時躲避打過來的浪頭。於是，我奮力地划動著雙臂，睜圓了眼睛，躲避著撲過來的浪頭，不停地張望著河的對岸，希望儘快游過去。慢慢地，體力有些不支了，便覺身體下沉，頭腦發暈，那是用力過猛，腦供血缺氧的症狀。慢慢恐懼佔據了我的腦子，多年前被洪水吞沒的情景浮現在我的眼前，我明白隨時都有可能被巨浪吞噬。這時我唯有拚命地向前游動，別無出路。

就在我極度害怕的時候，一個大浪迎頭襲來，我瞬間便被捲進了洪流之中，而那時我已無法知道岸上的景象，也無法明白母親的擔心，事後人們告訴我，當我被大浪捲入江心的時候，小隊長臉色煞白，他立時對我的母親說：「我沒有叫他下河。」我的母親沒有說話，只是雙眼眨也不眨的瞅著河心。那時，她相信，只有菩薩才能救他的兒子，其他一切都是無望的。

捲入大浪中的我，並未放棄生的努力，我用力地掙扎著，猛然，我被又一個大浪托出了水面，已經身疲力竭的我，在那一刻望見了對岸，我用盡最後的力氣，奮力地向岸邊游去。我不知道過了多久，也不知道是怎麼到了岸邊的。總之，我確確實實游到了對岸，這時，新慶也到了對岸。我們稍坐了一下，喘了喘氣，就向下游跑去，成功的興奮鼓勵著我們，我們跑去拖了渡船的縴繩，向上游拉去。

很快，我們就用平常的辦法，將渡船划到了對岸，全隊來的人也都上了船。那天的收麥，算是很圓滿的完成了。當然村人讚揚我們的勇敢，但也有人說：「娃子膽子太大了，以後再不能這樣。」母親一句話也沒有說，只是默默地跟在我的身旁。

三

我與漢江的生死之交，只是說明了漢水暴發洪水時對於人們交通與生活的影響，更爲重要的是，在漢江洪水暴發的季節裏，江河兩岸有許多平坦的良田，被洪水一掃而空。不但捲走了地上的莊稼，也沖毀了許多肥土沃地，許多年才能恢復原貌，而更多的時候，新的創傷未彌合，新的暴虐又來了。過去的歲月，漢江帶給兩岸人家福氣的同時，也帶給兩岸的人們說不盡的恐懼與苦難。

而漢江流入洋縣境內，便由江南的黃安鎮和江北的龍亭鎮屬地，徹底告別漢中盆地，進入巴山峽谷了。在進入峽谷前，沿龍嘴、大龍河口、楊梁、龐溝等村子，繞了一個大彎，形成一個近十多里路的大河灣，將鎮江村的沿河自然村環抱其中，而將弓背給了地勢較爲平坦的江南黃安鎮。按民俗的風水觀看，這是一塊風水寶地，歷史上不鬧土匪，也無餓死人的記載，倒是出了些人物，過去有秀才舉人，也有在朝廷做官的，如今也有地市級的官。別看只是一些自然小村莊，教育卻很發達，村人都知道供兒女讀書。所以那地方，在外做事和上了大學的人不少。普通百姓說起來，總能指出許多人物。

由於借助漢江的靈性，和大山的恩賜，即使在國人遭受大災的歲月裏，包括上個世紀的最艱難的六十年代，那裏的生活仍然過得去，很少餓死人。

然而，那裏的一些人卻十分地難打交道，歷代龍亭鎮的領導，從我記事時的公社書記楊文軒，高中畢業時的公社書記王建平，再後來的鎮委書記王若臣，鎮長翁世傑，直至現任的鎮委書記李海龍，鎮長楊玉善，他們儘管性格及工作方法不同，其政績評價各異，但有一點是共同的，那就是他們都是強勢的基層政權領導中的佼佼者，他們中多位離開龍亭鎮後，有去市裏當了局長，也有做了縣級領導的。其中多位是我的朋友，他們不管是在任或離任後，說起那方土地，說起一些人，總是搖頭感嘆，一言難盡，能人太多，搗亂的不少，難以治理，難以調伏，別處的好事，在那兒搞不好會辦成壞事。特別應該提及的是現任副縣長的王若臣先生，任鎮委書記時，調整農業產業結構，帶領農民種植大棚菜，爲儘快改變那兒的貧窮面貌，吃盡了苦頭，我深受感動，曾對許多村幹部說：遇到王書記，是我們龍亭人多少年積來的福報！但在最初的幾年裏，他遭到了許多攻擊，一些污水莫名其妙地潑到了他的頭上，直至多年後，才被人理解和肯定。人說窮山惡水出刁民，那裏卻是青山綠水出刁民！以至有一種說法，漢中人裏只有洋縣人難纏，而洋縣人中龍亭人難纏，再說就是龍亭人裏鎮江人最難纏。儘管難纏的是少數人，卻給世人留下了不太好的名聲。難纏是我老家的土話，是指很難打交道的意思。

可見，世人對鎮江村的評價之尖刻。

四

其實鎮江原先不叫鎮江，而叫尖角。是何時改的村名，無據可考，但一直以來，鎮江與尖角兩個地名是同時存在的。只是在官方的備案中，那裏叫鎮江，對外行使權力時，因村委會的大紅章子上刻著鎮江，所以說鎮江的人多，說尖角的人少。但老輩人一直稱呼尖角，我兒時常常出門被人問到是哪裏人，說尖角時，人家立時就知道，說鎮江反而要解釋一番。

先人爲什麼要叫這地方尖角呢？令人不得而知，只能從地理位置上去分析。由於漢江至此，已達平原與峽谷的交界處，而漢水最險要的河段八十里黃金峽也就此開始。出了黃金峽，漢江就經鄂西北，繼續向東南流，過襄樊，在武漢漢口匯入長江。全長一五三二公里，流域面積達十五點一萬平方公里。如果把漢江的全長看作一個人的一生，八十里黃金峽是他的壯年時代，那是橫衝直撞天下無畏的歲月，自然是一個人的重要經歷。因而它的開頭令人注目。所以尖角的位置，在漢江的沿岸，是一個醒目的，不易被忽略的地標。

但是，雖然地理位置重要，卻因它三面被漢江包圍，形成了一個地理上的死角，又因是峽谷，兩邊的山都十分地高，所以既無法架橋，也很難修路。除去一個小小的渡口，南北的交通被徹底地堵絕了。即使江北通往外面的路，在長久的歲月裏，也只有山梁上的小道，通往縣城或鎮上的路也就東西兩條，而且不能走車，只能走人。直至上個世紀九十年代，在省農電局任局長的同鄉馮新柱先生的關注下，費盡辛勞，多方努力，修成了由一〇八國道通往村子裏的行車水泥硬化道路。

由於交通的不便和閉塞，加之上個世紀的二三十年代之前，那兒應是植被覆蓋的高山密林，它是洋洲治下的角落，是平常權力很難管到的地方。我的推測，取其「角」字，是因地理位置所形成的人文環境而得之，那麼「尖」又表達著什麼呢？從地形看，那兒並不尖，也無角，恰恰是一個半圓的地形。在我們家鄉，稱一個人聰明，不說聰明，而說「尖」，比如說：「那人很尖。」就是說那人很聰明。但這個字與聰明二字有微妙的差異。人們說一個人尖時，如果是針對兒童說的，就與聰明是同一詞，如果說一個成年人尖，一般都是貶意的，大都會和「滑」聯繫在一起，稱爲尖滑。尖滑之人，是指狡猾奸詐精於算計之人。而這一土語的來歷，並不是隨意創造的，《說文》：尖者楔也。楔進其他東西裏，自然是厲害的對象。現代漢語裏的「尖端」一詞，繼承和發揮了尖的含義，尖端自然是指頂尖的意思，尖角在此既包含了地理位置的特點，也概括了民風中不乏「尖滑」的特性。這樣看來，尖角這一地名的來歷，怕不是一般人隨意起的，至少是官家統治此地，與鄉間熟知民風與地理的鄉紳確定的。它的來歷一定是經過了一番激烈的爭論，而後被大家認可的，在隨後的歷史歲月中，也得到了人們的認同。它具有歷史的人文認識價值。

因而，尖角之地，雖不是刁蠻之地，但民風淳樸中夾雜著奸詐。這是地理使然，也是長久封閉的民風使然。奸詐之人縱然少數，但是很難打交道。

如花時間把鎮江村的山梁通走一遍，便會發現，五條山梁搖擺著把頭伸向拐了大彎的漢江中，形成五龍戲水的情景。也許由於五龍喝飽了水是要吐的，所以五條山溝裏暴發的山洪，就會沖毀許多莊稼人的田地。五龍之地，顯然不僅僅是戲水，肯定有爭鬥。

這樣的地理，這樣的人文，也許在一個高人的眼裏，終於醞釀出鎮江之圖騰，於是，便在江邊最長的一個山梁上，也是最險峻的山頭，修建了鎮江寺（庵），據光緒年間的《洋縣誌》記載：「鎮江寺，縣東三十里，江流轉處，明萬曆間知縣李文芳特建重閣，頗增名勝，明末頹圮。」又據清道光二十年《重建鎮江樓落成碑記》載：「鎮江庵（寺）始於宋，盛於元、明。」據此記載，鎮江寺的歷史，至少始於宋代。而在我童年的記憶裏，鎮江庵不但有大殿，還有偏房，大殿前的山嘴上，立有一雄偉的戲樓。也就是重修碑記中所說的「層樓迭閣，高摩雲天，松柏參差，虧蔽天日。」今日觀之，以它的地形和地理位置而言，絕不是人們通常所說的風景，也不是文人墨客們所說的「咸謂瓊樓玉宇，恍自天外飛來，蓮花芙蓉，直從水底湧出」。如果非要這樣說，我寧願相信它成爲一處古剎名寺後，某一日佛光普照，菩薩顯靈，天出異相，而被人們記述留傳至今。

因爲在那樣的一個位置，既非名山大川，也非交通要道，當年的航運，不會有才子佳人路過，也沒有王公貴族光臨。風景之說，只是達官貴人、文人墨客偶爾光顧的一時感慨。它的作用，就是鎮住咆哮的漢江，保一方富庶。

五

鎮江寺還有一段與唐代高僧玄奘有關的神奇傳說，說玄奘的父親，帶著他的母親坐船赴任縣官一職，走的水路就是八十里黃金峽。途中遇強盜，殺了他的父親，搶了他的母親，然後冒名赴任縣官。那時，玄奘的母親已懷身孕。母親生產後，爲了不被加害，就將剛剛出生的玄奘裝到一隻木盆內，放進奔湧的漢水裏，想不到的是，木盆逆水而上，倒流四十里，到了鎮江寺下的河段，被兩岸的僧人同時發現，因南岸地勢平緩，隨即被在河邊挑水的僧人救回寺院。那家寺院就在鎮江寺對面南岸的平地裏，與鎮江寺隔河相望。小時的玄奘每日念經，抬頭即可望到鎮江寺。後來他數次過江登臨鎮江寺講經說法，少時的玄奘，已表現出日後成爲一代高僧的超人智慧。

以此傳說，鎮江寺當建於唐代。香火旺盛後，那裏就成了朝聖的地方，因而不但引來了百里之外的百姓，也引來了不少的朝廷官員，這也才有了一而再、再而三的修復和擴建。現僅存破舊的大殿，戲樓等宏偉建築群，已於文革中被毀於一旦。據文物部門認定，現存大殿，屬晚清時的建築，但門前的石臺階和大殿地基的磚石，不乏唐宋元年間的見證，所以成爲縣級文物保護單位。

香火旺盛之後的鎮江寺，自然成了一處名勝，於是引得四方遊人紛至遝來，後人就多以風景說之，實則背離了修建鎮江寺的初衷。

值得一提的，現存大殿的門上方懸有一塊大匾，上書「三教同仁」四字，是出自清代洋縣的一任縣太爺之手，書法頗有功底，絕非應景之作。殿內現塑有佛祖釋迦牟尼，道家祖師老子，和儒家至聖先師孔子的像。塑像雖是近年來新塑的，但來歷是依據人們的記憶和「三教同仁」的匾額確定的。

佛教傳入中國前，產生於中國本土的道教和儒教就已深深地紮根於中國的土地，從古印度而來的佛教，迅速與儒道中孝道、中庸、天人合一、大道無爲等思想融爲一體，爲佛教的本土化找到了最好的契機。但在長期發展和傳播中，三教保持了相對的獨立性，從宗教的意義上講，它是眾生根器不同的選擇，從文化的角度講，三教包含了幾乎所有中國文化的精髓。它們適應了究竟人生宇宙真相的佛教徒、尋求大道天人合一的名士和遁世者，以及求取功名興邦治世的知識分子的各自所需，長久以來，主導著中國文化的主流方向。

鎮江寺（庵）毫不例外地保留了中國文化的模式，而且將三教匯於一座廟堂，表明了在創建發展過程中，主持者不斷調整佈局，以達到適應所有人群的目的，同時也表明了建造者的智慧。可以說，鎮江寺（庵）是將人類崇高的精神追求和世俗生活密切結合的產物，它雖位於中國一個很不起眼的小小山村的江邊，卻是中國文化傳播的一塊活化石。

鎮江寺（庵）至今延續著一年一度的廟會，而且每年的大年初一、十五，幾乎全村的人都紛紛出動了，去廟裏燒香許願。由此想見極盛時的壯觀場面。如果它香火不斷，未曾有過時間的斷層，那麼今日一定會是一座影響極大的佛教寺院。人們會目睹其歷史傳承的風采。

然而，它在十年動亂中，遭到滅頂之災，一九六六年夏天，被戴著紅袖章的造反派大打出手，除留下大殿外，幾乎夷爲平地，殿內的塑像自然全部被毀了。

而離鎮江寺三四里之地的另一座廟宇玉皇觀遭到了同樣的命運。我讀初小一至四年級，是在玉皇觀的大殿裏上課的。至今記得很清楚，大殿塑有高大的玉皇大帝的神像，並有守護南天門的四大金剛，還有白鬍子的太上老君，王母娘娘當然也在其中。那所小學的名字叫玉皇觀小學，大約學生有一百多人，一到四年級，分坐在不同的正殿和偏殿裏，我上一年級和二年級時，大約學生多的原故，都是坐在大殿裏的。那年夏天，突然有一天，同村在龍亭街上讀五六年級的大點的學生，到了玉皇觀小學，給當年為自己上課的老師貼大字報，把在老師名字上打了紅叉的標語，貼在老師住處兼辦公的房間的門上，等於封住了老師進出的路。被困在房子裏的老師居然不敢出來，這就壯了我們這些小學生的膽。

那年我上四年級，學著大學生的樣子，報復曾用教棍打過我的老師，用寫了打倒某某老師的大字報，貼在合著的兩扇小門上，將班主任老師封在了房子裏，竟使老師不能出來上課和吃飯。那時雖不知道師道尊嚴這個詞，但老師平日裏的威嚴蕩然無存了。我們幼小的心靈裏，播下了仇恨的種子。

過後不久，便有村子裏的大人帶頭，都是平日裏別人不敢輕易惹的小夥子，他們拿著钁頭和各種工具，衝進了學校，將大殿的神像砸碎了，那些高大的神像，至少是清代之前具有很高的技藝的民間藝人塑的，不但形象莊嚴，而且相當的結實，於是，造反派用大鋸將多尊神像的頭鋸掉，用繩子將神像的身子捆起來，再砸爛運走。很快大殿裏就被徹底清理了。

幾年間，這些天不怕地不怕的勇士，沒有一個善終，先後以各種病疾離開了人間，這就促使村人們對拆毀廟宇反省反思。終於上個世紀九十年代，由我的母親和幾個六七十歲的老太太帶頭，開始了募款修復鎮江寺，她們的理由很簡單，那些神明十多年沒有地方住了，我們這些人太不像話。這些老太太雖然活動範圍小，人脈有限，但她們影響子女，由此擴大，終於帶動了相關業務部門的重視，經政府考察確定，把鎮江寺列為縣級文物保護單位。十分關注家鄉發展的當地多個有心者，如張光明先生等人，全力奔走呼籲，鎮江寺終於由幾個老太太挑頭，借助民間的力量，得到了初步修復，對已破敗的大殿進行部分翻修，修了偏房、前廳和小戲樓，塑了佛祖及老子、孔子的像，儘管依然簡陋，但終於能在每月的初一、十五開門接受香火了。自鎮江寺簡單的恢復後，每月就會有不少的人光顧，每年正月十五的廟會，更是人流如潮，成爲鎮江村民聚匯交流的一個場所。

幾個老太太在鎮江寺簡單修復後，就想到了當年的玉皇觀。過去，那曾是怎樣的一座雄偉的建築，廟前還有四五層高的大戲樓，雕梁畫棟，在鄉村裏絕對鶴立雞群，宏偉莊嚴。而今，不但戲樓沒有了，玉皇觀已被拆掉了，原址上建起了鎮江小學。老太太懷念過去的玉皇觀，那些大殿裏坐出來的學生，多位如今在社會上有了成就，還有地市級的大官。老太太們堅信，那是沾了玉皇大帝的光，是神明護佑的結果。於是，她們決定將玉皇大帝請到鎮江寺，給他一個住處。

這無疑是一件大事，不能單憑幾個老太太的好心決定，還得聽玉皇大帝的意見，問他老人家願意不願意去那裏。到哪兒去問呢？她們想到了跳大神的人，那是可以神靈附體的。她們就去問他，跳大神的人在靈異附體跳起來後，告訴老太太們，他們願意去鎮江庵，並說這些年來，他們連避雨的地方都沒有。老太太們得到玉皇大帝的旨意，就號召人敲鑼打鼓，披紅掛綠，十分隆重地將玉皇大帝的塑像，用大轎從玉皇觀的原址小學門前，迎請到了鎮江寺（庵），將其安座在鎮江寺的前廳裏，並給玉皇大帝的塑像披了彩色的袍子。

我們姑且不去談論跳大神者所傳玉皇大帝的話的真實性，老太太們以自己的執著，借助民俗的方法，完成這一民族民俗文化的傳承的努力，是十分令人稱道的。她們並沒有因此而斂財，以達到什麼個人目的，她們的想法是神聖的，她們不倦的數年追求令人感動。我數次拜訪鎮江寺，看到她們在簡陋的院子裏，辛勤勞作，不計報酬，毫無功利的爲廟裏添一片瓦，砌一塊石，開一道溝，排一坑水，在一點一滴地改變著鎮江寺的形象，力圖建得好些，再好些。

如今，我的母親去世已經三年多了，那些老太太們依然在做，每次見到我，總會說起我的母親，還把我母親的像掛在偏殿裏。每每看到她們，我就覺得她們都是母親，她們永不疲倦地，用一磚一瓦融入自己的信仰，爲這個古老的村莊，傳遞著先祖們的信仰和文化。她們是值得我們永遠崇敬的偉大的母親，她們不但養育了兒女，也養育了小山村，更養育了世代永不消逝的民族精神文化。

六

我們一行到了鎮江寺，已提前說好廟裏的幾個人都在那兒等著。我們先進了大殿，師父益喜寧寶堪布站在大殿的中央，很細心地看了塑像和大殿裏現存碑文和其他的文物，知道一些底細的廟裏的老太太就簡單地介紹。見坤法師和永諦法師則看畢大殿，就到外面去看四周的環境，我陪著師父上到了梁頂高處的地勢，堪布仔細察看，他也是近年來到過這裏的一位難得的高僧。他看過後，說出了許多地理和風水上的理由，說明這個寺院當初確是爲鎮江而修建的。

這時的漢中，已是初夏時季，河水雖不大，但也沒有乾涸，寬闊的河道盡收眼底，南北的山勢和河道的走向一目了然，師父說：「地理位置特殊，風景美麗，是一個難得的寶地。古人的智慧今人難以企及。」說著，師父還在一張紙上手繪了地形圖，並說了地穴的形狀和名稱，是我這個在此曾生活過十八年的當地人不曾聽說過的。可以推測，古人建寺時，是下了怎樣的功夫，又請了怎樣的高人。

見坤法師和永諦法師看後也十分讚嘆，她們說，鎮江寺目前不能算修復了，一切都是初級階段，真正修復一座寺廟，要做大量的工作，投入不少的資金。師父益喜寧寶堪布說，可將現在的大殿作為前殿，原樣修復後作為彌勒菩薩殿，後面再建一座大雄寶殿，現存大殿前修的建築稍加改造，建成天王殿，那麼就是一個不錯的道場了。但作為一個真正的道場，是需要真正的修行人住廟的。見坤法師和永諦法師說，她們再去聽聽上師塔爾寺的譯經師嘉洋活佛的開示，如果因緣具足，她們會成為助緣，來參與這座古剎的修復的。

為了顯得對遠道而來的客人們的重視，也為了瞭解宗教政策，我約了曾在洋縣擔任過縣委副書記、現任漢中市宗教局局長的郭峰先生，郭局長聽了十分熱情，說這是他們份內的事。中午吃飯時，郭局長帶著宗教局辦公室主任漢中才女清揚趕到了洋縣。因事先郭局長就聽過洋縣相關部門的關於鎮江寺的彙報，也親自到現場考察過，所以他說，鎮江寺的恢復是符合國家的宗教政策的，只要下面按相關規定上報，他們會抓緊時間批覆的。

吃完中午飯，郭局長一行回漢中了，我們則在龍亭鎮鎮長楊玉善的關照下，到周邊走了走，停了一晚，第二天一早開車返回西安。

回到青島不久，清揚在我的博客上留言，說：「洋縣有一處寺廟報批了，建議我找人準備完整的資料，請地方部門儘快報上去。」清揚是漢中難得的才女之一，不但文章寫得清麗深沉，人也長得很美。儘管我不太苟同美女作家這樣的稱呼，但一個美麗的女人，伴著一手充滿情調的文字，將會使生命的亮麗由少女保持到祖母的歲月，如果她再有了一個偉大信仰的清靜的心境，這種美麗將穿透歲月的悠長隧道，昇華於天堂之上。

清揚曾經送我一本她的小說集《情歸蘇東坡》，我認真讀了其中的《情歸蘇東坡》，我驚異於一個現代女性，何以把文化泰斗蘇東坡與一名女子的愛情寫得如此的到家，委婉動情，恰到好處。

當我翻序言知道她寫的內容時，我雖未嚇出一身汗，但也十分擔憂，這樣的題材是很難駕馭的。蘇東坡是詞聖、詩聖、酒聖、情聖，還是一位聞思過人的佛教徒。他無疑是一位文化巨擘，去寫這樣的人，對今人來說，並不比發現一處重要的文物古蹟容易。清揚做了，而且做得漂亮，這是十分難得的。

我對清揚多次對鎮江寺的關注表示深深的謝意，我在博客上回覆說：「一切隨緣。」

我只所以多次帶人考察鎮江寺，並希望引起更多的人關注，促使這一古蹟得以真正的恢復，並不是我執著什麼，除了對母親曾經盡心的地方懷念之外，我的努力奮鬥基於以下原因：

其一，恢復一個道場，也是在恢復一所學校，佛教的精神實質是教育，使凡塵中無明的眾生，通過修行，斷惡修善，最終證得宇宙人生的真相，這是一個代代傳承的靈魂接力跑。有了道場，就會聚集更多的人，就會使無數的人種下福田，播下慧根，這是一件功德無量的事。

其二，鎮江寺（庵）若以宋代算起，至今也有千年歷史了。一座鄉村廟宇，包含了太多的民俗文化的密碼，它是中國傳統文化的重要組成部分，而且越是地理位置獨特偏僻的小廟，越具有重要的歷史文化的認識價值。中國作爲傳統的農業社會，農人們的對天時、地利、人和以及精神的終極追求，幾乎全部蘊含在這小小的廟宇之中。認識中國的歷史，認識中國的文化，偏遠鄉村的廟宇是不可少的重要史料，也是還在繼續存在著的活化石。保留了它，就會爲後代人研究觀察歷史和文化，留下如瀕臨滅絕的生物一樣的活資料，因爲任何一個歷史遺存，都爲我們人類的長遠生存，保留著文化的積澱和密碼。

其三，我們要根除迷信，但我們要始終保持對天地的敬畏，因爲未知的生命領域太過廣大，我們目前科技水準所認知的世界，與真正的宇宙真相和奧秘，不知還差多少個十萬八千里。讓人們心懷對天地的敬畏，知道頭頂三尺有神明，是可以規範人們的貪婪和惡念，使那些行爲不端的人，知道有一雙眼睛無所不在地注視著他，善惡因果的報應在這個世界是真實的存在，從而使他們棄惡從善，至少不敢大膽妄爲，這是法律之外的一種精神震懾。

其四，國家南水北調工程，從漢江的上游開始，鎮江寺所處位置，水面將會被抬高三米，漢水將在那兒形成一個巨大的人工湖，它無疑是西漢高速貫通之後，又一處絕佳的旅遊資源。這兩年，朋友王軍極力引進烤煙項目，打通了幾條山梁的道路，交通已四通八達。如果能以鎮江寺的修復，帶動那裏的旅遊開發，不但是來漢中旅遊的人找到了一個難得的去處，而且惠及鎮江村乃至龍亭鎮、洋縣和漢中，讓被交通閉塞了千年的古老鄉村，從此與外界聯繫多起來，走向富裕之道。

因而，我希望許多人的助緣，能喚得更多人的呼應，辦成這件功德無量的事。

在此，我雙手合十，感謝天下有緣人。

阿彌陀佛！

經多方參與協作，鎮江寺獲政府批准開始恢復重建。二〇一〇年十月，迎請了釋迦牟尼佛、文殊菩薩、普賢菩薩、彌勒菩薩、觀世音菩薩等五尊金身佛像和多尊護法神像，並在寺前漢江邊矗立起一尊數米高的觀世音菩薩石像。益喜寧寶堪布和主持光照師父臨現場，講經說法，信眾無不歡喜。佛像安放當日，師父帶領數十名居士誦經持咒，祈請諸佛菩薩加持，祈願道場正法永住，眾生得益，許多人流下了眼淚。古老的寺廟，突然經歷了一次難遇的法雨滋潤。濛濛細雨中，大群飛鳥盤旋在大殿上空，感受佛法的妙音。觀者無不感動。

第二十五章　淨見德行

二〇一一年十月三日，才旺活佛、上師益喜寧寶堪布和多位法師，親臨陝西漢中洋縣鎮江寺，爲寺院佛像開光。陝西、上海、河南、廈門、青島、東北等地六十多位居士，親臨寺院，傾力相助；特別是部分法師和居士提前趕到，佈置現場，清掃環境，盡心盡意。上師益喜寧寶堪布親力親爲，力求現場盡善盡美。當地居士和朋友更是盡心盡力，一絲不苟。因爲眾人和合，全力而爲，其虔誠令天地感動，得諸佛菩薩加持，開光當天，陰沉幾天的天色，一時天穹頓開，陽光鮮亮，眾人無不歡喜。

才旺活佛、上師益喜寧寶堪布多次讚嘆眾弟子們的虔誠，不少人也說這是一件功德無量的事。追溯鎮江寺近二十年的修復歷史，總算有了一次大的集會，顯出了寺院的良好開端，幾年的努力終於有了結果，似乎真的做了一件十分有意義的事，了卻了父母及許多老一輩人的心願，爲許多的人種下了善根。儘管比起那些金碧輝煌的大寺院，多有缺憾，但在周邊，是少有的一座不是爲了旅遊而發心恢復的真正寺院，至少算是一個善行吧？

到了西安，和道友聊天，他忽然說，一日，他的同事問他：「你說修寺院有功德嗎？」他隨口說：「當然有。」同事又問：「那麼梁武帝修了那麼多寺院，功德不可謂不大，他怎麼死得那麼慘呢？」朋友一愣，回答：「他沒有功德。」同事再問：「怎麼沒有功德？」朋友說：「達摩說他沒有功德。」這回輪到同事發愣了，他沉默片刻，說：「是，沒有功德。」

梁武帝一生建廟無數，作為帝王的行為，在中國歷史上可謂空前絕後。他信佛之後，不近女色，不吃葷，不僅他這樣做，還要求全國效仿。他還是一個多才多藝學識廣博的學者型皇帝，他的政治、軍事才能，令南朝諸帝望塵莫及。他的學術研究和文學創作成就更為突出。史書稱他：「六藝備閑，棋登逸品，陰陽緯候，卜筮占決，並悉稱善。……草隸尺牘，騎射弓馬，莫不奇妙。」他從小受正統的儒家教育，即位後，「雖萬機多務，猶卷不輟手，燃燭側光，常至午夜」。他還傾注大量精力研究佛學，著有《涅萃》、《大品》、《淨名》、《三慧》等數百卷佛學著作。他把儒家的「禮」、道家的「無」和佛教的「因果報應」揉合一起，創立了「三教同源說」，在中國古代思想史上佔有極其重要的地位。

中國佛教提倡吃素，起於梁武帝。然而，這樣一位才能、德行堪稱出眾的皇帝，晚年卻遇「侯景之亂」，都城陷落，遭到囚禁，死於台城。大多史家認為他是被餓死的，但並未得到後人的一致認同。而且他多年堅持日中一食，非常人的生活方式所能推測的。但他確實是被囚禁後而死的。按通常人們的看法，他的離世自然不能算善終。

無論佛教經典，還是歷代高僧大德，都開示過修建寺廟的無量功德。《蓮花經》云，任何善信發心贊助建寺與佛壇，可以獲得十大功德：一、無始以來諸惡業，得以減輕或消除。二、天人護佑，逢凶化吉。三、去除障礙物，免夙仇報復之苦。四、妖魔邪怪，不能侵犯。五、脫離煩惱和無明。六、豐衣足食，福祿綿長。七、所言所行，人天歡喜。八、增加福慧二資糧。九、往生善道，相貌端莊，天資福祿兼有。十、往生能聞佛法之國土，速證佛果。釋迦牟尼佛在《廣戒經》中云：「所謂實福者，有大果、大利、大威嚴、廣大義，若善男子、善女人，是行、是坐、是臥、其善根恆時增長。何人建造經堂，乃為七種實福之首。」

佛經中曾云，一切有漏善根之王，今生今世若欲造就通往上界之天梯，成就猶如如意寶樹般的異熟善業，就須於從前未有佛塔之地興建如來舍利寶塔，為僧眾修建經堂廟宇，消除對佛法聞思之差異，精勤修習禪定及慈無量心。此四項事業，是今生成就梵淨福澤的殊因。

《俱舍論大疏》第一品中也有如此廣說：「在有漏的善法中，修經堂的功德最大。」全知麥彭仁波切在《智者入門》是說：「淨地造佛塔，為僧眾修佛堂，和合破僧眾，修持慈無量，乃是四梵住。」即是說興建佛塔，修建經堂寺廟，僧侶藉由聞思消除對佛法理解上的差異，修習慈無量心，這是世間四種最大的福德事業。那麼梁武帝的命運結局該做任何解釋呢？

讓我們聽聽達摩祖師的開示。普通元年，禪宗二十八祖菩提達摩尊者來華，武帝遣使往迎。次年十月一日到達建康，武帝見後問道：「朕即位以來，造寺、寫經、度僧不可勝數，有何功德？」尊者答道：「並無功德。」武帝驚問道：「何以並無功德？」尊者道：「淨此是人天小果，有漏之因，雖有非實。」武帝又問：「如何是真實功德？」尊者道：「淨智妙圓，體自空寂，如是功德，不於世求。」武帝再問道：「何為聖諦第一義？」尊者回答：「廓然無聖。」武帝對「廓然無聖」作人我見解，再問，「對朕者誰？」尊者道：「不識。」菩提達摩是中國禪宗的初祖，他對梁武帝直指心性，言詞暗隱禪機。

但梁武帝畢竟只是位凡夫俗子，對佛法的大道未必能有多少領悟。修寺寫經，論其功德，不能說沒有。但對了脫生死的真正修行人來說，修寺寫經，不過是積累資糧，獲得人天福報而已，並不能達到「淨智妙明，體自空寂」證悟成佛之境界。因此，達摩祖師只說梁武帝的功德僅為小乘而已。一個真正開悟的人已經超出了一切差別、尊卑、上下、好壞、榮辱、凡聖。所以，尊者對聖諦的回答是「廓然無聖」。這個道理梁武帝自然不懂。梁武帝不省玄旨，不知落處，因他們彼此說話不投機，達摩尊者便離開江南，一葦渡江，到達嵩山，爲衆生示現面壁九年的聖境。後梁武帝雖有所悟，但機緣已錯過，終不能證得佛果，仍然是一位未超六道輪迴的凡夫，歷世歷代所造業緣果報，成熟後自然會找上門來，結果只能令人可惜可嘆！

而無論釋迦佛祖還是歷代大德對此的開示，無不強調一個「善」字，或「善信」，或「善男子」「善女人」。在此，善字並非善良之意，一個善字，包含了正知正念的全部內容。《阿彌陀經通贊》云：善男子、善女人是梵語優婆塞、優婆夷之譯，指持五戒之男子、女人。《雜阿含經》卷三十七《善男子經》云：云何善男子？謂不殺生，乃至正見，是名善男子。一個真正可以稱得上佛子的人，正見是唯一的標準。有大德云：如無正見，你的境界再高也只能是魔。

可見，守住正知正念是何等重要，然而，又何其艱難！聯想初入佛門，熱衷功德，外出旅遊，逢廟必拜，進廟燒香，必投錢幣。時時還會聽到，某某寺廟大年初一，常常有人花幾十萬爭得頭香，而且是排隊等候，捐錢越多，排隊愈前，功德自然愈大。還有某某法會，出錢多者，可坐前排。有人當面對我說，修一座寺廟，來世可得國家部長之果報。更不用言說當今許多寺廟，成了旅遊景點。種種見聞，甚是不解。佛門豈是商場？然而雖有疑問，終無正見，只不過認爲此種做法有些過分，但捐錢的功德並無過錯。然而時間一久，但見所遇道友，來了的走了，走了不再出現；新面孔不等變成老面孔便有離開的，接著又有新的面孔加入，一切無常的變化著，如趕集般熱鬧，如爭奪一件新對象般踴躍。在感嘆學佛者人群不小的同時，也惋惜學佛者信念的脆弱。漸漸似乎明白，信佛在當下社會是一種時尚，至於修行那是自己的事，不管怎麼說，積累功德總是不會錯的。一日讀大德言教，才知有「一年佛在眼前，三年佛在天邊」之嘆。更有「老瑜伽士發財，老上師結婚」的說法。可見獲得正知正念的成佛之道是多麼的不易！

迷茫中知遇根本上師益喜寧寶堪布，師父的開示，如醍醐灌頂，猛然覺醒，方知過去知見實爲大謬。在上師無微不至的指導下，才明白解脫的實質意義和修行的真正之道。也才明白佛法的三主要道——真正的出離心、菩提心、正見是不二的修行次第。僅僅捨捐財物、積德行善是遠遠不夠的。

頂果欽哲仁波切說：當到達最後的廣大明智成就時，「這預示著我們平等的對待生活，安然的安住在廣大的心性中，一切都成爲莊嚴的自然解脫，於自心的智慧中，消除了執著和煩惱，慈悲並心胸寬廣，生活之中，任何的事物都無法攪亂這內在的明智，超越喜悅和悲哀，安然的任運於當下。經由心的修持，我們經歷各個不同的階段，最終，我們的心成爲空與光明的一味，任何恐懼或是希冀，都無法佔據我們的心靈，這就是佛陀之道。」這也正是達摩祖師「淨智妙圓，體自空寂，如是功德，不於世求。」的含義。

正如經典所載，佛法並不否認功德的重要，我們不能因梁武帝的遭遇，就斷定他沒有功德。作爲一代傑出帝王，他的生命走向，必然與眾生的福報和共業有關，因而，梁武帝的命運結局，是眾緣和合的結果。梁武帝對於佛法在中國的傳播，無疑具有巨大的功德，同理，他必然是一個有相當善根和慧根的人。正因爲如此，達摩祖師才直指心性，希望這位佛門弟子領悟佛法之根本，證得正覺，以其圓滿的功德，利益更多的眾生。可惜梁武帝慧根稍遜，也是眾生福報不夠，一代傑出的帝王與達摩祖師擦肩而過，使佛法失去了一次在中國更早更大、更廣更究竟傳播的殊勝機緣。

作爲凡夫的我輩，從修行次第的角度而言，積累功德和福報，是一個修行者必備的資糧，我們自然要時時處處諸惡莫作眾善奉行，但且不能忘了「自淨其意」的要旨，執著於功德，把心放在一邊，甚至把功德變成世間名利，那必定遠離開了修行的真正目標，成爲墮入六道輪迴的因。

如果我們真的做到了「自淨其意」，以大乘佛法的修行而觀之，虛空處處皆是清淨刹土，皆是菩薩海會。正如《華嚴經》所言：一一塵中塵數刹，一一刹有難思佛。不可忽視一切景象，一切群生！索達吉堪布在一次法會上感慨地說，他到了五臺山，看見那麼多的人，心裏不敢有半點不正的念頭，也許那位買票的人就是文殊菩薩的化顯。以大德的教言來觀察我們的內心，如果我們的心真的與佛法相應了，那些收錢的寺廟和僧人的行爲，就有了一種新解：也許被物欲牽動心念的眾生，爲了自己能得到好處，將財物通過那樣的方式給了寺廟或僧人，以此種下了善根；或許因此機緣，稍有感應，得到一點靈驗，從此可能親近佛門，至少爲來世積下了功德，總比把大把的金錢用於惡行種下墮三途的惡因要強得多。何況，眾生根器有別，諸佛菩薩的度化方式萬千變化，除非功德圓滿的成就者方可識其真相，凡夫的任何猜想和推論都只能是邪念或妄言。一個大乘佛法的真正修行人，把萬千世界繫於一念，無上正等正覺是唯一的去處，別無他路。

此次鎮江寺開光，不敢妄言半點功德，有的只是無限感恩才旺活佛、大恩上師益喜寧寶師父的慈悲，感恩眾多居士和朋友們的虔誠和鼎力相助。並以此迴向眾生，報答歷世歷代無量父母的養育之恩，願所有眾生離苦得樂，早證佛果！

二〇一二年一月十七日於青島

後記

由於臺灣著名畫家李錫奇老師、詩人古月老師的介紹，作家、出版家陳曉林先生看了我的長篇紀實散文《藏密遊歷》和長篇小說《世事天機》，對我說：「是好書，我們把書出好是唯一的目的。」一面對海量電子網路閱讀對紙質書籍出版業的衝擊，陳先生毅然決定兩本書同時在臺灣出版，令人感動！由於他的厚愛，拙著才有機緣與臺灣讀者見面。

正好借此機會，將《藏密遊歷》寫作過程與讀者交流。

二十多萬字的《藏密遊歷》斷斷續續寫了三年多時間，起始於二〇〇九年五一假期，當時和家人隨一幫朋友去承德及相鄰的內蒙古草原旅遊，在長途列車上，我攤開隨帶的本子開了頭。當時並沒有什麼特別的想法，只是有感於佛學熱的潮流裡真正理解佛陀教言的不易，更感觸於按照佛陀的教法修行之艱難，就想用今人便於理解的文字與隨緣的朋友交流，起到一點微不足道的拋磚引玉的作用。所以寫作的方向集中於有關修學的經歷。寫作體例力圖平實，像日記一樣回憶修學的細節，特別是依止大恩根本上師益喜寧寶堪布後的修學體會。內容從皈依第一個上師吳新華老師開始，寫了修學過程及大地藝術風景區創建的一些細節。

隨後，去陝西洋縣參與恢復鎮江寺；隨同師父及家人和朋友去拉薩朝聖；到終南山參拜師父……或在賓館裡，或在飛機上，或在火車裡，只要有時間，就攤開本子下筆。因是經歷過的事，不必刻意構思，只要確定好章節就行了。雖無具體的寫作計畫，進展卻十分順利，這得益於上師的功德，得益於自己少許的修行實踐，隨時坐下，隨時攤開本子，心就會隨即靜下來，文字立即從心中流於筆端，斷斷續續一年多時間，竟積了十幾萬字。隨後將稿子讀一遍，卻有幾分猶豫：不要說面對佛陀和歷代高僧大德浩如煙海的經論，就是當代大成就者教言的智慧大海，哪怕是滴水之慧，也不是我輩凡夫的文字所能表達的。所以對筆下的文字到底有沒有多少價值產生了懷疑。雖然幾位看過的朋友多有肯定，並提到了讀後的收穫，但我仍不放心，擔心朋友們多爲鼓勵。於是，我將稿子發給了好友宋清海。

清海不但是我上大學時的同班好友，而且與我有殊勝姻緣，是他引導我認識了第一個上師吳老師。清海在世間法的實踐中，是一位成功的作家，上個世紀八十年代，他以中篇小說《囊神小傳》獲得全國第四屆中篇小說大獎。他在文壇一路走來，不求名利，但求文字中的良知與責任。這樣的作家，在世間，在當下，已不多見。二十餘年來，清海是我最親近的朋友之一，不但在我所做的許多事情上於我以極大的幫助，而且對我的文字歷來關注，他的鑒別可以使我踏實，也可以使我找到繼續寫下去的理由。在出世間，他早看破了紅塵的喧囂，也是一位虔誠的佛教徒。讓他作爲這部未完成書稿的第一位讀者是最佳的選擇。

清海讀完十幾萬字的稿子，很快回話說，很好讀，有價值，讀者從文字中不但感受到了信仰的虔誠，而且知道了修行所應持有的正知正念，應該寫下去。清海的肯定，使我打消了猶豫。

二〇一〇年七月，易中天教授受邀濟南講學途經青島，攜夫人李華小住。易教授不但是我讀武漢大學時的直接授課老師，而且是多年的老朋友；他的夫人李華既是一位很有才華的攝影家，又是一位作家，我們認識也已二十多年了。在易教授忙碌的時間裡，易夫人要了書稿，很快讀完，發郵件說：「文筆簡潔、樸實，讀來卻很有韻味。除了表達出一位佛家弟子對佛教的至誠、至純的愛外，通篇流露著對家鄉故土、對父母、和對親友的愛。特別喜歡你對景物的描述，寥寥幾筆，不動聲色中卻是潤澤了人的眼睛。」自知易夫人的評價出自鼓勵，多有溢美之詞。但十幾萬字她能很有興趣的讀下去，對我仍然是一種肯定。隨後又有幾位朋友讀了，也多給鼓勵。這樣我就堅定了寫下去的信心，寫作的速度也加快了。

辛丑年（二〇二一）春節期間，隨同上師在青島，除了修學的時間外，就坐下來寫作。這是一段關鍵時間，也是這本書的關鍵章節，內容涉及到隨同上師拜見的多位高僧大德，更涉及到大圓滿傳承法脈的關鍵竅訣。由於大恩根本上師的無比功德和歷代傳承上師的無上圓滿，使這本起於一般的文字記述的書，突然間有了昇華，有了詩眼，有了靈光，有了殊勝的因緣。這段時間，我的寫作工具也由鋼筆改爲電腦。

這期間，我祈請益喜寧寶上師，翻譯了六世達賴喇嘛倉央嘉措的三十九首道歌，對世人多稱情歌的倉央嘉措詩歌的新解，無疑還原了這位三百年前一代大德的真正用意，給這本書增加了難以取代的新鮮內容，也加重了聖者教言的分量。儘管限於自己對佛法領悟的膚淺和文字表達的缺陷，還不能完整傳達出高僧大德的功德和佛法的要義，但由於有了以上殊勝的因緣，使文字有了依附，使這部書有了存在的意義。

二〇二一年三月，二十多萬字的《行願無盡》完稿。爲了把文字的差錯降到最低，我把書稿發給了廈門的同鄉和道友卓瑪，請她校對。卓瑪在上個世紀八十年代，曾是我老家很有影響的詩人，她的文字很有靈氣和功夫。幾十萬字的書稿，她用了一周時間，認真校了一遍，對可能存疑的文字，還查閱資料予以核實，做得十分仔細。隨後，我又將書稿交給戰友加師長的著名散文大家楊聞宇過目，他又對文字進行了更精準的校對。自此，我才有了放心拿出書稿的打算。

當整整齊齊的書稿列印裝訂成冊的時候，我首先想到了世界知識出版社社長高樹茂先生。我與高社長曾有過一次叢書出版的商談，儘管因多種原因，叢書未按原來的意向進行，但我們有一見如故的感覺。高社長曾任中國駐印度大使館秘書，後又任中國駐蒙古國大使。正是由於他的經歷，他對佛教研究有很深的造詣，如果將稿子交給他，就少了可能出現知識性認同的隔膜。何況，創立於一九三四年的世界知識出版社，是中國具有廣泛社會影響的權威性國際問題書刊出版社，在知識界和青年讀者中尤其享有很高聲譽。書稿交由他們出版，無論從題材還是從文本看顯然是合適的。於是，我請上京辦事的道友孫金鳳直接將書稿交給了高社長。

高社長見到書稿，當即翻閱，看過部分章節後，立即給我打電話說：這是一部很有價值的書，而且讀來令人感動，只是他對這樣的題材能否順利出版把握不準。他用徵求意見的口氣說：可否先放我這裡，請具體負責出版業務的總經理薛乾看一下？他說因薛總有事不在。因我當時交代小孫，如高社長認為不宜在他們那兒出版就帶回。高社長正是基於我的意思而說的。哪有當天就要結果的道理，高社長處理之快就十分令人感動了，我自然同意了他的安排。

第二天下午，薛乾先生就來電話了，他說，稿子他已看了大半，非常感人，他們決定出版，問我有什麼條件？薛總說，他看過不少這樣內容的稿子和書籍，像這樣既有正知正念的佛理，又讀來感人至深的作品不多見，說小孫替我帶話，希望三個月內能出來，他們決定按我的要求：三個月內出版。

薛總的錯愛令我感動，他們處理的速度之快更令我感慨。我立即回答說，按你們的常規辦理，我沒有額外的條件。放下電話，薛總立即給我發來了合同的郵件，我打開一看，時間、印數、版稅、授權各項並無不妥，我立即應允。薛總說，按他們的程序，得三天時間，爲了快，我可先將合同出一式三份，簽字後寄給他們，再由他們走完程序後蓋章寄給我。我立即按薛總說的辦理。這樣，實際上，前後三天時間，就已實際上簽訂了出版合同。

隨後幾天，我按與薛總商量的意見，將書稿調整一遍，將電子文檔發給了薛總。薛總的出版團隊迅速完成了編輯、校對、編排、封面設計等工作，最後報主管部門審核時，幾經商議，對部分內容和細節進行了刪改，並將書名改爲《行願無盡》。

在整理稿子的過程中，老朋友楊志軍看了書稿的主要章節，寫來不短的讀後感，他說：

「志鵬是我的同道，是那種淡（清澈）如水的朋友。作爲佛教信徒，他以善良和慈悲爲底蘊；作爲《藏密遊歷》的作者，他以作家的人格爲底蘊。而這個世界上，最不值得信賴的，就是沒有人格和良知的作家，以及那些功利心極強的庸俗的知識承載者。我信賴志鵬，就像信賴人人內心的美好。從信仰的角度，美好就是佛性。信仰首先是自淨的，其次是利他的。慈悲的含義就是：承擔別人所有痛苦，給予別人所有幸福。儘管這是菩薩的想法，凡胎俗骨萬難做到，但我們至少應該明白向風慕義也是一種意境。當我們『雖不能至，心嚮往之』的時候，無窮的遠方，無數的人們，就都與我們息息相關了。想做一個好人和做成一個好人，都有同等的品質。善念和善舉有時並沒有區別。所以，我更願意在平常人生的層面上理解志鵬和他的《藏密遊歷》。我一直認爲信奉遁世哲學的佛教從來沒有真正遁世過，真正的遁世只能引來脫離民眾和避開人間的結果，而佛教再清高也是人間的佛教。佛教不應該僅僅是一個明哲保身、獨善其法、出世解脫、退避三舍的信仰集團，而應該倡行入世果敢、無私無畏的俠客精神，以情爲神，以愛爲法，以美意善事爲禪，以平等祥和爲行。志鵬是這樣努力的，我讚賞他。」

志軍所言，使我感受到了朋友的真誠和真情。雖然我與志軍從青海到青島，相識三十多年，有時還被誤爲是兩兄弟，實則我們很少見面，有時一年難得見一次面，除非有朋友遠道而來或有事我們才見面。然而，我們彼此心心相印。從我在《現代人》當編輯時注意到他的《大湖斷裂》開始，我一直認爲他是中國當代少有的真正有良知有責任感的作家之一。但是直至《藏獒》走紅，期間多次因多種原因，他的作品沒有引起足夠的社會關注和反響。這樣耐得住寂寞的作家是値得尊敬的。他的讀後感對我言是一種鼓勵和安慰。

易中天教授在接到出版的訊息後，很認真的用毛筆寫來一段話表示祝賀：「上德不德，大智若愚，慈航既渡，苦海可居，鯤鵬有志，北溟無魚，性情所至，便是真如。」易先生的文字正與《藏密遊歷》所述內容相對應，可謂相得益彰。

令我再一次感動的是我的鄉黨、當代著名作家王蓬，他讀了《藏密遊歷》的大多章節，還讀了兩遍《世事天機》，力主請陳忠實先生寫個總序。從二十六年前忠實先生發在我供職的《現代人》上的《康家小院》起，我就十分敬佩他，也與忠實先生相識多年，但在我看來，他的影響太大，且已年過七十，不好向他張口。王蓬聽了我的顧慮說，他出面給忠實先生說。很快，王蓬回話說，忠實先生最近身體欠佳，實在很難寫長文，對不起朋友，就寫一段話吧！

我深知忠實先生的爲人，他大凡答應了的，絕不應付。讓一個七十歲的老者，在短時間內讀幾十萬字，趕寫一篇長文，這個要求有些過分。讀陝西作家方英文寫的《多好的一個老頭》一文，便知忠實先生的認真：他爲了參加朋友的一個作品討論會，可以中斷外地的行程，並在火車上集中時間閱讀幾十萬字的著作，趕到研討會現場，絕不說半句毫無感觸的空話套話。忠實先生就是這樣一個對自己絕不妥協的人。所以，忠實先生的回話，已經使我十分滿足了。他的文字對我無疑是巨大的抬舉：

「志鵬的作品是心智的流露。他做過許多常人難以企及的文化產業大事，在海內外引起過巨大反響，但他的心靈卻表現出出世間的純淨。讀他的作品，是在與一位高貴而又高尚的朋友進行心靈交流。他的筆觸直擊當代社會的許多亂象，但卻免去了俗世的塵囂，使我們看破了人生的真相，感到了從容、豁達、包容、快樂，找到了我們長久以來丟失了的精神所依。這樣的作家和作品是不多見的。」

《行願無盡》出版後，我思考再三，給忠實先生發了一個短訊，表示我的感謝，並對給他帶來的麻煩表示歉意。想不到他立即打來電話，對不能寫長文做了說明，並表示歉意。當今世風，這樣的大家風範足以讓人感慨萬千。王蓬也寫來一段話：

「人一生做成一件事就可以算成功，志鵬不斷創造的人生奇蹟，令人驚嘆！他是中國作家中，唯一將作品同時寫入石頭和心靈的作家；十平方公里大地藝術風景區的創建，他將自己的信念鑲進了大山，因此產生的文字，不是尋常人通過努力或拼命可以辦到的，這種生命體驗的文字表達，足以震撼人們的心靈。與這樣作家的作品相遇，是難得的機緣。」

王蓬的文字同樣使我感到了朋友的厚愛，加之賈平凹先生的題字，這個向讀者介紹的陣容可謂不小，但願我的文字不要消解了佛法的莊嚴、辱沒了朋友們的名聲、浪費了讀者的時間。

由於眾多善緣聚合，《行願無盡》出版後，引起了意想不到的反響。一位留法的研究生根據書上所載電子郵件地址發來郵件，她說：

「雖然不知道您能不能看到這封郵件，我還是不由自主的寫了。那是在去九寨溝旅遊的路上，爲了打發閒置時間，我買了這本《行願無盡》，也許這是冥冥之中的注定。翻開書後，我完全被書中內容所吸引，甚至幾度不由自主的落淚。佛教的理念深深的觸動了我。我想進一步瞭解接觸佛教，但我又不知道通過什麼途徑去獲取，於是我想到了您，若我與佛有緣，若我與您有緣，希望您能看到這封郵件。」

有讀者在郵件中說：「我對第八章『圓滿無上』（**編者按：台灣繁體版版本此為第九章**）中描述的大圓滿竅訣的神奇充滿了渴望和期待，我六六年生，從今年開始，我突然對世界本源充滿了好奇和渴望，也從此開始了對佛法的興趣，覺得佛法真是太偉大了，但苦於自己沒有一個有道的上師指導。」他說《行願無盡》給了他修學佛法的信心。

作家李漢榮說：「在這樣一個浮躁的年代，這樣真切感受的文字很難遇到了，《行願無盡》比起那些虛構的所謂作品，其價值不知要高多少倍。」

許多相識的道友和朋友發來短訊或打電話，敘說他們的感動，交流各種想法。爲此，我寫了《如何學佛——就《行願無盡》一書答讀者》一文，專門回答讀者提出的問題。首發《中國佛學網》後，被多家媒體轉載，也算我對讀者的一個正式交代。

我的鄉黨、作家老村，讀罷拙著，立即推薦給了著名學者余世存先生。以我偏見，以爲像《行願無盡》這樣的作品，很難入被媒體譽爲公共知識分子的余先生的法眼。想不到的是，余先生很快看完拙著，給了許多的讚譽，並利用來青島參加活動的機會，直接約我見面。見面後，詳談方知，十多年前，余先生就爲何世光的《菩提樹下》寫過評論。更讓我感到驚訝的是，余先生居然去廣西山地的道觀裡住了三年，追尋生命的流向。此後就有了他的大作《老子傳》。一個被譽爲公共知識分子的學者，突然從公眾的視野中消失三年，潛心大道的體悟，這種看似矛盾的行動，其實毫不奇怪，一個知識分子的情操和良知，也許在這種遠離塵世喧囂的靜慮中，能夠得到真正的昇華。

由於三天的神交，我對余先生真正有了些理解。而後讀他的《非常道》和《老子傳》，明白了他將世間與出世間兩種不同風格的學問都能做得恰到好處的理由。他沒有偏激與偏見，以其深刻的洞察力及平和的筆觸，爲讀者呈現出兩種截然不同風格的警世、醒世之言，足以見其領悟天地大道的深厚功力。

不久，余先生在《新京報》發表了關於《行願無盡》的書評。他從信仰的角度，論述了當代國人文明尋覓中的恍惚，讚許精神追求的必然，稱拙著超越了「文學的審美」，「是獻祭的，是一本有益於世道人心的書。」余先生的文章，迅速被鳳凰網、光明網、作家網等數十家媒體轉載，產生了廣泛影響。

余先生在文章中明確地指出當代作家的精神缺失，可謂一語中的，發人深思。然而，他對拙著的厚愛使我惶恐。我在隨後不同場合和文字中，一再強調：

「自知自己的文字對於世道人心的影響微乎其微，之所以敢於述諸於文字，只是希望它能給生活在物欲重壓之下的人們提供一種心靈選擇的可能。」

此話絕不是自謙，面對無數智者浩如煙海的教言，作爲凡夫的筆墨，只有汗顏，不敢有半點唐突，否則，將墮入萬劫不復的深淵。面對楊聞宇、王蓬、宋清海等朋友先後在《半島都市報》《新華書目報》《青海日報》等報刊發表的評論，只有感恩，不敢有一絲一毫的愜意。

借此臺灣繁體版本的出版機會，恢復了書稿的原貌，做了少量增減，也將書名恢復爲《藏密遊歷》，以此區別版本的不同。

拙作在大陸和臺灣的先後問世及反響，完全歸於上師的功德，歸於諸多道友與朋友的善緣聚合。當以佛陀的教誨發願：虛空界盡，眾生界盡。眾生業盡，眾生煩惱盡，而虛空界乃至煩惱不可盡故，我此行願無有窮盡！並以此功德迴向給一切如母眾生，願他們所願速成，遠離煩惱，早證菩提！

作者

二〇一四年一月十九日於青島

藏密遊歷

作　　者：楊志鵬
發 行 人：陳曉林
出 版 所：風雲時代出版股份有限公司
地　　址：105台北市民生東路五段178號7樓之3
風雲書網：http://www.eastbooks.com.tw
官方部落格：http://eastbooks.pixnet.net/blog
信　　箱：h7560949@ms15.hinet.net
郵撥帳號：12043291
服務專線：(02)27560949
傳眞專線：(02)27653799
執行主編：朱墨菲
美術編輯：吳宗潔

法律顧問：永然法律事務所　李永然律師
　　　　　北辰著作權事務所　蕭雄淋律師
版權授權：楊志鵬
初版日期：2014年11月

ISBN：978-986-352-089-4

總 經 銷：成信文化事業股份有限公司
地　　址：新北市新店區中正路四維巷二弄2號4樓
電　　話：(02)2219-2080

行政院新聞局局版台業字第3595號
營利事業統一編號22759935

定 價：280元

國家圖書館出版品預行編目資料

藏密遊歷 / 楊志鵬著. — 臺北市：風雲時代，
2014.08
　面；　公分
ISBN 978-986-352-089-4(平裝)

1.藏傳佛教 2.佛教修持
226.965　　103014347